中国货币市场基金

创新、发展与监管

纪志宏
张旭阳 李勇 詹余引 翟晨曦 等著

中国出版集团
中译出版社

图书在版编目（CIP）数据

中国货币市场基金：创新、发展与监管 / 纪志宏等著. -- 北京：中译出版社, 2022.9
ISBN 978-7-5001-7152-2

Ⅰ. ①中… Ⅱ. ①纪… Ⅲ. ①货币市场—基金—研究—中国 Ⅳ. ① F832.51

中国版本图书馆 CIP 数据核字（2022）第 138214 号

中国货币市场基金：创新、发展与监管
ZHONGGUO HUOBI SHICHANG JIJIN：CHUANGXIN、FAZHAN YU JIANGUAN

著　　者：	纪志宏　张旭阳　李　勇　詹余引　翟晨曦　等
策划编辑：	龙彬彬
责任编辑：	龙彬彬
营销编辑：	杨　菲
出版发行：	中译出版社
地　　址：	北京市西城区新街口外大街 28 号普天德胜大厦主楼 4 层
电　　话：	（010）68002494（编辑部）
邮　　编：	100088
电子邮箱：	book@ctph.com.cn
网　　址：	http://www.ctph.com.cn
印　　刷：	北京中科印刷有限公司
经　　销：	新华书店
规　　格：	710 mm×1000 mm　1/16
印　　张：	22
字　　数：	245 千字
版　　次：	2022 年 9 月第 1 版
印　　次：	2022 年 9 月第 1 次印刷

ISBN 978-7-5001-7152-2　　　　定价：69.00 元

版权所有　侵权必究
中　译　出　版　社

前　言

货币市场基金（Money Market Funds，简称MMF，中文简称"货币基金"），起源于20世纪70年代的美国。中国货币市场基金兴起于2003年底，是主要投资于397天以内的货币市场工具并采用摊余成本法进行估值的开放式公募基金。货币市场基金由于具有低风险、高流动性以及隐性"刚兑"的特质，被很多机构以及个人投资者用来当作现金管理工具。随着互联网时代的大发展，货币市场基金在应用场景方面有了诸多创新，如理财功能拓展、在消费频次大幅提升环境下的支付功能，都显著提高了投资者的便利性。截至2021年第二季度末，中国市场上共有135家公募基金管理公司发行的331只货币市场基金，总规模超过9.6万亿人民币。

随着货币市场基金规模的快速发展，其在金融市场的系统重要性不断提升。一方面，货币市场基金与传统银行存款业务相辅相成，已经成为流动性管理的主要工具之一，完善了金融体系中的资金传导链条，是非银资金波动的重要影响力量，也是货币政策传导链条的重要一环；另一方面，由于货币市场基金采用摊余成本法估值且每日开放的特性，在资金市场发生趋势紧缩的环境下，或信用市场发生显著恶化的情景下，都会带来负偏离度（即成本收益率低于估值收益率）的上升，并可能因为资产变现速度慢于赎回速度，从而引发流动性应对危机，国内比较典型的案例包括但不限于2013年钱荒、2016年底去杠杆、2020年新冠肺炎疫情下的利率V型反转等。

由上可知，货币市场基金重要性的提升要求常态化协调监管机制的建立。借鉴国内外历次流动性危机的经验，监管层正在不断完善针对货币市场基金的监管政策。一方面，不断提高货币市场基金投资短端信用品的信用门槛，并对集中度设定比例限制；另一方面，从法规层面强化了负债端与资产端的匹配程度，针对不同的负债集中度，设定有区别的剩余期限要求以及短期流动性资产比例限制，这极大地抑制了货币市场基金进行期限错配的空间。此外，最关键的是，考虑到摊余成本法作为隐性"刚兑"的特性，监管的整体引导趋势是限制这类产品的规模发展，对于货币市场基金而言，监管要求其规模不得超过风险准备金余额的200倍，并不再批准新的采用摊余成本法估值的货币市场基金，更多地鼓励市值法估值的货币市场基金的发展。随着互联网时代的快速发展，货币市场基金的应用场景创新层出不穷，监管也在与时俱进，将游离在监管边缘的应用场景逐步纳入统一的监管体系。

在此背景下，由中国建设银行副行长、中国财富管理50人论坛学术成员、中国人民银行金融市场司原司长纪志宏牵头，中国财富管理50人论坛（CWM50）组织的"货币市场基金发展与监管"课题正式启动。课题组由来自中国工商银行、易方达基金、天风证券、度小满金融、金融街资本等机构的相关专家组成。课题组梳理了货币市场基金在美国、欧洲、日本和我国的兴起及发展历程，通过对货币市场基金的法律性质、功能定位、监管规则、会计核算、税收政策、市场创新、流动性和风险管理等方面开展深入研究，提出了推进我国货币市场基金市场朝着规范、健康的方向发展的若干建议。基于上述研究，课题组最终形成了本书。

本书的第一章梳理了国内外货币市场基金的发展历程；第二章阐述了货币市场基金作为现金管理工具的功能定位与金融市场影响，并与银行现金类理财产品进行多方位比较；第三章重点介绍了货币市场基金的资产负债管理、会计核算、税收政策以及法律法规；第四章主要总结了近年来货币市场基金的各种创新，包括"T+0 快速赎回"业务的流动性创新以及货币市场基金支付功能的应用场景创新；第五章则系统性地分析了货币市场基金的风险防范与监管发展，总结了历次流动性危机中金融机构与监管部门的应对经验；第六章在前文的基础上提出了我们关于推进货币市场基金健康发展的政策建议。

纪志宏
2022 年 8 月

目录

第一章 货币市场基金的诞生与发展

第一节 中国货币市场基金发展历程 _ 003

第二节 货币市场基金发展的国际经验 _ 011

第二章 货币市场基金的功能与定位

第一节 市场利率与货币市场基金收益率比较 _ 037

第二节 促进居民端财富加速积累 _ 040

第三节 推动机构端流动性管理方式变化 _ 052

第四节 对金融市场发展的影响 _ 064

第五节 对货币政策传导机制的影响 _ 066

第三章 货币市场基金的运营与管理

第一节 募集成立与申购赎回 _ 079

第二节　投资与管理 _ 080

第三节　估值方法与会计核算 _ 085

第四节　税收政策 _ 102

第五节　法律性质及法律关系 _ 109

第四章　中国货币市场基金创新

第一节　中国货币市场基金创新背景 _ 129

第二节　客户流动性提升创新 _ 130

第三节　互联网金融时代的创新 _ 135

第四节　T+0快速赎回业务发展与规范 _ 145

第五节　支付功能的国际经验与国内发展 _ 153

第六节　中国未来创新发展趋势 _ 161

第五章　货币市场基金的风险防范与监管

第一节　我国货币市场基金五次危机回溯 _ 165

第二节　美国货币市场基金危机分析与政策应对 _ 170

第三节　系统性风险的识别与分析 _ 181

第四节　金融机构应对：系统性风险防范模式 _ 195

第五节　监管部门应对：货币市场基金监管体系 _ 205

目 录

第六章　推进中国货币市场基金健康发展的政策建议

第一节　将短期理财产品统一纳入监管范畴 _ 233

第二节　持续推进利率市场化改革 _ 234

第三节　优化资管产品税收制度 _ 238

第四节　拓宽货币市场基金投资范围 _ 242

第五节　建立分类监管体系 _ 247

第六节　完善流动性风险管理 _ 255

第七节　在流动性监管的基础上，适当放开T+0赎回额度限制 _ 264

第八节　极端情况下，央行提供外部流动性支持 _ 267

附　录

附录一　货币市场基金监督管理办法 _ 285

附录二　公开募集开放式证券投资基金流动性风险管理规定 _ 297

附录三　关于规范金融机构资产管理业务的指导意见 _ 313

附录四　关于进一步规范货币市场基金互联网销售、赎回相关服务的
　　　　指导意见 _ 333

附录五　关于进一步明确规范金融机构资产管理业务指导意见有关事项的
　　　　通知 _ 337

附录六　课题组名单 _ 339

第一章

货币市场基金的诞生与发展

第一节 中国货币市场基金发展历程

一、2003—2005年：中国货币市场基金诞生阶段

2003年，我国面临多种市场因素，一方面，股票市场持续低迷，自2001年开始，国内股票市场持续熊市，投资者市场风险偏好下降；另一方面，政府为了刺激居民消费、拉动内需，采取了低利率政策，连续几次大幅度降息使得我国银行存款利率长期在低位运行。在这种市场环境下，投资者迫切需要一种低风险、高流动性、收益确定的投资工具。中国证监会经过研究，在借鉴海外经验的基础上，于2003年底正式批准博时、招商和华安三家基金公司发行首批货币市场基金，其中华安现金富利投资基金率先募集成立，成为中国资本市场第一只货币市场基金。货币市场基金在我国正式登上历史舞台。

在货币市场基金推出初期，由于监管政策不完善，部分货币市场基金为了获取高收益率，在投资策略上较为激进，比如通过代持加大杠杆的运作来提升组合的收益，导致这一时期的货币市场基金收益水

平普遍高于合理货币市场收益水平。中国证监会于2004年、2005年分别出台了《货币市场基金管理暂行规定》《关于货币市场基金投资等相关问题的通知》《关于货币市场基金投资短期融资券有关问题的通知》《关于货币市场基金投资银行存款有关问题的通知》等配套政策，初步奠定了货币市场基金的监管框架。但由于监管者和公募基金管理人对货币市场基金作为现金管理工具的理解认知不足，提高货币市场基金收益率成为基金管理人扩大货币市场基金管理规模的主要手段，而货币市场基金的流动性风险管理却在一定程度上被基金管理人所忽视。

在这期间，伴随着股市的低迷，货币市场基金迎来了发展的第一个高峰。截至2005年底，货币市场基金数量达到26只，管理总规模近2 000亿元，占公募基金总规模的比例超过40%。在规模快速增长的同时，货币市场基金的利率风险和流动性风险也在快速提升，而监管部门、基金管理人、投资者对于风险的认知显然是不足的。

二、2006—2012年：中国货币市场基金的发展阶段

随着2006—2007年A股牛市的到来，市场风险偏好抬升，期间伴随着利率水平的大幅上升。在此市场环境下，货币市场基金在低利率环境下所采取的高杠杆投资策略给货币市场基金的平稳运行带来很大冲击。在该时间段内，货币市场基金规模持续萎缩，投资组合的负偏离逐步扩大，风险逐渐累积。由于当时货币市场基金的整体规模还不大，并且持有人结构以个人投资者为主，投资者对于货币市场基金的利率风险和流动性风险不敏感，货币市场基金规模下降的速度较为

缓慢。这些因素为基金管理人解决货币市场基金风险赢得了时间。

货币市场基金的发展在经历了一段短暂低迷期后，在2008年金融危机和2011—2012年中国股市低迷期间，经历了2次规模迅速增长的时期：一是在2008年金融危机期间，股市大跌、市场风险偏好下行，大量资金流入货币市场基金，该年货币市场基金规模增幅超过250%，全市场规模从1 110亿元猛增至3 892亿元。二是在2011—2012年期间，股市疲弱叠加政策利好使得市场资金向货币市场基金转移，货币市场基金从2011年的2 949亿元增至2012年底的7 075亿元，增幅近140%。

2011年10月，中国证监会出台了《关于加强货币市场基金风险控制有关问题的通知》，对货币市场基金在流动性、交易对手、信用风险等方面做了相关规定，进一步明确了"货币市场基金投资于有存款期限、但根据协议可提前支取且没有利息损失的银行存款，不属于《关于货币市场基金投资银行存款有关问题的通知》（证监基金字【2005】190号）第三条规定的定期存款"，允许货币市场基金可以较大比例投资于"有存款期限、但根据协议可提前支取且没有利息损失的银行存款"。货币市场基金可大比例投资于协议存款，拓宽了货币市场基金投资标的的市场容量，为货币市场基金规模增长奠定了坚实的基础。

虽然在2008年和2012年有两个货币市场基金规模快速增长的时间窗口，但整体而言，在2006—2012年期间，新货币市场基金募集成立的不多，货币市场基金整体规模占公募基金的比例甚至长时间在10%以下。

三、2013年至今：互联网时代的中国货币市场基金

长期以来，货币市场基金是各类客户较为良好的流动性管理工具，收益率相比银行活期存款和一年定期存款利率也更高。一方面，由于彼时货币市场基金的个人投资者大部分来自银行零售渠道，因此对商业银行的存款业务造成了比较明显的冲击；另一方面，由于体量的缘故，机构类客户占比居高不下，且由于其流动性需求具有同质性，使得货币市场基金的流动性风险不断加大。

随着互联网平台这一基金销售渠道的悄然兴起，公募基金的销售模式发生了较大的变化。各类公募基金产品尤其是货币市场基金可以在互联网平台上快速、直接地穿透银行渠道直达最终客户。货币市场基金作为现金管理工具，其高安全性和相对较高的收益率在普通老百姓中得到广泛宣传和认同。2013年余额宝的推出，使货币市场基金规模增长可以真正地突破银行渠道的制约，货币市场基金行业的规模实现了跨越式发展，同时客户结构也有了较大的改善。

2013年末，国内多家公募基金公司推出了效仿余额宝的货币市场基金和多种现金理财工具，并通过建设基金公司自己的互联网平台进行货币市场基金销售，我国货币市场基金作为支付平台质押物正式进入了大众的视野。货币市场基金的规模在此期间也迅猛增加，其在公募基金市场中的占比由2013年以前平均不足20%提高至2016年底的50%。在投资者结构上，个人投资者占比迅速增长，超越机构投资者，成为货币市场基金投资者的主力。

在此阶段，国内公募基金行业经过探索，产生了"互联网+"货币市场基金、货币ETF等有中国特色的创新产品。

(一)余额宝

余额宝对接天弘增利宝货币市场基金(现改名为天弘余额宝货币市场基金)。依托支付宝强大的客户平台和资金沉淀,该产品推出后规模迅速飙升,截至2018年第一季度末,该产品规模近1.69万亿元,成了彼时国内规模最大的公募基金。这也是该产品规模最高的时刻,随后规模逐渐走低,至2020年第二季度末,规模下降为1.22万亿元。余额宝已经成为互联网金融的代表产品,其快速扩张,主要有以下几个原因。

一是满足普通投资者理财的需求。货币市场基金作为兼具灵活性以及较高收益的固定收益类产品,一直被认为是市场上最好的现金管理工具。但由于货币市场基金销售服务费较低,无申购赎回费用,而传统基金销售机构由于本身有一定的销售成本,较低的销售费用往往难以形成激励,从而使得货币市场基金的销售难以延伸到普通投资者。而互联网平台,具有规模化效应,可大大节省营销成本,具有发展普惠金融的天然优势。在拥有庞大客户群体的支付宝推出后,余额宝得到了其大力宣传支持,普通个人投资者开始认识货币市场基金,了解到除了银行存款,还存在不一样的现金管理工具,余额宝因而挖掘了大量新兴投资群体。

二是参与门槛低。在互联网货币推出前,传统货币市场基金的门槛通常是1 000元或是500元。而余额宝将门槛降到了1元,吸引到了投资者特别是普通投资者的活期资金,尽管从客户平均持有量来看,余额宝明显小于普通货币市场基金,但数以亿计的投资者聚沙成塔的效应最终形成了余额宝天量的规模。

三是资金使用便利性高。除了低门槛,互联网现金管理工具的另一大突破是到账效率高。普通货币市场基金T日赎回，基金管理人将指示基金托管人按有关规定，将赎回款项于T+1日内从基金托管账户划出，经销售机构划往投资者银行账户，通常货币市场基金赎回到账时间需要2个工作日左右。而由于支付宝有账期限制，一般不需要实时到账，因此投资者使用余额宝中的份额进行购物时，余额宝可提供T+0的支付功能，这极大地提升了产品的吸引力。

四是收益可观。由于余额宝中客户群体分散，资金稳定，在产品推出初期，余额宝投资收益显著高于银行理财、普通货币市场基金等其他同类产品，从而促使余额宝规模稳定增长。而稳定的资金流入，又进一步提高了其投资的便利性，有利于提升投资收益。后来其他互联网类产品推出后，虽然有些收益超过余额宝，但余额宝具有先发优势以及渠道优势，其规模仍然遥遥领先。

（二）理财通

余额宝的巨大成功使多个平台跟随效仿，微信理财通亦是"互联网+"产品的典型代表。理财通于2014年1月上线，截至2021年二季度末，在其上线的易方达易理财、华夏财富宝、汇添富全额宝和南方现金通规模分别达2 326亿元、1 306亿元、1 739亿元、1 526亿元，成为"互联网+"另一个热门产品。微信理财通有如下特点：

一是精准定位，满足客户理财需求。余额宝是较为典型的支付功能型产品，借助于支付宝的平台实现在淘宝购物等支付功能；而微信理财通主要是满足理财通中零钱沉淀资金理财的需求，借助拥有成熟客户群体的理财通，满足客户理财的需要。

二是绑定多只货币市场基金。余额宝发展初期对接天弘增利宝货币市场基金一只产品。而微信理财通分别与多家实力雄厚的基金公司合作，绑定多只产品，例如易方达易理财、华夏财富宝、汇添富全额宝和南方现金通等。投资者可根据具体产品选择投资的货币市场基金。

三是 T+0 赎回到账。与余额宝一样，微信理财通也具有 T+0 赎回高效到账的功能。2018 年 6 月，中国证监会与中国人民银行联合发文要求对单个投资者持有的单只货币市场基金，设定在单一基金销售机构单日不高于 1 万元的"T+0 赎回提现"额度上限。与余额宝对接单只货币市场基金相比，如果单一投资者在微信理财通中已分别持有多只货币市场基金，则其单日"T+0 赎回提现"额度上限可根据持有的货币市场基金数量相应提高。

（三）货币 ETF

2012 年底，在多方研究论证后，市场推出了可在交易所买卖基金份额的货币市场基金（Exchange Traded Fund，简称 ETF）。投资者场内的资金除了可以在二级市场买卖股票外，还可以投资货币市场基金进行现金管理。华宝现金添益货币市场基金（以下简称"华宝添益"）是我国最早成立及上市的货币 ETF 之一，产品基本说明见表 1-1。

表 1-1 华宝添益产品基本说明

项目	内容
基金全称	华宝现金添益交易型货币市场基金
代码	511990
份额面值	100.00 元

续表

项目	内容
最小交易单位	100 份
最小申赎单位	1 份
交易时间	交易日 9:15—11:30 和 13:00—15:00
上市地点	上海证券交易所
参与账户	上海证券交易所 A 股账户或场内基金账户
费率结构	管理费：0.35%/年；托管费：0.09%/年；销售服务费：0.25%/年
计息规则	T 日买入 T 日起享有收益，T 日卖出 T 日起不享有收益； T 日申购 T+1 日起享有收益，T 日赎回 T+1 日起不享有收益
收益分配	1. 每日分配，计入投资人收益账户；2. 投资人收益账户里的累计未付收益和其持有的基金份额一起参加当日的收益分配，并享有同等收益分配权；3. 投资人赎回基金份额时，其对应比例的累计收益将立即结清，以现金支付给投资人；4. 投资人卖出部分基金份额时，不支付对应的收益；但投资人份额全部卖出时，以现金方式将全部累计收益与投资人结清

在华宝添益成立以前，国内证券账户中保证金余额的规模超过 7 000 亿元，这 7 000 亿元资金中大部分都只享受着极低的银行活期存款利率，由此衍生出了巨量的资金投资需求。然而传统货币市场基金的赎回到账时间最快为 T+1 日，影响到资金流动性以及再投资效率，在这样的情况下，沪深交易所牵头基金公司进行场内货币市场基金的研究开发，以满足场内投资者现金管理的需求。经过仔细研究论证和市场调研，场内货币市场基金应运而生。场内货币市场基金在享有货币市场基金投资收益的同时，也拥有极高的资金使用效率，当存在其他投资机会时，投资者也可以将场内货币市场基金迅速变现，不耽误投资机会。正是由于场内货币市场基金兼顾了收益、低风险以及效率，产品推出后吸引了大量的场内保证金以及闲散资金。

首批场内货币市场基金推出后，交易所为提高产品吸引力，给予了政策上的倾斜：一是为场内货币市场基金开启了"T+0"回转交易，当天买入的基金份额当天即可卖出，并且日内可以重复无限次买入、卖出。"T+0"回转交易开创了交易型基金的新纪元，使华宝添益的流动性水平上了一个新的台阶。二是免收场内货币市场基金所产生的费用，即减免了交易中所产生的过户费等交易所收取的费用，加上多家券商将该类产品二级市场交易的佣金调减至 0，使得华宝添益等场内货币市场基金在二级市场交易过程中可以实现完全 0 费用。

场内货币市场基金推出后，场内保证金逐步流向场内货币市场基金，而华宝添益整体规模也逐步上升。据统计，截至 2021 年第二季度末，华宝添益产品规模约为 1 742 亿元，而规模排名第二位的银华日利，规模为 1 197 亿元。

第二节　货币市场基金发展的国际经验

一、美国货币市场基金的发展与创新

（一）诞生与发展阶段

20 世纪 30 年代，美国经济大萧条，银行业受到全面整肃和严格管制，在银行和证券业分业经营、对银行存款设立法定储备要求以及存款利率管制等方面都受到严格限制。其中，在存款利率管制方面，一是当时银行法规定银行对支票账户存款不得付息，二是美联储通过

专门的 Q 条例（Regulation Q）对定期存款可付的利率设置了最高限。与此同时，美国高度发达市场体系下的货币市场及债券市场利率却完全放开，由此产生了市场利率和银行管制利率之间的差异。

20 世纪 70 年代，美国通货膨胀高企，银行存款所提供的利率通常低于通胀率，而由于 Q 条例对储蓄存款和定期存款利率设定上限，导致短期国债收益率明显高于存款利率，这使得存款的吸引力越来越弱。1970 年 6 月，美国国会放松了对 10 万美元以上、90 天以内大额存单的利率管制。为争取储蓄大户，各商业银行和储蓄机构竞相提高大额存款的利率，从而产生了对小储户不利的"利率歧视"。而货币市场基金以基金为载体，可以集中小储户的零散资金，以"大户"的姿态进入金融市场，获得与"大户"相同的利率。此外，从 20 世纪 60 年代起，回购协议、商业票据、欧洲美元等货币市场工具被相继创设并取得迅猛发展，在传统短期债券之外形成多样化的货币市场工具，同样，这些提供市场化利率的货币工具无一例外具有将小额投资者排除在外的高投资门槛。显然，对于小储户而言，采用共同基金方式投资于货币市场既可取得稳定的低风险收益，又不受利率上限管制，因此其产品具备类似存款的本金安全与流动便利的特性，还可取得高利率市场的超额收益。

1971 年，两位华尔街经纪人布鲁特·本特（Bruce R.Bent）和亨利·布朗（Henry B.R.Brown）成立了基金公司，本着"让小额投资者享有大企业才能获得的回报率"的初衷，发行了第一只货币市场基金——储备基金（Reserve Fund）。该货币市场基金向中小投资者募集资金，用于购买大额存单，并将获得的利息收益分配给投资者。同时，Reserve Fund 在产品设计上，参照银行存款，采用每日付息，这种收益支付效率和流动性的完美结合，受到个人投资者追捧。截至1973年底，Reserve Fund规模已近1亿美元。随后几年，伴随着美国紧缩的货币政策以及利率市场化的推进，货币市场基金经历了飞速的发展，规模不断增大，至1982年货币市场基金资产规模已经达到2 350亿美元，首次超过了股票和债券共同基金。

在此过程中，一方面，利率市场化促成了货币市场基金的产生；另一方面，货币市场基金产生后也进一步推动了利率市场化的进程。货币市场基金产生后，银行为应对货币市场基金分流存款的挑战，设立了具备货币市场基金收益率，同时兼具活期存款账户灵活性的其他账户。因此，货币市场基金是利率市场化过程中的特定产物，也是利率市场化的推动器。货币市场基金对于利率市场化的反应主要发生在1978—1981年。受1976年众议院提出分阶段废除Q条例影响，1977年货币市场利率率先上升。进入1978年后，对抗通胀压力加大，央行采取一系列措施收紧信贷，调高利率水平，造成利率水平的持续攀升，一度升至12%的高位。从1978年开始，在货币市场利率快速攀升的背景下，货币市场基金规模快速膨胀，一直到1982年，都保持超过80%的规模增速，货币市场基金规模由1975年的37亿美元增长至1986年的2 922亿美元。从共同基金的产品构成看，在利率市场化推进期间，货币市场基金规模占比不断上升。1981年，货币市场基金规模占公募基金比例达77%，为历史的最高点。

（二）片面追求高收益而埋下隐患

随着1982年末Q条例被修订，货币市场基金收益率优势消失，规模一年内急剧收缩了近25%。之后美国证监会修订了2a-7规则

（Rule 2a-7），允许货币市场基金使用摊余成本法进行净值计算，使其净值不受市场波动的影响，固定保持1美元。

加上1987年美国股市大跌，大量资金再次流入货币市场基金，货币市场基金再次迎来了快速发展。到2000年，美国货币市场基金规模已经高达1.85万亿美元。进入21世纪后，货币市场基金整体增长逐渐平稳。2001年受互联网经济泡沫破裂影响，货币市场基金规模达到2.29万亿美元，首次超过储蓄存款总规模。2008年，货币市场基金的规模达到了3.83亿美元，总规模占基金总量的28.0%，占存款规模的52.1%。

在此期间，越来越多的投资管理人加入货币市场基金的运作。竞争的加剧，以及资产泡沫的形成，使得投资人在选择货币市场基金的过程中越来越看重货币市场基金的投资收益，而逐渐忽视流动性风险。在货币市场基金投资中，回购协议、商业票据等高收益、高风险、低流动性的资产占比越来越高，这为货币市场基金风险的爆发埋下了隐患。2008年次贷危机爆发，雷曼兄弟的破产触发了货币市场基金的赎回潮。与此同时，银行机构因不良贷款压力和高杠杆率而现金不足，无法满足市场上商业票据的抛售需求，需求过低致使商票市场停滞，短融市场几乎瘫痪。货币市场基金的单位净值固定为1美元，当出现特殊情况，净值跌破1美元时，货币市场基金的管理人往往会向基金注入现金以维持1美元的单位净值。这种方法在市场流动性宽裕、资本市场整体稳定时有一定的效果，但在市场发生严重的系统性危机时，则无力保持基金净值的稳定。2008年金融危机之后，货币市场基金持续低迷，规模持续缩水，至2016年末，货币市场基金规模约2.73万亿美元，与2008年高峰时期相比缩水了近30%。2017年之后，随着短期利率的回升，资金市场流动性宽裕，货币市场基金规模持续增长，据美国投资公司协会（The Investment Company Institute，以下简称ICI）统计，截至2020年末，货币市场基金规模增长至4.33万亿美元。

储备管理公司（Reserve Management）是美国历史最为悠久的货币基金管理公司之一，该公司最早于1981年便发行了第一只货币市场基金[①]。该公司旗下的主要储备基金（Reserve Primary Fund）成立于1997年，在2008年金融危机之前，管理规模一度高达626亿美元，其组合当时持有雷曼兄弟的商业票据金额已高达6.85亿美元。2008年9月15日，雷曼兄弟宣布破产，旗下的商业票据变得一文不值，这引发了投资者对Reserve Primary Fund的赎回潮。雷曼兄弟破产之后短短2天内，Reserve Primary Fund的赎回金额已高达400亿美元，这使得产品流动性迅速枯竭。2008年9月16日，在美国证监会的允许下，产品净值跌破1美元，下调至0.97美元，同时暂停赎回。2009年10月27日，Reserve Primary Fund规模仅剩35亿美元，其中大部分被预留以支付成本及诉讼费用。2009年11月，地区法院裁定该产品按比例向持有者分配剩余资产，但直到2014年12月，联邦法院才最终同意将产品剩余总资产（约6 700万美元）向持有者进行分配，每1份额获得约99.1美分的清算，至此产品终以清盘告终。

Reserve Primary Fund的案例让投资者开始意识到，一向被认为不会亏损的货币市场基金也有跌破净值的可能，同时也让监管机构开始关注货币市场基金的流动性风险。金融危机之后，监管机构便着手

---

① 参见理柏公司（Lipper）数据库。

对货币市场基金的相关规定进行调整。

（三）发布新规，回归流动性管理本源

1. 2010 年管理条例的修正

对于货币市场基金在 2008 年中所遇到的问题，美国证监会于 2010 年 1 月对原有的货币市场基金管理条例——1940 年《投资公司法》项下的 2a-7 规则进行修正，以期提高货币市场基金的变现能力。新规要求缩短投资组合的平均期限、减少次级证券的投资比例、新增对每日和每周的流动性要求等，以达到降低长期债券和高风险证券投资比例的目的。此外，修正案还要求基金公司加强信息披露的内容规范和披露频率，引导投资者做出理性的决策。

流动性的增加极大地提高了货币市场基金在大额赎回下的抗压能力，避免了次贷危机期间恶性循环情况的出现。2011 年 7 月，在欧洲主权债务危机、美国面临债务上限以及美国评级被下调等诸多系统性风险影响下，货币市场基金单月资金净流出 1 189 亿美元，不过这并没有引发货币市场的慌乱。根据 ICI 的研究报告，货币市场基金按市值计算的价值保持稳定，高流动性资产在其中起到了关键的作用。

2. 2013 年和 2016 年的新规

2013 年 6 月，美国证监会再次向市场发布一份改革纲要，主要涉及两点：一是对非政府型和免税型的机构货币市场基金实施浮动净值；二是针对大额赎回所带来的扩散效应，美国证监会提议，当非政府型货币市场基金的投资组合中那些能够在 1 周内变现的资产比重低于 15% 时，可对每笔赎回操作附加等价于赎回金额 2% 的费用，或者基金可以暂停赎回操作，但暂停赎回天数在任意 90 天的周

期内不得超过 30 天。2016 年 10 月 14 日新规法案生效,规定对主要投资者为机构投资者且投资比例限制较少的机构优先型货币市场基金(Prime)[①]不再使用摊余成本法而改用浮动计价法计算净值,同时对赎回设限。这一规则生效之后,虽然货币市场基金总量未发生大的变化,但机构优先型货币市场基金的规模大幅缩水,部分资金转移至主要投资于国债的机构政府货币市场基金。2017 年以来,随着短期利率的回升,货币市场基金迎来了金融危机之后最大规模的增长。截至 2020 年末,美国货币市场基金总规模约为 4.33 万亿美元,比 2016 年末增加了 458.8%,发展相对平稳。

根据 2016 年的新规法案,机构优先型货币市场基金采用浮动计价法计算净值。机构政府货币市场基金原本 2010 年后规模一直小于机构优先型货币市场基金,但 2016 年开始规模占比骤增,其主要原因在于,2016 年以来大部分机构优先型货币市场基金的估值方法转为浮动净值型,且产品能够在特定情况下限制赎回以及加收流动性赎回费,因而投资者转投机构政府货币市场基金。机构政府货币市场基金开始成为主流货币市场基金产品。

3. 浮动净值型货币市场基金运行情况

据 ICI 统计,截至 2020 年底,美国市场中共有货币市场基金 1 448 只,总规模达 4.33 万亿美元,与 2019 年底相比,规模有所增长;从投资者结构来看,美国市场的货币市场基金以机构型产品为主,目前机构型和零售型产品规模分别占比约为 64.71%、35.29%,

---

① 针对机构投资者的货币市场基金,包括机构政府货币市场基金和机构优先型货币市场基金,机构政府货币市场基金主要投资于国库券、类政府机构证券、国债回购等;机构优先型货币市场基金主要投资于存款、存单、金融企业短期票据等。

占比较为稳定；从产品类型来看，政府货币市场基金873只，资产管理规模为3.68万亿美元，占比约为85.04%，针对机构投资者的机构优先型货币市场基金288只，总规模占比约为12.53%，另外还有约2.43%的税务豁免货币市场基金。

2016年以来，机构优先型货币市场基金应监管要求逐渐转变为浮动净值型货币市场基金，但是该类产品规模出现了明显回落。截至2020年底，浮动净值型货币市场基金总规模约为2 642亿美元，占机构货币市场基金（包含机构政府货币市场基金和机构优先型货币市场基金）规模的9.42%，占货币市场基金总规模的6.10%，见表1-2。

究其原因，货币市场基金投资者将货币型产品作为现金管理工具，如果按浮动净值型产品浮动计价，且能够在特定情况下限制赎回以及加收流动性赎回费，则无法满足投资者的现金管理需求。因此，在货币市场基金净值型转换监管指令之后，浮动净值型货币市场基金不但未成为市场发展主流，反而基金规模急剧缩减。

4. 规模占比的变化

从美国货币市场基金的发展路径来看，货币市场基金是利率市场化的产物，影响其发展速度和规模的两个关键因素是利率水平和监管政策。

20世纪70年代，美国市场利率高企，普通个人投资者通过投资货币市场基金可以获得比存款高得多的投资收益；而监管方面，由于货币市场基金刚推出，监管也处在摸索阶段，相关机构并未对货币市场基金进行过多监管。在此过程中，货币市场基金规模快速发展，在公募基金中的占比不断提高。截至1981年底，货币市场基金总规模占公募基金总量的77%。

第一章 货币市场基金的诞生与发展

表 1-2 各类货币市场基金产品规模情况

单位：亿美元

时间	总计				零售货币市场基金				机构货币市场基金			
	总计	政府	优先型	税务豁免	总计	政府	优先型	税务豁免	总计	政府	优先型	税务豁免
2010.12	28 035	8 550	16 185	3 300	9 587	1 897	5 630	2 060	18 448	6 653	10 555	1 240
2011.12	26 910	9 701	14 292	2 917	9 507	2 037	5 505	1 965	17 403	7 664	8 787	952
2012.12	26 932	9 287	14 770	2 874	9 493	2 055	5 408	2 030	17 439	7 232	9 362	845
2013.12	27 178	9 620	14 852	2 706	9 368	2 051	5 355	1 963	17 810	7 570	9 497	744
2014.12	27 246	10 108	14 531	2 608	9 069	1 995	5 174	1 900	18 177	8 113	9 357	708
2015.12	27 547	12 267	12 731	2 549	9 411	3 468	4 096	1 847	18 137	8 800	8 635	702
2016.12	27 281	22 219	3 760	1 303	9 862	6 073	2 529	1 260	17 419	16 145	1 231	42
2017.12	28 473	22 608	4 554	1 311	10 069	6 114	2 694	1 261	18 404	16 493	1 861	50
2018.12	30 370	23 264	5 654	1 453	11 873	7 038	3 462	1 373	18 498	16 226	2 192	80
2019.12	36 320	27 204	7 740	1 376	13 704	7 796	4 647	1 261	22 616	19 408	3 093	115
2020.12	43 332	36 848	5 428	1 054	15 292	11 561	2 787	944	28 041	25 288	2 642	111

资料来源：ICI，Investment Company Institute 2020 Fact Book。

此后，随着 1982 年末 Q 管制的修订，以及监管政策的改变，货币市场基金的优势没之前明显，占公募基金的比例逐步下降，到 2000 年后，逐步稳定在 20%~30% 之间。2008 年底，货币市场基金总规模占公募基金总量的 28%。

2008 年后，美联储大幅降低了短期利率水平，联邦基金利率徘徊在略高于零的水平之上。应税货币市场基金的总收益率（扣除费率之前的收益率）由于紧密跟踪短期利率而跌至历史低点（见图 1-1）。

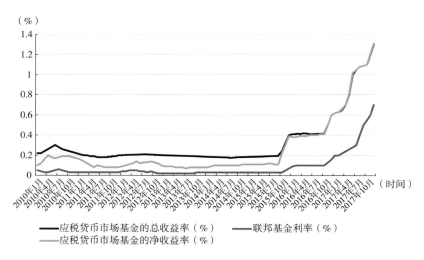

图 1-1 货币市场基金收益率

数据来源：www.ICI.org。

在这种超低利率的环境下，大多数货币市场基金采用了费用减免等措施来确保净收益率（扣除费率后的收益率）不低于零。费用的减免对基金管理人打击巨大，2008 年后，基金管理人大约减免了约 360 亿美元的费用，部分货币市场基金甚至不得不选择清盘。

2017 年以来，随着短期利率回升，货币市场基金迎来金融危机后的最大规模增长。

综合分析，货币市场基金诞生于利率市场化的过程中，其发展程度取决于利率水平。高利率环境下，投资者更多关注货币市场基金，其规模占公募基金的比例就高；而近年来，美国货币市场整体处于低利率环境，对投资者而言，会转而选择其他现金管理产品。对基金管理人而言，迫于运营成本的压力，会选择退出该市场。因此，在低利率环境下，货币市场基金规模会有一定程度的萎缩，中国的情况也大体如此。如果货币市场基金整体收益率在 4% 以上，个人投资者更多关注该类产品，货币市场基金规模就会有明显增长；如果收益率下跌至 3% 左右，个人投资者会更多地选择赎回，产品整体规模也就会明显下降。

此外，监管政策也是货币市场基金发展的推动力或重要影响因素。监管越宽松，货币市场基金可能获得的投资收益越高，但潜在的风险也越高；监管越严格，货币市场基金潜在的风险越低，但所能获得的投资收益也就越低。最终监管政策将反映到基金投资收益上，从而对货币市场基金的发展速度产生影响。

（四）美国特色的货币市场基金

在美国货币市场基金发展历程中，以货币市场基金为载体，衍生发展了一些具有美国特色的现金管理产品，比如中央资产账户、支付型货币市场基金、"T+0 快速赎回"等。

1. 中央资产账户

中央资产账户（Central Asset Accounts，简称 CAAs）是一种综合性的理财账户，将透支、证券交易、自动转账等账户功能与资产管理相联结，集投资、理财、储蓄、支付等功能于一身，是以货币市场基金为载体的全面资产管理工具。正是这一运作模式的出现，赋予了货币市场基金新的内涵。从运作主体看，投行（券商）是此类产品最主流的提供者，最早的中央资产账户就是美林证券开发的现金管理账户（Cash Management Account，简称 CMA）[1]。此类账户的迅猛发展使混业经营成为现实，直接推动了美国 1999 年《格朗－利奇金融服务现代化法案》的出台，并最终导致了美国自 1933 年《格拉斯－斯蒂格尔法案》以来实行了 60 余年的金融分业经营体制正式告终。此后，商业银行等金融机构也成为中央资产账户的重要运作主体。

（1）诞生背景。CAAs 直接发端于全球金融自由化和美国证券业的佣金市场化改革。20 世纪 70 年代，以放松管制为主要特征的金融自由化浪潮席卷全球，金融机构跨业经营（银行、证券和保险）态势显现，金融服务价格（汇率、利率和券商佣金费率）改革拉开帷幕。1975 年 5 月 1 日，美国正式取消证券交易的固定佣金制度，所有交易实行浮动佣金制。佣金自由化使美国券商收入结构发生了根本性变化，[2] 原本稳定的手续费收入减少使美国券商面临巨大的生存压力，美国券商不得不重新调整发展战略。于是，在原有的经纪业务基础之上，一些新的业务品种陆续问世。

1978 年，国际投资银行巨头美林证券与一家美国地方银行合作开发了现金管理账户 CMA，依靠先进的电子技术和互联网将以前相

---

[1] 由于美林证券就此名称申请了专利，故其他主体提供的同类账户都不叫现金管理账户，此处统称为中央资产账户。
[2] 自由化以前，经纪业务的收入占美国券商收入的 50% 以上，10 年后的 1985 年，手续费收入已不及总收入的 20%。

互独立的多种服务项目——货币市场基金账户、支票账户、存款账户、信用卡账户和证券账户融合在一起，顾客可以将款项在这几种账户之间随意调拨，从而在分业经营的前提下，充分发挥银行的客户资源优势和券商的专业理财优势，最终实现对银行储蓄的替代和券商业务模式的全面转型。

（2）产品特征。中央资产账户主要面向拥有银行活期存款的中小机构和个人客户，包含借记卡、信用卡、保证金账户、现金理财等功能，实际上是证券账户与银行存款和开放式基金相结合的金融产品，投资者可在各账户之间自动实现快速转换。

以 CMA 为例，账户管理人每周自动将投资者的闲置资金存入货币市场基金账户。[①] 账户中的资金，投资者在获取货币市场投资收益的同时，可通过 VISA 卡或支票进行购物，亦可进行广泛投资，甚至直接提现，流动性很高。另外，信用卡透支金额也可由账户资金自动偿还。证券投资方面，CMA 为投资者提供信用交易，账户资金还同银行存款一样享受保险，安全方便。总的来看，账户中的资金规模是不固定的，客户可随时按照自己的意愿来提取资金或进行消费，这符合活期存款和开放式基金"进出自由"的特点；而账户的基本运作方式是基金受托理财的直接投融资形式，而非银行兜底的间接形式，管理人无刚性兑付风险。

具体而言，现金管理账户具有三大功能类别（见表 1-3）。

---

① 后期由银行提供的 CAAs，是将客户闲置资金自动扫入银行的货币市场存款账户。

表 1-3 具备金融业务全服务能力的美林现金管理账户（CMA）

功能类别	服务项目	具体内容
银行类功能	借记卡服务	可直接用于零售购物，减少开支票的需要；可 24 小时提取现金（ATM）；可自动还款
	信用卡服务	可在一定额度范围内进行透支
银行类功能	电话银行服务	检查账户余额、核对交易、支付账单
	支票特别服务	每月最多可免费开具 12 张个人支票
	贷款服务	为客户的证券投资提供信用额度（保证金交易），使客户可以及时抓住投资机会，或满足特殊的借款需要，贷款额度为账户中持有的证券价值的一定百分比
证券类功能	投资理财	账户现金余额受托投资于货币市场基金，赚取货币市场投资收益，收益按天结算，按月支付
	证券交易	传统经纪业务，客户可进行证券买卖
保险类功能	客户账户保险	由加拿大投资者保护基金提供每个账户 100 万美元以内的保险，超过部分的全部"权益净价值"由美林证券提供保险

（3）发展影响。中央资产账户业务的开展得到了美国投资者的广泛支持，短期内一路高歌猛进，为美林奠定证券经纪业务领域龙头地位的同时也为货币市场基金注入活力，给存款性金融机构带来了严重冲击。不到 12 个月的时间里，美林就从投资者手中吸收了 50 亿美元的资金，银行眼睁睁看着客户把款项从普通的支票账户中取出，存入现金管理账户（最终流入货币市场基金），金融"脱媒"现象愈演愈烈。

从另一个层面讲，中央资产账户不仅促成了美国投资银行业务模式的转型，也直接推动了美国金融业混业经营的发展。这项业务给美国的私人客户提供了几乎没有任何限制的网上服务，使客户能够充分利用券商广阔的资源（包括财务顾问的网上服务）。全方位的增值服务带来了庞大的客户群体，投资银行的资产管理规模不断扩大，其主要收入由传统的佣金收入逐渐转向资产管理和综合服务费收入。当时，美林凭借 CMA，在 5 年内开发了 53.3 万个资产管理客户，并成功应对了浮动佣金制度和银行业务渗透的挑战，从而引发全球范围内券商和银行的关注和效仿，各大证券公司纷纷通过收购小银行来实现账户金融服务的集成。由此，券商的业务边界由原先单纯的证券经纪类业务向包罗万象的综合性金融类业务扩展，各金融子行业间的界线逐渐模糊，金融业迈出了由分业经营走向混业经营的关键性一步。

2. 支付型货币市场基金

货币市场基金本身为开放式运作的公募基金，并不具备支付功能。支付型货币市场基金是指在互联网金融下，第三方支付平台将货币市场基金与支付渠道相结合，使第三方支付平台客户享有货币市场基金投资收益。成立于 1998 年的 Paypal 是美国支付行业的巨头，其功能类似于中国的支付宝或者微信支付。在公司成立之初，Paypal 就不断研究探索支付与投资收益如何结合。1999 年 11 月，Paypal 推出了余额直接购买货币市场基金服务。

（1）运营模式。Paypal 用户可以选择将 Paypal 账户上的余额存入 Paypal 货币市场基金中，由此，原先无法获得收益的 Paypal 账户余额就可以在货币市场基金的投资中取得收益。此外，账户余额也可以很方便地进行支付。Paypal 货币市场基金初始及追加投资的最小额均为 0.01 美元，最高账户余额为 10 万美元。基金每个工作日对投资收益进行结算，每个月将投资收益分配给持有人。所有投资收益将自动进行再投资，享有基金的投资收益。由于 Paypal 货币市场基金具有操作方便、进入门槛低、投资收益较好等优势，该产品一经推出就受到了消费者的广泛欢迎。

  Paypal 在运作过程中实际上起的作用和支付宝类似，即只是作为客户购买货币市场基金的入口，将客户投资货币市场基金的需求连接到提供货币市场基金服务的公司。此外，在支付环节上，尽量做到不影响客户原有的体验。而客户所获得的投资收益均来自货币市场基金，即所获得的具体投资收益由 Paypal 所对接的货币市场专家证券公司（Money Market Master Portfolio）的盈利状况决定。

  而 Paypal 作为一家第三方支付业务提供商，仅扮演了"客户入口"的角色，并没有让自己成为基金销售商，这一业务模式与支付宝在初始阶段所选择的模式完全一致。

  Paypal 这一业务模式的选择，与美国金融法律和监管环境密切相关。因为如果想在美国成为基金销售方，就需要获得美国券商执照（Broker-dealer License）。而 1934 年颁布的《证券交易法》，对券商执照的申请人提出较高的要求，券商执照申办手续烦琐，同时成为券商后面临的监管要求也与货币支付业务的监管要求大不相同。

  （2）发展情况。2005—2007 年，Paypal 货币市场基金的年收益率超过 4%，规模连续翻番，增长了 3.5 倍，而同期活跃账户数和年成交总额分别上升 1.8 倍和 0.5 倍。到 2007 年，Paypal 货币市场基金规模达到了 10 亿美元的巅峰。虽然 Paypal 对于全部账户余额的总规模从未披露，但 Paypal 对外承认"货币市场基金功能得到客户很好地使用"。

  2008 年以后，美国实行零利率政策，基金公司大多通过放弃管理费来维持货币市场基金组合不亏损，所有货币市场基金的投资收益都非常低，Paypal 货币市场基金的收益优势丧失，规模也逐渐缩小。

2011年6月，Paypal突然发布声明称，由于市场条件，保留该基金将难以给客户带来金融优惠，Paypal货币市场基金将于2011年7月29日关闭。

美联储实行超低利率政策，使得美国很多货币市场基金经营亏损，这正是Paypal所说的"由于市场条件，保留该基金将难以给客户带来金融优惠"。金融危机以后，美国货币市场基金收益率从2007年的5%降至0.04%的水平，Paypal货币市场基金为了实现这0.04%的收益率，不仅得免收相关费用，甚至还得进行补贴。Paypal宣称，在宣布关闭该基金之前，Paypal为了维持基金正的收益率实际上已经补贴了两年时间。在宣布关闭该基金之前的几年时间里，客户对该基金的使用实际上已经在下降。截至2009年年底，产品规模约为5亿美元，较2007年下降了50%。

（3）经验总结。第一，支付功能是第三方支付平台提供的服务，并不会对投资运作产生影响。Paypal货币市场基金本质上是投资于以美元计价的高流动性、短期限货币市场工具的开放式基金。从Paypal的角度看，他们做货币市场基金并不是为了赚资产管理的钱，也不是为资产管理销售业务探路，其运作货币市场基金的主要目的还是为客户提供理财便利、吸引更多的沉淀资金、提高客户黏性。这一点和支付宝的考虑是一样的，虽然不会带来直接收益，但所带来的潜在好处是战略性的。从货币市场基金管理人的角度看，该货币市场基金仅仅是在Paypal上销售，只是因为销售渠道上的差异，而赋予其"支付型货币市场基金"，但在实际运作中，其并不会与其他货币市场基金有明显的区别，支付功能也并未对投资运作产生影响。

第二，市场利率情况决定产品生命力。虽然迫于市场原因，

Paypal 货币市场基金选择清盘，但一旦利率市场环境改变，Paypal 有可能重开货币市场基金服务。2015 年以来，美联储逐步采用量化宽松货币政策，目前市场对利率提高也普遍预期乐观。疫情冲击下虽然美联储快速将利率调低到 0 附近，但从长远来看，不排除利率市场环境再次改变的可能。

第三，关注与支付渠道对接的货币市场基金的风险。从投资者的角度看，互联网销售基金的方式带来了更为便利的用户体验，也使人们熟识了货币市场基金。通过互联网，更多的人群加入金融市场，成为金融产品的投资者。从市场的角度看，成熟的投资者群体是金融市场健康发展的基石，Paypal 货币市场基金的销售模式为金融市场输送了新的投资群体，其明确的风险揭示程序也有助于成熟投资者的培育。不论未来 Paypal 是否再度推出类似产品，它所积累的货币市场基金的一套操作规范还是值得借鉴的，特别是其风险管理意识尤其需要关注。考虑到在支付工具上链接货币市场基金，其目标客户本来就是缺乏金融知识、风险承受能力较低的投资者，需要向该类投资者传达货币市场基金可能出现跌破面值的风险，在极端情况下，甚至需要提前选择主动清盘该类基金，以保护投资者的利益。

二、欧洲市场的货币市场基金

（一）发展概况

欧洲第一只货币市场基金于 1976 年出现在瑞典。20 世纪 80 年代开始，法国、爱尔兰等地区亦开始发行货币市场基金。1985 年，欧洲议会与欧盟委员会颁布了《可转让证券集合投资计划指令》

（Undertakings for Collective Investment in Transferable Securities，简称《UCITS 指令》），为欧盟各成员国的开放式基金建立了一套跨境监管标准。欧盟成员国各自以立法形式认可该指引后，本国符合 UCITS 要求的基金即可在其他成员国面向个人投资者发售。因此，欧洲地区的货币市场基金总体可以分为 UCITS 以及非 UCITS，其中以 UCITS 为绝对主导。截至 2019 年末，欧洲货币市场基金资产净值约 1.59 万亿欧元，规模相对稳定，其中 90% 以上的货币市场基金为 UCITS。

从 UCITS 资金流向变化来看，自 2008 年次贷危机爆发至 2015 年，货币市场基金经历了资金持续流出的阶段，直到 2015 年才开始重新有资金进入。货币市场基金规模亦经历了小幅波动，其占 UCITS 总规模的比例有所下降，自 2013 年以来维持在 13% 左右。

（二）监管历程

欧洲的货币市场基金目前主要受到《UCITS 指令》（针对 UCITS）、《另类投资基金经理指令》（Alternative Investment Fund Managers，简称《AIFMs 指令》，针对非 UCITS）以及《货币市场基金条例》（Regulation (EU) on Money Market Funds，针对所有货币市场基金，包括 UCITS 和非 UCITS）的监管。欧洲对货币市场基金的监管经历了以下几个阶段：

一是《UCITS 指令》促进基金业跨国合作。1985 年 12 月 20 日，欧盟议会与欧盟委员会颁布了一系列基金业法律指引，凡是满足 UCITS 要求的证券投资基金即可在其他欧盟成员国内面向个人投资者发售，从而免去了一系列烦琐的登记注册手续，以在欧盟形成一个统一、公平竞争的基金市场。卢森堡成为首个将《UCITS 指令》纳入国家法律体系中的欧盟国家。展望未来，《UCITS 指令》将会进一步拓宽可投资的资产范围，完善货币市场基金规则，研发高效的组合管理技术和流动性管理工具。

二是《AIFMs 指令》加强非 UCITS 监管。2008 年的金融危机使得投资者对金融界一度失去信心，为了加强对 UCITS 标准范围以外的投资基金管理人的监管，欧盟委员会自 2009 年 4 月开始起草《AIFMs 指令》细则并于 2013 年施行。监管范围包括对冲基金、私募股权基金、房地产投资基金、基础设施基金和风险投资基金等。《AIFMs 指令》与《UCITS 指令》共同构成了欧盟基金业的基本监管体系。

三是 2017 年《货币市场基金条例》（以下简称《条例》）落地，推出浮动净值。该条例适用于在欧盟建立、管理或销售的所有货币市场基金。《条例》要求除将基金 99.5% 的资产投资于政府证券的货币市场基金（Public Debt CNAV）以及净值在一定阈值内（10bp 或 20bp）波动的低波动净值型（LVNAV）货币市场基金外，其余货币市场基金的净值需要采用浮动净值以真实反映投资组合的持仓市场价值，在申购和赎回时以产品净值作为申购/赎回价格。此外，《条例》还对欧盟货币市场基金的营业核准、基金内部评级规则、信息披露义务、投资多样性与集中性等原则设定了统一的监管标准。

（三）投资限制

2017 年落地的《货币市场基金条例》在《UCITS 指令》和《AIFMs 指令》的基础上进一步规范了货币市场基金，除了要求货币市场基金采取浮动净值以外，还在投资范围等方面进一步对其进行了约束，以确保货币市场基金的流动性，防范因投资过度集中带来的潜在风险。对于投资范围的限制主要包括以下几点：

第一，在流动性方面，为确保应付突然的赎回请求，《条例》引入了通用标准来保障货币市场基金的流动性。根据规定，固定净值型货币市场基金需要至少持有10%在一天内到期的资产（即发行人必须偿还的资产），以及30%在一周内到期的资产，以便能够应对突发赎回要求下的市场状况。而浮动净值型货币市场基金需要至少持有7.5%在一天内到期的资产，以及15%在一周内到期的资产。在每周到期资产所要求的最低流动性中，最多可以持有7.5%的货币市场工具或其他货币市场基金的份额。

第二，在投资多样化方面，货币市场基金资产的多元化配置也是降低风险的必要条件。条例规定对其他货币市场基金的投资限额为17.5%，并预防"循环"投资，反向回购协议比例限制为15%，以及对同一信用机构的存款和保函债券（covered bonds）的指定限制。

第三，为了进一步隔离金融风险，《条例》还规定货币市场基金不得从第三方，包括发起人（sponsors）处获得外部支持。这种限制是为了防止外部支持的不确定性导致不稳定时期的不确定性。

美国、欧盟货币市场基金监管规定比较，可参见表1-4。

表1-4 美国、欧盟货币市场基金监管规定比较

比较项目	美国	欧盟
赎回限制	强制赎回费率最高2%	收取一定赎回费，反映保持流动性合规要求的成本，最后可以实施15日的暂停赎回
估值要求	除政府MMF，其他MMF需要使用浮动净值估值	除政府MMF及低波动MMF，其他MMF均使用浮动净值估值

续表

比较项目	美国	欧盟
加强信息披露	需要披露流动性资产状况、强制赎回费率和暂停赎回期限、发起人支持情况等	每周披露流动性资产状况、前十大持有人情况等
集中度要求	更加严格了同一主体的定义	同一主体发行的各类金融工具持有不超过10%等
强化内部评级	—	每只MMF都必须建立一套内部评估系统
压力测试	测试在特定情境下保持10%的一周内到期流动性资产或者降低本金波动的能力	至少每半年开展一次压力测试

三、日本市场的货币市场基金

（一）货币市场基金萌芽阶段

1977年开始，日本逐渐开始利率自由化，同时，资本项目开放、放松证券市场管制等多方面的改革也在进行。据Lipper数据库统计，日本第一只货币市场基金于1980年4月30日成立，但当期在房地产泡沫的笼罩之下，市场对于货币市场基金的热情并不高，致使货币市场基金发展速度较慢，整体规模较小。日本在20世纪80年代仅成立了5只货币市场基金。

（二）货币市场基金加速发展阶段

1989—1992年，美联储连续24次降息，为了避免本币对美元大幅升值，亚洲各国纷纷降息，但降息后的利率水平依然远高于美国。相对较高的利率叠加股市下跌推动货币市场基金迅猛发展，1994年6

月，日本货币市场基金规模超过 10 万亿日元。虽然美国货币政策在 1994 年突然转向，稍许减缓了货币市场基金的发展，但日本货币市场基金规模仍在不断扩张。至 2000 年初，日本货币市场基金管理规模超过 20 万亿日元。

（三）货币市场基金规模萎缩阶段

2001 年安然公司破产，部分日本货币型基金由于投资了安然相关证券，使得货币市场基金净值大幅下滑。在此情况下，投资者纷纷撤离，货币市场基金规模迅速缩水。此后伴随着零利率与量化宽松货币政策并行，货币市场利率进一步走低，日本货币市场基金规模持续下滑。2016 年 1 月 28 日，日本央行开始实行负利率政策，这使得日本货币市场基金的常见投资工具的收益率逐渐由正转负。多家资产管理公司出于对货币市场基金收益率的担心停止接受新的申购。同时，部分资产管理公司考虑主动减小货币市场基金管理规模或停止运营。

第二章

货币市场基金的功能与定位

第一节　市场利率与货币市场基金收益率比较

一、货币市场基金收益率与定期利率

定期存款和货币市场基金互为替代品。对于持有期稍长的投资者来说,定期存款因低风险和高信誉而具有吸引力。而大部分优质的货币市场基金收益率高于定期存款,且流动性更高,对于短期投资而言,货币市场基金的优势更明显。为了对比二者的收益率情况,我们统计了主要银行的存款月度综合收益率,以及所有存续货币市场基金月平均收益率(见图2-1)。

从利率角度看,定期利率变动不大,受货币市场基金影响也不大,主要因为银行利率由货币政策和银行核心负债的需求决定。相对而言,虽然货币市场基金的收益率并不由定期存款决定,而是由存单等投资标的决定,但是货币市场基金的规模受存款利率影响。货币市场基金规模的变化与货币市场基金平均收益率及定期存款利率的走势有一定关联。比如,2017年,存款利率的大幅下降对货币市场基金规模的上升有一定助力，在 2018 年 7 月之前，货币市场基金的平均收益率都是高于定期存款综合利率的，因此货币市场基金能分流一部分存款。而 2018 年第三季度之后，存款利率上升，与货币市场基金的利差缩小甚至超过货币市场基金利率的平均值，部分货币市场基金在收益率上失去了优势，导致货币市场基金的整体规模，呈现下降的趋势。

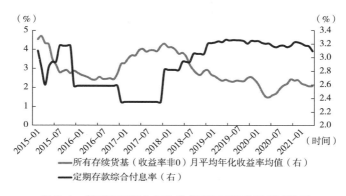

图 2-1　货币市场基金平均收益率与定期存款利率比较

二、货币市场基金收益率与理财产品收益率

银行理财产品投资范围较广，除货币市场基金投资的短期债券、票据外，还可以投资公募基金和部分股票等，甚至可以直接购买货币市场基金。此外，一般银行理财产品有固定期限，大多数客户持有至产品到期，只要不发生挤兑事件，可以通过期限错配以及同业拆借的方式降低流动性风险。因此，银行理财产品的主要优势在于收益率相对较高，而缺点则是流动性不如货币市场基金。

为了对比二者收益率的差异，我们统计了周度全市场的理财收益率，以及所有存续货币市场基金周平均收益率。从图 2-2 中可以看出，银行理财收益率在2017年至2018年5月间和货币市场基金收益率相差较小，走势基本一致。而在2018年5月之后，二者走势分化，理财收益率维持在4%附近，而货币市场基金不断走低，二者的利差逐渐增大。虽然都有下降的趋势，且大多数情况下二者同增同减，但货币市场基金收益率跌幅更大。

究其原因，2017年开始的走势相似是因为在短端利率较高时，商业银行和货币市场基金的投资策略相似，都配置了较多的同业存单和短期债。而2018年5月之后开始分化，主要原因是货币市场基金受短端利率下行拖累。由于2017年"去杠杆，严监管"的影响，同业存单逐渐跟随货币政策调整上下波动，规模收缩，加上2018年以来央行多次调整政策保证流动性充裕，同业存单和短期债等利率下滑，压缩了货币市场基金的赢利空间。而理财产品因为有赎回的固定期限，可以选择较长期限的债券维持其收益率，配合期限错配和发行利率较低的存单，可以保证收益率的同时满足流动性要求。

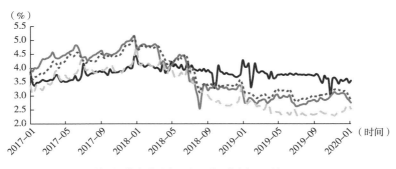

图2-2 货币市场基金利率、理财产品利率和同业存单、短债利率比较

第二节 促进居民端财富加速积累

货币市场基金在居民资产配置中发挥着越来越重要的作用,已经成为居民投资理财最为重要的工具之一。货币市场基金具有低门槛、低风险、收益稳定、高流动性的特点,极大地契合了广大个人客户现金管理的需求,已成为个人投资者最重要的现金管理工具之一。

一、我国经济增长与居民财富发展情况

(一)经济总量迅速增长

自 2000 年以来,我国的经济增长保持着较高的速度,以国内生产总值来衡量,我国国内生产总值从 2006 年的 219 439 亿元增加到 2020 年的 1 015 986 亿元(见图 2-3)。我国已成为全球第二大经济体。

2014 年起,我国经济增速较前期有所放缓,并在随后的几年中基本保持平稳,进入新常态发展阶段。但总体来看,我国经济增长速度在世界范围内仍属高增速。

(二)居民财富增长与分配变化

1. 居民财富增长情况

在经济总量迅速增长的同时,我国的居民财富也得到显著增长。2013—2020 年,我国的全国居民人均可支配收入从 18 311 元增长

至 32 189 元。

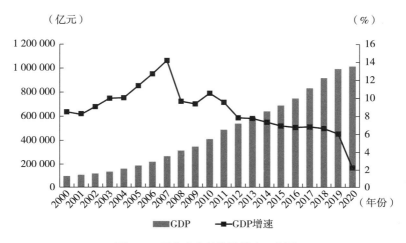

图 2-3　国内生产总值及增速示意图

数据来源：国家统计局。

2000—2020 年这 20 年间，我国的农村人均纯收入从 2 253 元增长到 17 131 元，增长幅度达 7.6 倍。而我国城镇人均可支配收入则从 6 280 元增长到 43 834 元，增长幅度约 7 倍。农村与城市人均纯收入的同比增长，使我国居民的理财需求在不断扩大的同时，也呈现出多元化的特点。

2. 居民资产配置的变迁情况

我国改革开放 40 年来令世界瞩目的高速经济增长，拉动人均可支配收入上涨及居民财富迅速积累。得益于这一千载难逢的时代机遇，一方面，我国居民用于配置金融资产的资金总量不断增长；另一方面，我国居民配置金融资产的种类也日益丰富。

截至 2020 年，我国已形成规模为 122 万亿人民币的巨大财富管理市场，约为当年国内生产总值的 1.2 倍。

从居民配置资产的结构上看,我国资本市场的日益发展丰富了可投资产品的种类。2004年第一只银行理财产品的发行,标志着我国财富管理市场正式开启;2005—2007年出现的股票市场大牛市,推动了公募基金业的发展壮大;2013—2016年,个人投资私募基金的规模以超过110%的年化速度增长,达到1.4万亿;2015—2020年,公募基金在互联网工具的推动下实现快速增长,规模由4.4万亿元猛增至20.21万亿元。

过去20年间,我国财富管理市场的产品类别不断丰富,现已涵盖银行理财、信托、保险、股票、基金等产品的配置组合;服务水平不断提高,逐渐锤炼、积累了一批投资管理专业人才;市场分工不断深化,形成了涵盖管理人、托管人、销售机构、咨询顾问、外包机构等多方位、全领域的系统化服务机构。

总体来看,居民储蓄作为过去单一的理财解决方案,其占比不断下降,而银行理财、信托、保险、股票、基金等资管产品占比均在上升,居民配置金融资产的选择日益多样,种类日益丰富。

二、货币市场基金在居民资产配置中起到的作用

收益率方面,货币市场基金的发展经历了四个高峰:2003年货币市场基金初期扩张;2008年金融危机导致大量资金流入货币市场基金;2011年证监会放开货币市场基金投资协议存款;2013年互联网金融兴起,余额宝规模迅速崛起。这四次高峰伴随着货币市场基金收益率的大幅提高,特别是2011年末证监会发布《关于加强货币市场基金风险控制有关问题的通知》,放开货币市场基金投资协议存款,

货币市场基金打通了利率市场化的银行间市场和利率抑制的储蓄存款，政策红利确保了货币市场基金收益率的提高。2013年后，货币市场基金收益率持续跑赢一年期定期存款利率，货币市场基金的规模迅速扩大。货币市场基金收益率与其他主要类型基金对比见图2-4。

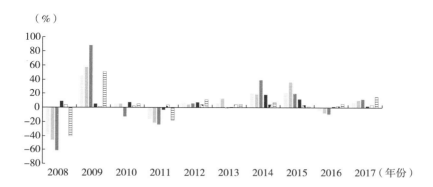

图2-4 各主要类型基金收益对比图（%）

数据来源：中国银河证券基金研究中心。

投资风险方面，货币市场基金主要投资于具有良好流动性的货币市场工具，投资风险较低。对近5年的货币市场基金平均资产配置水平进行汇总，可以看出货币市场基金持有现金比例一直稳定在30%以上，大类资产的配置比例较为稳定。货币市场基金主要投资于金融债、企业债、同业存单等。2015年之后货币市场基金配置企业债的比例明显降低，转而开始大量持有同业存单。以上资产配置特征使得货币市场基金投资风险较低，可以以较大概率做到每日均有正收益。多年来货币市场基金总体上一直保持较为稳健的正收益，受市场影响小。

流动性方面，货币市场基金可以做到 T 日买入、T 日可卖出，资金 T 日可用、T+1 日可取出，投资者开户、转入、转出都不收取费用，具有零费率、收益日结、方便快捷等优点。2013 年互联网金融兴起，依托互联网平台的货币市场基金甚至可以实现 T+0 模式，流动性类似银行活期存款。

门槛方面，货币市场基金代销机构可以根据自身情况设定认购、申购的最低限额，目前大多数货币市场基金都可以做到极低门槛或者零门槛，极大地方便投资者零钱理财。

基于以上优势，货币市场基金对个人投资者具有较大的吸引力。根据银河证券基金研究所统计，自 1998 年公募基金推出伊始至 2020 年底，货币市场基金累计为投资者实现利润 11 146 亿元[①]，占公募基金利润总额的 21.35%。货币市场基金已成为惠及普罗大众，实现普惠金融的重要产品之一。具体来看，在货币市场基金发展的不同阶段，货币市场基金在居民资产配置中发挥的作用有所变化。在 2003—2013 年的起步阶段，货币市场基金主要发挥了储蓄替代及资金蓄水池的作用；在 2013 年至今的创新发展阶段，货币市场基金则扮演了现金管理工具及支付工具的重要角色。

（一）起步阶段（2003—2013 年）

1. 储蓄替代

在货币市场基金起步阶段，货币市场基金的首要作用就是为投资者提供低风险投资标的，能够在较低风险下提供较稳定的收益，从而

---

① 数据来源：中国银河证券基金研究中心。

为个人投资者提供银行存款之外的新选择。

收益率与流动性是这一阶段投资者最主要的考量。收益率方面，图 2-5 是货币市场基金在起步阶段与一年期定期存款的收益率对比情况。简单起见，货币市场基金收益率按照当年全市场全部货币市场基金年化收益率的简单算术平均值计算，一年期定存收益率按照年初的利率水平扣除利息税计算。可以看到，10 年间，货币市场基金提供了与一年定期存款差不多的实际收益率，并且在多数的年份中，货币市场基金的收益率甚至超过了一年期定期存款的收益率。

流动性方面，货币市场基金与定期存款相比拥有显著优势。货币市场基金在其推出之初就提供了开放日随时赎回的服务，并且即使是常规赎回也可以做到 T+2 日到账，且收益率不受持有期限的影响。相比之下，尽管定期存款可以实现随时取款、实时到账，但投资者一旦提前支取，就仅能够获得活期利息，而损失了部分收益。

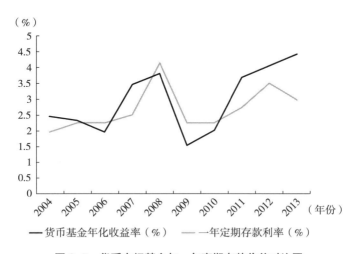

图 2-5　货币市场基金与一年定期存款收益对比图

数据来源：财汇。

通过比较二者的收益性和流动性，可以发现，货币市场基金相较定期存款在收益率方面稍有优势，在流动性方面则优势明显。因此在其起步阶段，货币市场基金在居民资产配置中起到了储蓄替代的重要作用。不过数据表明，尽管货币市场基金具有一定优势，但由于投资者对其接受需要一个较长过程，且商业银行出于保持存款规模考量对于推销货币市场基金有所顾忌等原因，货币市场基金在起步阶段的增长仍较为缓慢。在货币市场基金推出10年后，个人持有规模才突破5 000亿元。

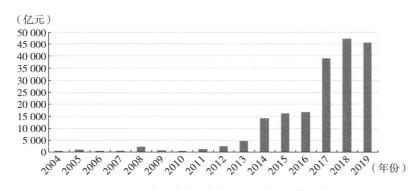

图2-6　个人投资者持有货币市场基金规模变化

数据来源：财汇。

2. 资金蓄水池

在我国货币市场基金起步阶段的10年间，其规模先后出现过三次大幅波动，每一次都与股票市场的走势存在较大相关性（见图2-7）。

第一次发生在货币市场基金推出伊始，当时股市低迷已久，货币市场基金一经面世，就凭借摊余成本法、可以较高比例投资存款等产品优势取得了快速增长。2005年末，货币市场基金规模飙升到1 868

亿元，占公募基金资产总规模的 40%。

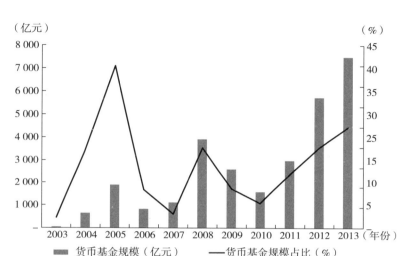

图 2-7　货币市场基金规模变动（2003—2013 年）

数据来源：财汇。

第二次发生在 2008 年金融危机期间，由于股市从 6 124 点一路狂跌，市场避险氛围浓厚，大量资金流入货币市场基金这一避风港。2008 年末，货币市场基金资产规模大增至 3 892 亿元。但在这之后，2009—2010 年流动性极度宽松使得货币市场基金收益率下降，加之股票市场回暖、银行理财产品的竞争分流，导致货币市场基金规模有所收缩。

第三次发生在 2011—2012 年，同样受股市低迷的影响，资金不断流入货币市场基金。同时 2011 年证监会出台《关于加强货币市场基金风险控制有关问题的通知》，允许协议存款突破投资定期存款比例不得超过 30% 的限定。在政策利好下，货币市场基金规模再次大幅增长，至 2012 年末资产净值达到了 5 722 亿元。

这三次规模波动反映了货币市场基金同股市的走势存在着较为密切的相关性，部分投资者已经形成了"牛市进股市、熊市买货币市场基金"的投资闭环，货币市场基金作为股市蓄水池、避风港的作用凸显。

（二）创新发展阶段（2013年至今）

2013年5月，天弘增利宝货币市场基金成立，成为货币市场基金发展史上具有里程碑意义的大事件。这只基金与众不同之处在于其对接了阿里巴巴支付宝的理财平台——余额宝。此后以余额宝为代表的一大批对接互联网性质资金平台的货币市场基金不断涌现，成为推动货币市场基金发展的核心动力，标志着货币市场基金的发展进入了创新发展阶段。

互联网这一强力工具的介入一举打破了市场原有的运行模式，也使得货币市场基金对于个人投资者而言有了更重要的作用。以余额宝为代表的互联网背景货币市场基金，通过互联网平台和线上支付平台，极大地降低了普通居民配置货币市场基金的交易成本、时间成本以及交易限制，打破了传统意义上货币市场基金依靠银行网点和客户经理推动销售的模式。不论是国内的工薪阶层还是广大农民，都能够极方便地进行货币市场基金的购买。这也反映出我国货币市场基金创新式发展所独具的普惠金融含义：使更多的人可以享受到货币市场基金提供的金融服务。

2013—2020年，货币市场基金规模快速增长。截至2020年底，货币市场基金规模达到8.05万亿元，占公募基金市场规模的比重超过40%。

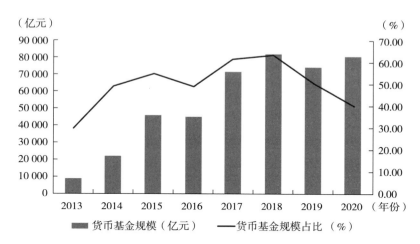

图 2-8 货币市场基金资产净值及占比情况示意图

数据来源：财汇。

余额宝的出现，使货币市场基金的定位发生了明显转向，以往投资者投资于货币市场基金多是为了投资货币市场，满足自身对特定风险收益的需求；而余额宝出现后，其强大的功能吸引了更多个人投资者对货币市场基金的投资，货币市场基金的定位逐渐变成了现金管理工具。影响大众投资货币市场基金的主要因素不再仅仅是风险收益，货币市场基金的线上服务质量与功能也成了重要因素。这一时期，货币市场基金对个人投资者的作用得到明显的增强。

1. 现金管理工具

以余额宝为代表的互联网货币市场基金出现后，货币市场基金成为收益率可与定期存款相媲美、流动性可与活期存款相媲美的现金理财工具。

一方面，货币市场基金"T+0快速赎回"业务诞生，基金管理人允许客户在一定额度内实时赎回货币市场基金份额，实时获得赎回款，这使得货币市场基金的赎回时限在原来 T+1 日或者 T+2 日到账的基础上进一步缩短，货币市场基金在流动性上已与活期存款完全相同；同时，货币市场基金投资门槛大大降低，很多新出现的货币市场基金甚至 1 块钱就能投资，远低于银行理财产品等其他投资工具。另一方面，在收益上，货币市场基金和储蓄一样，周末和节假日都享受收益，不留任何收益空白期，并且不需要特别的再投资操作，省时省力。

2. 支付工具

余额宝的出现和"T+0"业务的推出，开创了货币市场基金与第三方支付机构合作以进行消费支付的新模式。

余额宝通过与支付宝的合作，实现了货币市场基金进行多种消费支付的服务。余额宝服务实际上是将基金公司的基金直销系统内置到支付宝网站中，用户将资金转入余额宝的过程中，支付宝和基金公司通过系统的对接将一站式为用户完成基金开户、基金购买等过程，而用户如果选择使用余额宝内的资金进行购物支付，则相当于赎回货币市场基金。余额宝极大地拓展了货币市场基金的支付功能，虽然这类支付并非直接用货币市场基金支付，而是通过第三方支付平台支付，但由于基金公司和支付机构的合作和系统对接，对于普通投资者来说支付效率已经接近现金支付了。

除余额宝外，其他公司也纷纷对旗下货币市场基金开通"T+0 快速赎回"服务[①]，截至 2018 年 6 月，已有 70 余家基金管理公司旗下

[①] 2018 年 6 月 1 日，中国证监会与中国人民银行（下称"两部委"）联合发布《关于进一步规范货币市场基金互联网销售、赎回相关服务的指导意见》（下称《指导意见》），提出对"T+0 赎回提现"实施限额管理。对单个投资者持有的单只货币市场基金，设定在单一基金销售机构单日不高于 1 万元的"T+0 赎回提现"额度上限。投资者按合同约定的正常赎回不受影响。

的140余只货币市场基金提供了"T+0快速赎回"服务，支持快速赎回的货币市场基金规模占比已超过70%。这就意味着市场上大多数货币市场基金都具有快速赎回到账并且可通过微信、支付宝等支付平台进行消费的功能。货币市场基金便利支付的能力大为增强。

正是这种定位的转变，使货币市场基金的持有者结构发生了很大的变化，个人投资者开始更多地持有货币市场基金。

如图2-9，以2013年为分界点，可以发现自2013年开始，机构持有货币基金规模占比总体小于2013年以前（2015年与2016年，由于股市暴跌，大量资金从股市撤回并投入到货币基金市场，引发货币基金规模巨额扩张，直至2017年起投资回归常态）。这意味着货币市场基金所吸引的个人投资者数量有了相当大的增长，个人投资者对货币市场基金的配置也大幅增加。这一比例的变化趋势实际反映出了货币市场基金定位的变化。

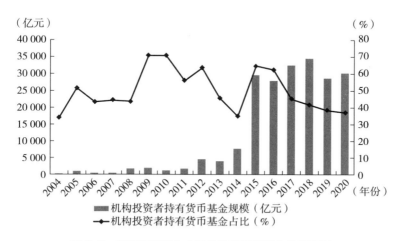

图2-9　货币市场基金中机构持有规模及占比示意图

数据来源：财汇。

总体而言，与互联网平台结合的货币市场基金具有赎回快、低门槛、高于活期存款收益以及支持网上购物、家庭日常开支、信用卡还款等多种消费支出的优势，并且在一定额度内免收手续费，对投资者相当有吸引力。

第三节 推动机构端流动性管理方式变化

一、货币市场基金与银行存款的比较与影响

（一）相同点

第一，货币市场基金收益计算方式与银行存款相同。当日申购的基金份额，自下一个工作日（T+1）起享受基金分配收益，活期存款也是下一个工作日计息。而当日赎回时，从下一个工作日起不再享受分配收益。此外，货币市场基金的收益和银行存款的利息都是免税的，并且申购（存款）也都不需要手续费。

第二，货币市场基金和活期储蓄都有利率风险。储蓄存款随利率变动收益不稳定，尤其是活期储蓄存款，受市场利率水平的波动影响较大，面临一定的利率风险。由于货币市场基金投资于货币市场工具，因此其收益与市场利率水平具有较强的相关性，也有利率风险，和市场利率正相关。

第三，货币基金和定期储蓄都有流动性风险。定期储蓄提前支取就会损失较高的定期储蓄利息，存在流动性风险。尽管货币市场基金

可以随时赎回，一些产品比如余额宝可以 T+0 到账，但实际上是公司先帮投资者垫付，货币市场工具的套现至少 T+1 到账，总会有一方，基金公司或投资者面临一定的流动性风险。

（二）不同点

第一，货币市场基金获取收益的方式和银行存款获取利息不同。一方面，货币市场基金可以投资一些收益比较高的货币市场产品（这些产品一般投资者无法参与），例如以招标方式发行的浮息债，个人投资者资金有限，中标机会很小，而货币市场基金可以中标；另一方面，货币市场基金可以通过资金之间的期限连接，互相弥补，把平均期限拉长，短期资金可以长期化，从而获得较高收益。

第二，收益率的范围也有差异。银行存款利率由自律机制规范，各家银行在一定范围内浮动，各家银行不能更改存款利率的区间，而货币市场基金则不然，各家货币市场基金之间的收益分化较大。

第三，货币市场基金面临资金转移的风险。当市场情况出现恶化的趋势时，先执行赎回的投资者往往能取得"先行者优势"——以更高的基金净值赎回资产。"先行者优势"导致在市场趋势恶化的预期下，投资者会"一窝蜂"竞相赎回货币市场基金，货币市场基金管理人为了满足赎回要求，不得不抛售投资标的，投资标的价格的下跌又进一步推动市场预期恶化，从而加剧了货币市场基金的赎回，引起"雪崩效应"。虽然银行也存在挤兑风险，但是其享有央行作为最后贷款人的保险，面临的风险相对较小。

第四，货币市场基金面临市值偏离的风险。如果采用摊余成本法估值，在债市下跌的过程中会不断累积负偏离，一旦负偏离大于

0.5%，就需要基金公司用风险准备金补足。所以，货币市场基金规模较大的基金公司，在负偏离逐步积聚的过程中，负债逐步提升，风险也在加大。

（三）货币市场基金对银行存款的影响

货币市场基金会推动利率市场化。因为货币市场基金的收益和活期存款有很明显的利差，资金会涌向货币市场基金，货币市场基金再通过回购、协议存款把资金借给银行，抬高了银行的资金成本。如果买货币市场基金的资金增加，银行的资金成本就会上升，这样会减少银行的利润。即使是银行自己销售的货币市场基金，获取的收入也远远低于损失的利差收入。有些银行为了限制货币市场基金以减少存款损失，还会对货币市场基金的转入做限制。

二、货币市场基金与银行现金类理财的比较与影响

现金类理财产品是仅投资于货币市场工具且每个交易日可办理产品份额认购、赎回的银行或理财公司的理财产品。现金类理财产品大多可以随时变现，流动性近似于活期储蓄，申购和赎回交易都非常方便。货币市场基金与现金类理财均具有投资期短、交易灵活、收益较活期存款高等特点，通常作为活期存款的替代品，成为投资者用来管理短期闲置资金的主要工具，但二者目前在投资标的、投资约束、规模上限和税收环境等方面仍有一定差距。

（一）货币市场基金与银行现金管理类产品目前的异同

《关于规范现金管理类理财产品管理有关事项的通知》（以下简称《通知》）落地后，货币市场基金与现金管理类产品之间的差异基本已被消除。二者在投资标的和比例、久期、准备金标准等层面都大体一致。规模限制和税收待遇略有差异，规模限制方面主要是现金管理类产品还会受到"同一商业银行采用摊余成本法进行核算的现金管理类产品的月末资产净值，合计不得超过其全部理财产品月末资产净值的30%"的约束，税收待遇方面则是公募货币市场基金享有免税的税收优惠。监管差异层面，现金管理类产品的直属监管主体是银保监会，而货币市场基金是证监会，但在一行两会的框架下，二者监管思路上基本一致，包括对可投资标的、杠杆、久期、集中度等要求都是统一的，监管一致性比较高，差异不明显。具体来看：

投资标的方面，货币市场基金和现金管理类产品实质要求基本一致（参见表2-1），唯一区别在于第四点，即各自监管认可的具有良好流动性的货币市场工具。证监会和银保监会日常监管口径、逻辑及

表2-1 货币市场基金与银行现金类产品的比较

项目	现金管理类理财产品	货币市场基金	是否一致
可投资	（一）现金； （二）期限在1年以内（含1年）的银行存款、债券回购、中央银行票据、同业存单； （三）剩余期限在397天以内（含397天）的债券、在银行间市场和证券交易所市场发行的资产支持证券； （四）国务院银行业监督管理机构、中国人民银行认可的其他具有良好流动性的货币市场工具	（一）现金； （二）期限在1年以内（含1年）的银行存款、债券回购、中央银行票据、同业存单； （三）剩余期限在397天以内（含397天）的债券、非金融企业债务融资工具、资产支持证券； （四）中国证监会、中国人民银行认可的其他具有良好流动性的货币市场工具	一致

续表

项目	现金管理类理财产品	货币市场基金	是否一致
不得投资	（一）股票； （二）可转换债券、可交换债券； （三）以定期存款利率为基准利率的浮动利率债券，已进入最后一个利率调整期的除外； （四）信用等级在 AA+ 以下的债券、资产支持证券； （五）所属监管、中国人民银行禁止投资的其他金融工具		一致
投资集中度	（一）投资于同一机构发行的债券及其作为原始权益人的资产支持证券的比例合计不得超过该产品资产净值的 10%，投资于国债、中央银行票据、政策性金融债券的除外； （二）投资于所有主体信用评级低于 AAA 的机构发行的金融工具的比例合计不得超过该产品资产净值的 10%，其中单一机构发行的金融工具的比例合计不得超过该产品资产净值的 2%； （三）投资于有固定期限银行存款的比例合计不得超过该产品资产净值的 30%，投资于有存款期限，根据协议可提前支取的银行存款除外；投资于主体信用评级为 AAA 的同一商业银行的银行存款、同业存单占该产品资产净值的比例合计不得超过 20%； （四）全部现金管理类产品投资于同一商业银行的存款、同业存单和债券，不得超过该商业银行最近一个季度末净资产的 10%； （五）商业银行、理财公司现金管理类产品拟投资于主体信用评级低于 AA+ 的商业银行的银行存款与同业存单的，应当经本机构董事会审议批准，相关交易应当事先告知托管机构，并作为重大事项履行信息披露程序	（一）同一机构发行的债券、非金融企业债务融资工具及其作为原始权益人的资产支持证券占基金资产净值的比例合计不得超过 10%，国债、中央银行票据、政策性金融债券除外； （二）投资于主体信用评级低于 AA 的机构发行的金融工具占基金资产净值的比例合计不得超过 10%，其中单一机构发行的金融工具占基金资产净值的比例合计不得超过 2%； （三）投资于有固定期限银行存款的比例，不得超过基金资产净值的 30%，但投资于有存款期限，根据协议可提前支取的银行存款不受上述比例限制；投资于具有基金托管人资格的同一商业银行的银行存款、同业存单占基金资产净值的比例合计不得超过 20%，投资于不具有基金托管人资格的同一商业银行的银行存款、同业存单占基金资产净值的比例合计不得超过 5%； （四）同一基金管理人管理的全部货币市场基金投资同一商业银行的银行存款及其发行的同业存单与债券，不得超过该商业银行最近一个季度末净资产的 10%； （五）拟投资于主体信用评级低于 AA+ 的商业银行的银行存款与同业存单的，应当经基金管理人董事会审议批准，相关交易应当事先征得基金托管人的同意，并作为重大事项履行信息披露程序	一致

续表

项目	现金管理类理财产品	货币市场基金	是否一致
流动性和杠杆管控要求	（一）现金、国债、中央银行票据、政策性金融债券占资产净值的比例合计不得低于5%； （二）现金、国债、中央银行票据、政策性金融债券以及五个交易日内到期的其他金融工具占资产净值的比例合计不得低于10%； （三）单只货币市场基金/现金管理类产品主动投资于流动性受限资产市值占资产净值的比例合计不得超过10%； （四）除发生巨额赎回、连续3个交易日累计赎回20%以上或者连续5个交易日累计赎回30%的情形外，债券正回购的资金余额占资产净值的比例不得超过20%		一致
投资组合久期管理	每只产品投资组合的平均剩余期限不得超过120天，平均剩余存续期限不得超过240天		一致
风险控制	同一商业银行采用摊余成本法进行核算的现金管理类产品的月末资产净值，合计不得超过其全部理财产品月末资产净值的30%； 同一银行理财子公司采用摊余成本法进行核算的现金管理类产品的月末资产净值，合计不得超过其风险准备金月末余额的200倍	同一基金管理人所管理采用摊余成本法进行核算的货币市场基金的月末资产净值，合计不得超过该基金管理人风险准备金月末余额的200倍	一致
税收	所得税——资管类产品不属于纳税主体，投资者购买资管产品所得税纳税标准按自身情况执行； 增值税——资本利得简易计税3%，利息征	所得税——免（鼓励证券投资基金发展的优惠政策）； 增值税——资本利得免，利息征	货币市场基金有优势
监管法规	《关于规范现金管理类理财产品管理有关事项的通知》——银保监会、央行，2021年6月11日发布	《货币市场基金监督管理办法》——证监会，2015年12月17日发布； 《关于进一步规范货币市场基金互联网销售、赎回相关服务的指导意见》——证监会、央行，2018年5月30日发布； 《公开募集开放式证券投资基金流动性风险管理规定》——证监会，2017年8月31日发布	—

管控措施不同可能导致这条要求下的实际投资品种有所区分，只考虑公募基金的话，差异性不会很大。证监会监管逻辑下，公募基金实行白名单制，即法规上没有明确可投的品种均不可投。同时，对于评级的标准两边监管可能也会有所差异。各家托管行对"最近一个会计年度"的理解和日常监管逻辑存在差异。银行现金管理类产品是否会参照证监会标准尚不明确，但《通知》明确提及，商业银行、银行理财子公司不应完全依赖外部评级机构的评级结果，还需结合内部评级进行独立判断和认定。

杠杆和久期约束方面，整体一致。流动性比例要求也基本一致，但证监会日常监管时对每个交易日指标的把控也比较在意，比如对现金比例的要求是每个交易日不得低于5%。银保监会目前没有明确监管时点。

规模上限方面，对现金管理类进行了额外约束。同一商业银行采用摊余成本法进行核算的现金管理类产品的月末资产净值，合计不得超过其全部理财产品月末资产净值的30%。

税收环境方面，货币市场基金有明显的免税优势。

（二）货币市场基金提高银行的负债成本

1. 美国

（1）负债端：存款增速放缓、同业负债提升；利率政策不同导致各类存款受货币市场基金影响的程度不同。美国货币市场基金发展对银行负债端的影响表现为存款占比下降、同业负债占比上升、综合负债成本升高。1973年，美国存款类金融机构的存款占负债比例87%，同业负债9%；1986年利率市场化基本完成，存款占比降至78%，同业负债升至 16%。Q 条例的废除在一定程度上缓解了"金融脱媒"处境，银行吸存能力削弱的问题得到了缓和，负债结构趋向于改善，但在金融创新产品增多带来的投资渠道多样化，监管部门放松混业经营管制，以及居民储蓄意向的下降等综合作用下，银行存款压力仍然很大，加大了同业资金比重，从而增加了商业银行的资金成本。

不同性质的存款受到货币市场基金影响的程度不同。不付息的活期存款首先被货币市场基金替代。对储户而言，货币市场基金与不付息的活期存款在功能上有许多相似，包括可开支票、可转账付费等，而 Q 条例对活期存款禁止付息的规定直至 2011 年才解除。1973 年美国商业银行所吸收的存款中，具有支付功能的活期存款占 44%，仅比 56% 的储蓄和定期存款低 12 个百分点；1986 年存款利率市场化基本完成时，商业银行 1 942 亿美元的存款中，活期存款占 32%，储蓄和定期存款占 68%。2007 年危机爆发前，活期存款比例低至 9%，储蓄和定期存款占 91%。而在付息存款中，利率政策不同导致各类存款受货币市场基金影响的程度也不同，储蓄存款受到的冲击大于定期存款。美国存款利率市场化秉承"先大额、后小额，先长期、后短期"的原则，对小额存款冲击大于大额存款，对短期存款的冲击大于长期存款。

（2）资产端：现金资产下降，同业资产提高，高收益产品配置增加。货币市场基金等金融创新产品的出现使得商业银行负债成本不断提高，在赢利压力下，商业银行对资产的配置结构也进行了较大的调整，总体上更偏向高风险、高收益资产。在美国，收益较高的贷款资产占比一直保持在较高水平，而债券的配置比例不断下降。现金类资产被大幅压缩，特别是库存现金和联邦储备金，这表明商业银行在利率市场化期间转变了传统头寸管理的模式。

商业银行在贷款配置中偏向收益更高的房地产领域，利率较低的工商业贷款和消费贷款的份额出现下滑。债券资产的内部配置结构也发生了明显的改变，高收益产品配置明显增加。1970年，国债、市政债占41%，公司债占35%，MBS等政府支持债券占22%，联邦基金、回购等占2%；1986年完成利率市场化时国债、市政债降至13%，公司债降至20%，政府支持机构债券增至61%，联邦基金、回购增至6%。

（3）对商业银行综合负债成本的影响。货币市场基金的发展壮大，导致银行等存款机构的存款分流，尤其是活期存款、可转让支付命令账户、货币市场存款账户和小额定期存款等低成本核心存款。"存款脱媒"一方面促使存款中不需支付利息的支票存款占比下降，而银行支付利息且利率上限不断提高的定期存款和储蓄存款占比不断上升；另一方面，商业银行开始更多地通过市场化程度较高的存单、大额定期存款、海外存款、货币市场借款等工具融资，使得商业银行负债端资金成本对市场利率更加敏感。

负债端的存款分流导致银行等存款类金融机构负债成本逐年提升。据美国联邦存款保险公司（Federal Deposit insurance Corporation，简称FDIC）数据显示，美国1970年利率市场化启动前，商业银行付息负债成本约4.8%，1981年升至历史高点11.9%，1986年利率市场化完成时回落至6.7%，随后成本呈震荡下降态势，直至2001年才降至4.8%以下，2012年则为0.7%。

2. 中国

中国商业银行的负债趋势与美国相似，随着货币市场基金、银行理财等产品的崛起，银行存款"搬家"的现象越来越严重，商业银行存款呈现出个人存款占比下降和存款活期化趋势。在各类理财产品和货币市场基金产品发展初期，最先实现存款"搬家"的主要是活期存款。但随着理财产品和货币市场基金相对于银行存款优势的逐步显现，对银行定期存款的相对优势提高，活期存款则由于流动性管理的刚性需求反而趋于稳定。在这一过程中，个人存款由于受到的约束较少往往较企业存款有更多的灵活性，因此个人存款占比下降相对较快。

货币市场基金扩容加剧银行"负债脱媒"。银行理财和货币市场基金规模的增长均受益于利率市场化的加速和居民理财意识的觉醒，但两者对流动性的影响存在明显的不同。由于银行理财的投资资产主要以债券和非标为主，资金的最终主要流向仍是非金融企业和居民，相应地仍会派生存款，回到银行体系。货币市场基金的扩容则导致存款从银行体系中完全流出。货币市场基金在吸收企业和居民的存款后，又投向以银行为主的金融机构，相当于银行以高成本的协议存款来补充流失的存款，这提高了银行的负债成本。在这个过程中，货币市场基金相当于非金融企业和个人与银行之间的资金通道，这导致银行面临存款流失、负债成本抬高以及客户流失的困境。伴随着货币市场基金规模的扩容以及银行流动性管理的需求增强，银行也开始购买货币市场基金，货币市场基金逐渐成为银行同业套利和流动性管理的新工具。负债结构变化，影响资产久期。货币市场基金资产端以存款、买入返售等短久期资产为主，只能极少量地配置长久期利率债和信用债。因此，货币市场基金规模的快速扩张没有带来债券配置需求，加大了银行流动性压力。

（三）对银行理财的影响较小

2018年,《关于规范金融机构资产管理业务的指导意见》(以下简称"资管新规")出台后,银行非保本理财存续余额平稳增长。根据中国银行业协会数据,2020年末,全国银行及理财公司存续非保本理财产品余额25.86万亿,同比2019年末增长6.9%,存续只数为3.9万只,而2020年末货币市场基金余额为8.05万亿元。

一方面,银行理财新规与银行理财子公司新规先后出台,摊余成本法、"T+0"赎回的货币型银行理财产品可能对货币市场基金形成一定的分流压力;另一方面,证监会发布《公开募集开放式证券投资基金流动性风险管理规定》,对货币市场基金的流动性风险管控做出了专门规定。对于单一体量较大的特殊货币市场基金,还有单独的更为严格的监管政策。对货币市场基金主要有三个要求：一是同一基金管理人所管理的采用摊余成本法进行核算的货币市场基金,其月末资产净值合计不得超过该基金管理人风险准备金月末余额的200倍；二是明确同一基金管理人管理的全部货币市场基金投资同一商业银行的银行存款及其发行的同业存单与债券,不得超过该商业银行最近一个季度末净资产的10%；三是单一投资者占比超过50%的货币市场基金,不得采用摊余成本法计价、需投资高流动性资产（收益率低）、平均剩余期限不得超过60天。货币市场基金从规模到收益都受到一定限制,因此无论从产品特性还是规模上看,此后货币市场基金对银行理财的影响都不会太大。

三、货币市场基金对受利率管制的存款产品存在替代效应

美国货币市场基金发展初期,在存款利率与市场收益率脱节的宏观背景下,企业的储蓄意愿开始发生转移,将资产由传统受 Q 条例管制的支票、活期和储蓄账户逐步转移到货币市场基金等突破利率限制的金融创新产品中。从机构部门的金融配置情况来看,随着 1974 年货币市场基金市场开始发展起来,现金支票账户和活期、储蓄账户在机构总资产中的占比就开始呈小幅下降的趋势。

在我国货币市场基金兴起之前,中国企业部门手持现金比例较高,金融资产中将近 80% 由现金和储蓄存款构成,对其他资本市场的投资活动较少,这也为货币市场基金的资金供给提供了巨大的潜在资金池。从 2003 年货币市场基金开始发展以来,中国机构投资基金的份额就开始呈上升趋势,在发展初期与基金占比的上升相对应的是持有现金占比的下降,此时货币基金市场还未将储蓄存款资金吸引过来。在存款利率管制仍未完全放松的 2007 年,货币市场基金出现第二次高速增长时,企业部门储蓄存款占比出现了大幅下滑,说明这一阶段货币市场基金可能对储蓄存款资金产生了分流。

四、企业流动性管理方式的变化

从 20 世纪 70 年代开始,美国非金融企业的流动性管理方式发生了持续的变化,现金和活期存款类资产比例显著减少,直接持有的国债、市政债等债务证券的比例减少,而对货币市场基金投资比例增加。

对于中国的机构投资者而言，短期闲置资金管理最重要的是追求资金的安全性、流动性及收益性。货币市场基金以其独特的风险收益特征，满足以上三点要求，是企业现金管理的利器。货币市场基金被视为安全系数最高的基金，自2003年国内首只货币市场基金成立以来，只有极少数情况下出现过个别基金单日万份收益为负的情况。目前市场上大部分货币市场基金都可以T日申购、T+1日确认、T+2日可赎回，若通过直销渠道赎回可实现T+1日资金到账，部分货币市场基金甚至已实现T+0日资金到账。当前已经有很多大型企业集团的财务公司利用货币市场和货币市场基金进行现金管理。流动性强、风控严格、公开透明的货币市场基金已经成为各类机构客户进行现金管理的理想工具，帮助其凭借资金获取货币市场的收益。

第四节 对金融市场发展的影响

一、长期促进货币市场发展

长期来看，货币市场基金加速了我国货币市场的发展，形成货币市场与资本市场齐头并进的发展格局。货币市场是金融体系的基础性市场，发达的货币市场应该是一个市场规模大、投资品种多、市场功能全的市场，货币市场基金在其中发挥自身的作用。

首先，货币市场基金的产生为货币市场创造了产品需求者。货币市场基金主要以国债、大额银行可转让存单、商业票据等短期货币工具为投资对象，活跃于同业拆借市场、票据市场、回购市场、国债市场等各货币子市场，可扩大货币市场规模。

其次，货币市场基金的产生进一步推动货币市场的发展，从而为中央银行货币政策操作创造一个良好的环境，提高了中央银行公开市场业务的操作效率。与此同时，货币市场基金的建立与发展，吸引了大量的社会资金与公众进入货币市场，确保货币政策信号的传递与影响具有足够的广泛性。

再次，货币市场基金的产生使货币市场具有了投资功能，有利于推进货币市场与资本市场的良性互动，提高整个金融市场的效率。此外，货币市场基金通过在货币市场上买卖短期金融工具，为资本市场的参与者提供短期融资的便利，促进资本市场健康运行。

二、短期对金融市场的冲击

短期来看，货币市场基金在某些方面也会对金融市场造成一定的冲击。

首先，货币市场基金具有安全性好、申购赎回自由、收益较高的特点，它的出现将使一部分银行存款和资本市场上的资金分流到货币市场。随着投资者对货币市场基金投融资功能的逐步了解和基金规模的逐步增大，资金的分流程度会逐步加深。

其次，货币市场基金的发行，短期内会增加货币市场的产品需求，影响货币市场自身的供求平衡。在产品供给不足的情况下，货币市场基金有可能会拉高货币市场产品的价格，导致货币市场价格波动，增加投资者成本。

第五节　对货币政策传导机制的影响

一、美国货币市场基金对货币政策传导机制的影响

（一）货币政策目标和货币政策工具的变化

以货币政策中间目标转变为主线，美国货币政策的变化可分为四个阶段：20世纪60年代到70年代的凯恩斯主义货币政策时期、70年代末到80年代末的货币主义货币政策时期、80年代末到90年代初的灵活微调的货币政策时期、1994年至今的中性货币政策时期。美国货币政策的转变与美国经济阶段和金融发展是密不可分的，同时也与全球经济一体化以及金融全球化相关。美国货币政策目标和工具的转变过程，反映了各时期货币当局所采用的货币政策理论以及货币传导渠道的相应改变。

在20世纪70年代以前，美国奉行凯恩斯主义，主张通过相机抉择的财政货币政策扩大有效需求，在实际操作过程中以财政政策为主，并通过货币政策控制利率水平。而70年代较高的通货膨胀，使得以利率为中间目标的货币政策效果减弱，货币主义学派逐步被美国政府接受。货币主义强调货币供应量的变动是引起经济活动和物价水平发生变动的主要原因。此后，货币政策的中间目标由利率转为货币供应量，稳定物价成为主要经济目标之一。

由于货币供应与经济增长间的关系出现弱化，1982年10月美联

储公开市场委员会宣布不再设立 M1 目标。1993 年 7 月，美联储主席格林斯潘表示货币供应与经济之间的关联正在弱化，希望将操作目标从货币供应转向其他目标。此后，货币政策中间目标转为了 M2 增速。随着金融创新以及利率市场化的完成，货币的定义与计量越发困难，货币供给过程发生改变，M2 增长率与经济活动的相关性越来越弱，1994 年美联储最终放弃以 M2 增长率作为货币政策中间目标，转而盯住实际利率，见表 2-2。

表 2-2 美联储货币政策目标和工具变化

时期	操作对象	中间目标	最终目标	理论支持	操作工具
1970 年之前	超额准备金再贴现贷款	利率	充分就业经济增长	凯恩斯主义	再贴现率、存款利率上限、法定存款准备金、公开市场操作
1970—1979 年	联邦基金利率				
1979—1982 年	准备金	M1 增速	充分就业经济增长稳定物价	货币主义	存款准备金、公开市场操作
1982—1987 年	准备金	M2 增速			再贴现率、公开市场操作
1987—1994 年	联邦基金利率				公开市场操作
1994 年之后	联邦基金利率	实际利率		泰勒规则	

（二）货币市场基金对货币政策传导的正效应

美国联邦储备体系货币政策的传导主要是通过金融市场有效传导的，其直接方法是通过改变联邦基金利率直接影响商业银行银根松紧，其间接方法是通过在公开市场买卖国债调控市场货币供应量，并通过货币供应量的变化来间接影响市场资金价格的变动。从美联储实际操作的情况来看，货币政策的传导体现了市场性和间接性。具体分析如下：

首先，发达的货币市场是公开市场操作的基础。美联储的货币政策意图多数是通过公开市场实施的，而且主要是货币市场。美联储公开市场政策的有效性完全得益于美国发达的货币市场。正是由于美国货币市场中有数量足够大、品种足够多、期限足够合理、流动性足够强、收益足够稳定的市场工具可供买卖，中央银行才能够通过货币市场买卖证券产品，及时地实现其增加或减少市场货币供应量的意图，最终达到有效实现货币政策目标的效果。

其次，联邦基金利率是市场利率的决定基础，而联邦基金利率是通过货币市场反映的。联邦基金是指在美联储银行体系中开有准备金账户并缴存准备金的金融机构之间就准备金调剂所形成的交易市场，或者说是拥有超额准备头寸与准备金存款达不到法定要求水平的金融机构间相互拆放与拆入的交易。一般来说，大型商业银行是联邦基金的主要购买者，其次是非银行经纪机构和交易商，小型金融机构往往是卖出者。由联邦基金交易所形成的利率具有很强的信号指示器功能，因为它最能表明银根的松紧情况。美联储往往通过直接改变联邦基金利率的手段来影响商业银行准备金头寸的松紧变化，达到调控市场银根松紧的目标。

最后，货币市场基金是中央银行控制货币供应量的重要组成部分。在美国，货币市场基金通常是开放的，其所投资的货币市场工具的违约风险和利率风险都比较低，主要有短期国库券、回购协议、银行承兑汇票、商业票据、存单以及其他质量好、期限短的大面额金融工具。美国货币市场基金数量庞大，它一方面在货币市场上是中央银行市场工具的竞争者；另一方面，又是中央银行货币政策传导的载体，中央银行可通过利率的变化，影响其获利空间，达到直接影响货币市场基金规模的效果。事实上，货币市场基金规模的大小对市场货币供应量的变化至关重要。因此，货币市场基金能够影响货币供应量，进而影响货币政策传导的有效性。

二、我国货币市场基金对货币供应量的影响

利率市场化为货币市场基金的产生提供了基础环境，同时货币市场基金又必将对利率市场化的真正实现起到重要作用。2003年中国人民银行货币政策执行报告中提出"加快发展货币市场，推动货币市场基金发展，实现货币市场与资本市场的良性互动"，进一步清楚地表明货币当局的政策取向。货币市场基金正是我国货币市场发展的"助推器"以及货币市场和资本市场连接的纽带。在金融宏观调控意义上，货币市场基金将改变货币乘数的稳定性，模糊传统货币层次内涵，改进现行货币政策传导体系，从而对货币政策的实施发挥着重要的作用。与美国类似，我国货币政策框架也经历了由数量型向价格型的转变过程。

伴随着我国货币政策框架由数量型向价格型的转变，其政策工具的传导渠道也在发生显著变化。具体来看，其主要包括四条传导路径：

第一条是信贷传导。货币市场短端资金价格的趋势性变化将会改变商业银行信用扩张的积极性，这一变化将反映到商业银行存贷款利率的变化，进而影响到实体企业的间接融资行为，以及个人的贷款消费选择。目前，由于中国利率市场存在的分割和利率传导机制不畅，政策利率调整对于存贷款利率的广谱利率直接影响有限。从非金融部门融资情况来看，以贷款为主导的间接融资仍然是主渠道，债券融资

占比相对较低。因此，政策利率调整对于实体部门融资需求的影响较小。

第二条是利率传导。中央银行通过调整政策利率对短端资金价格的影响也会向中长端利率传导，带来收益率曲线的整体移动，进而改变实体企业债券融资成本，影响其直接融资行为。目前来看，这样一种传导路径更为顺畅，其影响也更为显著。

第三条是资产价格传导。中央银行对政策利率的调整也会带动市场对未来利率预期的改变，进而反映到股票和不动产等金融资产的定价中。

第四条是汇率传导。在开放经济中，国内利率的变动也会由于国际资本流动而影响本币币值，从而带来贸易条件的变化，并影响到国际收支平衡、总需求和物价水平等宏观变量。

当前我国央行所调控的货币政策中间目标是以货币供应量为主。货币市场基金能够在很大程度上满足居民和企业对流动性的需求，而且兼具安全性、收益性，又具备一定支付功能，使得持有货币的机会成本提高，降低了人们的现金持有偏好，导致流通中的现金减少。企业以及个人手头的闲散资金也不会作为活期存款流入银行，而是转向货币市场基金流入货币市场，结果就使存款性金融机构中的活期存款遭到相当程度的分流，货币市场基金对三个层次的货币供应量都会产生不同程度的影响，具体分析如下：

一是货币市场基金对现金和活期存款等表现出较强的替代性，在短期内对 M1 呈负向作用，这是货币市场基金吸收社会闲散资金，部分现金及储蓄存款被用于购买货币市场基金所致；二是货币市场基金使广义货币供应量 M2 增加。货币市场基金在一定程度上减少了储蓄存款和企业存款，同时货币市场基金还吸纳了部分未进入银行体系的社会闲散资金，货币市场基金将所募集的资金投放到货币市场，诸如银行间同业拆借市场等，这部分资金在银行体系内部流动，最终通过银行贷款的形式再流入到企业或个人，实现新的存款创造，使广义货币供应量 M2 增加。

基于流动性监管要求以及控制货币供应量的考虑，中国人民银行在 2014 年末将货币市场基金主要配置的同业存款划归一般存款管理，这一规定意味着可通过控制非存款性金融机构的信用货币创造能力调控货币市场基金规模扩张，从而对货币供应量产生影响。

2018 年 1 月，中国人民银行完善货币供应量中货币市场基金部分的统计办法，用非存款机构部门持有的货币市场基金取代货币市场基金存款（含存单）。这次调整之前，M2 统计的是货币市场基金在银行的存款，也就是银行负债的一部分，而这次调整为统计非存款机构部门持有的货币市场基金份额，即货币市场基金的负债部分。货币作为债权的本质属性没有改变，只是负债主体由银行扩展到了货币市场基金，该调整确认了货币市场基金作为负债主体并承担货币派生功能。

货币市场基金成为货币派生功能主体的根本原因在于货币市场基金越来越多地作为流通和支付手段。一方面，以余额宝为代表的货币市场基金随着移动电子支付的普及，越来越具备类现金的性质，成为经济活动中重要的支付手段。这使得货币市场基金份额在货币功能上越来越接近现金和存款。另一方面，部分货币市场基金 T+0 的赎回机制使其具有较高的流动性，其资产端绝大部分配置于存款现金类资产和存单，高流动性和安全性的资金配置使其具备近似银行"主体信用"职能。

理解货币市场基金的货币派生功能可以把银行的货币派生功能作为类比，所不同的是货币市场基金不能发放贷款只能购买债券。比如A购买100元货币市场基金B，货币市场基金B拿这100元去购买企业C发行的短融，A可以使用100元的货币市场基金份额作为支付手段，企业C也获得了100元融资用于投资或购买商品，这样全社会的货币供应量就增加了100元。

货币市场基金的资产端结构决定了其货币派生功能的局限性。根据上述推导，银行通过扩张资产创造货币，其限制条件是银行给非银部门贷款或购买非银部门发行的证券才算货币创造，而给银行同业融资不算货币创造过程，所以M2的统计口径并不包括银行同业存款等同业资产。货币市场基金派生货币也是同样的道理，只有直接给实体部门融资才算货币派生，而将资产以存款或存单的形式放入银行并不算货币派生。虽然银行可以用货币市场基金存款进行货币派生，但这样货币派生的主体是银行而不是货币市场基金。

根据2020年末的数据，货币市场基金资产端配置品种从大到小依次为存款类资产（39.2%）、同业存单（29.3%）、买入返售资产（25.9%）、金融债（4.3%）、国债（1.8%）等。货币市场基金购买这些资产时资金并没有流向实体部门，因此这些资产配置行为不算货币派生。而购买短融、企业债等资产使资金流向实体部门，这类资产配置属于货币市场基金独立承担货币派生功能的行为，但由于短融、企业债等资产在货币市场基金资产配置中比例较小，因而货币市场基金独立于银行承担货币派生的功能比较有限。

关于货币市场基金对货币供应量的影响，在货币供应层次上，货币市场基金的存款替代效应和现金替代效应会模糊我国原有的货币层次结构；在货币创造乘数上，货币市场基金对现金比率、存款准备金率和定期存款比率等因素的影响，将扩大货币乘数；在货币政策的效率上，货币市场基金有利于完善我国的货币市场并增强利率传导途径的效率，但又为货币统计增加了难度并削弱了中央银行对货币政策实施效果的控制能力。

我国国民经济实现了持续的快速增长，随之而来的金融创新步伐不断加快，各类金融机构开始着力开发大量的投资理财产品，以满足市场上投资者的多元化需求，其中具有低风险、高流动性、收益稳定等特征的货币市场基金无疑是最重要的金融产品之一。我国货币市场基金的发展壮大，及其对货币供应量产生的影响还将继续成为人们关注的焦点。

三、货币市场基金对货币政策有效性的影响

货币政策传导途径一般有三个基本环节：一是从中央银行到商业银行等金融机构和金融市场。二是从商业银行等金融机构和金融市场到企业、居民等非金融部门的各类经济行为主体。商业银行等金融机构根据中央银行的政策操作调整自己的行为，从而对各类经济行为主体的消费、储蓄、投资等经济活动产生影响。三是从非金融部门经济行为主体到社会各经济变量，包括总支出量、总产出量、物价、就业等。

金融市场在货币的传导全过程中发挥着极其重要的作用。首先，中央银行主要在市场运作货币政策工具，商业银行等金融机构通过市场了解中央银行货币政策的调控意向；然后，企业、居民等非金融部门经济行为主体通过市场利率的变化，接受金融机构对资金供求的调

节进而改变投资与消费行为；最后，社会各综合经济变量的变化也通过市场反馈信息，影响中央银行、各类金融机构的行动方案。

我国金融市场上的利率大致可以分为三个层次：第一层次是央行的政策利率，即央行公开市场操作的利率，包括央行正逆回购利率等传统货币政策工具、短期流动性调节工具（SLO）、常备借贷便利（SLF）和中期借贷便利（MLF）等新型货币政策工具；第二层次是货币市场利率，主要品种有银行间市场质押式回购利率、存款类质押式回购利率等市场交易利率和上海银行间同业拆放利率（SHIBOR）等报价利率；第三层次是企业的融资利率，包括企业债的发行利率和企业从银行体系的贷款利率等。

中央银行无法直接对利率进行操作，往往通过货币政策工具，影响所观测的目标利率从而最终影响市场利率。货币政策的利率传导路径正是沿着三个利率层次逐步进行传导。首先从政策利率到短端市场利率，最重要的操作方式是利率走廊建设：即以7天公开市场逆回购利率为资金利率下限，以MLF等创新工具为利率上限构建利率走廊，银行间市场7天回购利率和银行间市场存款类机构以利率债为质押的7天期回购利率等操作利率在利率走廊允许范围内上下波动。然后是由短期利率向长期利率传导，就现状而言，债券市场还存在一定的分割现象。最后是从长期利率向实体经济传导。据此，货币政策的调控目标除了CPI之外，还要考虑资产价格、杠杆率等宏观审慎指标，这将成为最终的传导反馈机制。

在利率市场化的改革过程中，市场化利率的形成是由局部市场向整个金融市场推进，而货币当局的宏观调控也由直接调控向间接调控过渡。在这一过程中，货币市场基金作为货币市场上重要的资金供应者，发挥其独特的作用。货币市场基金能够吸引各层次的投资者参与到市场中来，货币市场基金的利润来自货币市场工具的买卖差价，由此促进各种货币市场工具的发行与交易的活跃度，使货币市场中各子市场形成的短期利率更全面、客观地体现整个市场的资金供求状况，有利于利率向市场化方向发展，成为中央银行制定基准利率和货币政策判断、实施依据的真实价格信号。

货币市场基金作为管制利率与市场利率之间的一种套利工具，与利率市场化密不可分，它的诞生本身也推动我国利率市场化的进程。1972年在美国出现的货币市场基金就是为了规避利率管制的金融创新。货币市场利率高于银行存款利率的差额就成为货币市场基金发展的内在动力，而且这一差额越大，货币市场基金的规模扩张也越快。这样货币市场基金就发挥了引导大量社会资金流向，促使各个金融子市场利率平均化的重要作用。货币市场基金规模的扩大产生了金融监管当局的利率管制政策事实上失效的结果，从而导致利率管制最终被取消，这无疑会加速我国利率市场化的进程。货币市场基金的投资者会对利率的波动更加敏感，因而提高了利率信号的调节能力。与此同时，货币市场基金的建立与发展，吸引了大量的社会资金与公众进入货币市场，确保了货币政策信号的传递与影响具有普适性。

货币政策的利率传导路径不只是要从政策利率向货币市场利率传导有效，还要求以货币市场为代表的短期利率向长期利率传导通畅。长期利率，尤其是企业债利率代表了企业的融资成本，是影响企业活动乃至实体经济运行的重要因素。一定程度上讲，长期利率才是货币政策目标的真正意义所在。现有研究成果表明，我国短期利率变化对中长期利率的影响程度比发达国家低25%左右，即我国债券市场部分功能存在一定的无效性。同时还须指出，我国可将国债收益率曲线作为预测未来利率、通货膨胀率和通胀趋势的工具，中央银行通过债券收益率曲线来影响资产配置和未来通胀预期，从而进一步实现有效传导至长端利率。

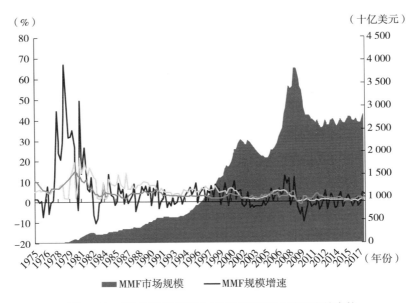

图2-10　美国货币市场基金规模与联邦基金收益率的走势

货币市场基金对市场利率非常敏感，市场利率较高时，货币市场基金投资于短期证券的收益下降，购买货币市场基金的数量就会下降，市场流动性增强；相反，当市场利率下降时，货币市场基金投资的短期证券收益就会增大，购买货币市场基金的规模就会增加，市场流动性就会减弱。货币市场基金对利率的高度敏感性，有利于引导市场资金流向，自动调节市场资金的流动性，实现中央银行货币政策的有效传导。

第三章

货币市场基金的运营与管理

第一节　募集成立与申购赎回

一、货币市场基金的募集和成立

在货币市场基金公开募集前,基金管理人将刊登基金发售公告,披露基金发售时间、发售方式、发售对象等基金募集的相关要素。投资者可按发售公告公布的方式和流程认购基金。

一般情况下,货币市场基金不收取认购费用。基金募集期间,募集的资金将存入专门账户,在基金募集行为结束前,任何人不得动用,募集期内资金所产生的利息将归投资者所有。基金募集成立后,募集资金划入托管账户,基金管理人方可使用基金资产进行投资运作。

二、货币市场基金的交易申购和赎回

基金募集成立后,基金管理人将根据实际情况公开开通申购业务,并在 3 个月内开始办理赎回业务。投资者可通过基金管理人公告

的销售机构，办理基金的申购赎回业务。

一般情况下，货币市场基金份额净值固定为 1.00 元，并且不收取申购费或者赎回费（按基金合同约定触发收取强制赎回费例外）。基金份额持有人提交申购申请并确认后，T+1 日起享有货币市场基金的投资收益；提交赎回申请并确认后，T+1 日起不享有收益。

正常情况下，投资者提交赎回货币市场基金份额的申请后（T 日下午 3 点前提交赎回申请），基金管理人在下一工作日（T+1 日）进行投资管理运作，赎回款将在 T+1 日内由基金托管账户划出。由于不同基金销售机构资金清算效率存在差异，赎回款最终到达投资者账户的时间也存在差异，有的需要到 T+3 日才能到账，有的渠道可以在 T+2 日到账。此外，为提高客户体验，不少银行、基金公司在网上直销等渠道开通了"T+0 快速赎回"服务，投资者提交赎回后，资金可当天到达账户。但该服务有一定的金额限制，单个投资者在单个销售渠道持有的单只货币市场基金单个自然日的"T+0 赎回提现业务"提现金额上限为 1 万元，且一般情况下赎回当天即不享有货币市场基金的投资收益。

第二节　投资与管理

一、货币市场基金的投资范围

货币市场基金投资范围为具有良好流动性的金融工具，包括银行存款、剩余期限在 397 天以内的债券等。

对于货币市场基金的投资运作，基金管理人将采取积极的投资管理策略，通过对宏观经济环境、货币政策、证券市场环境和资金供求关系的深入分析，合理设定投资组合的目标久期和资产配置比例，综合运用平均久期配置、期限结构配置、类属配置等多种固定收益投资策略，做好流动性管理。当然，为了控制货币市场基金的风险，法律法规对货币市场基金投资比例限制有严格的规定，比如投资组合的平均剩余期限不得超过 120 天，平均剩余存续期不得超过 240 天；不得投资于主体信用等级在 AA+ 级以下的债券与非金融企业债务融资工具；投资于有固定期限的银行存款的比例，不得超过基金资产净值的 30% 等。

二、货币市场基金的管理

（一）资金端管理

在货币市场基金发展的最初阶段，无论是监管法规还是基金管理人在投资运作过程中，都偏重于资产端的管理，而对资金端的管理有所忽略。但随着行业规模的扩大，由货币市场基金资金端差异所导致的产品之间的风险暴露差异和业绩差异越来越突出，不论是监管机构、基金管理人，还是基金持有人都逐渐意识到不同资金端结构将导致产品之间存在重大差异，资金端管理的理念逐渐被监管机构理解并认可，并被基金管理人越来越多地运用到投资管理的过程中。

分析 2017 年年底的货币市场基金年报，我们可以发现，在中国近 8 万亿规模的货币市场基金中，机构投资者占比约 40%，个人投资者占比约 60%。个人投资者和机构投资者在规模波动上存在巨大差异,这对监管机构和管理人都提出了更高要求。

2017年,证监会发布的《公开募集开放式证券投资基金流动性风险管理规定》(以下简称"流动性新规")提出了资金端管理理念。如表3-1,新规根据不同的资金端结构对货币市场基金的资产配置提出了不同要求,这是中国货币市场基金管理史上的巨大进步。流动性新规把货币市场基金分为三类,三类货币市场基金在资产配置上有不同的比例限制,如此分类提高了行业整体的抗风险能力。

表 3-1　流动性新规对资金端的管理规定

旧法规	流动性新规
无	1. 前10名投资者超过50%,平均剩余期限不超过60天,5个交易日内到期高流动性资产不低于30%。如果该比例不达标且低于10%,且存在负偏离,1%以上的赎回需要惩罚性征收1%的赎回费
	2. 前10名投资者超过20%、低于50%,平均剩余期限不超过90天,5个交易日内到期高流动性资产不低于20%
	3. 前10名投资者低于10%,平均剩余期限不超过120天,5个交易日内到期高流动性资产不低于10%

从投资运作的过程来看,货币市场基金资金端的投资者主要分为个人投资者和机构投资者。

1. 个人投资者管理

公募基金公司最主要的零售渠道是商业银行和互联网,货币市场基金也不例外。因而,商业银行和互联网渠道的申购、赎回情况,直接对货币市场基金的申赎规律和存量规模造成影响。个人投资者的特点是客户数较多,户均规模小,且受货币市场扰动影响较少。货币市场的资金紧张程度与投资者的赎回比例没有明显的正相关性,货币市场基金零售渠道客户的申购、赎回情况更多受到同一零售渠道其他产品申赎情况的影响。

因此，对于以个人投资者为主的货币市场基金，需要基金管理人对产品的主要零售渠道有全面的了解，需要对以往申购赎回的数据做出详细的分析，并且及时掌握零售渠道同类产品的情况。通过大数据分析，基金管理人才能最大限度地了解该渠道投资者的申购赎回特性，做好流动性安排。

2.机构投资者管理

货币市场基金的主要机构投资者来源于自有的直销渠道，投资者类型众多，比如银行、保险、信托等金融机构，也有非金融企业。机构投资者的特点是客户数较少，但是单一机构保有规模大，其规模波动规律各有特色。其中，金融机构投资者对资金面的波动非常敏感，资金面的紧张程度和赎回情况存在明显的相关性。当资金价格上涨时，货币市场基金极易出现大规模赎回的情况。如果不稳定的机构投资者占比过高，在资金价格上涨时，货币市场基金可能会面临较大的流动性压力，很难形成业绩和规模的正向循环。

所以，以机构投资者为主的货币市场基金，基金管理人需要较好地了解机构投资者的现金流状况。首先，基金管理人需要对产品流动性需求有明确的定位，在分析机构投资者稳定性特征的基础上，管理人需建立相应的资金端客户管理系统，对存量规模中机构投资者的流动性特征有明确的认识，在此基础上，总结机构投资者的申购赎回规律，并通过加强和机构投资者一对一的沟通，确保组合的流动性安全。

（二）资产端管理

1.资产配置思路

总体来看，货币市场基金的资产配置思路与债券型基金差异不大，主要遵循"自上而下"的方式。通过对 GDP 增长率、通货膨胀率、就业率水平等宏观经济指标的分析和预测，以及对财政政策和货币政策的持续跟踪，形成对货币市场利率水平的预判，从而决定货币市场基金投资组合的剩余期限区间。根据各类资产的流动性特征、估值特性和收益率情况，决定组合中各类资产的投资比例。最后，细化资产配置策略，落实到具体的个券、回购和存款等资产上。根据个券、回购和存款的收益率水平、到期日、风险水平、流动性情况，决定具体的投资量，并予以交易实施。

货币市场基金作为流动性管理工具，其规模的波动性较大。在考虑资产配置的时候，要特别关注不同资金结构带来的影响。在同样的资产配置观点下，货币市场基金要根据其投资者结构的不同做出不同久期、类属资产比例等不同的安排，使组合资产的现金流与客户结构相匹配。

2. 主要投资策略

一是持有到期策略。持有到期策略是指投资债券、回购或者存款等资产之后不考虑市场利率的变动，持有到期，获取固定的收益。对于投资者分散、资金端较为稳定的货币市场基金，通常能够进行较好的资金资产匹配，选择合适期限的资产持有到期；而规模波动压力较大的货币市场基金，持有到期资产的比例通常要小一些，期限通常也更短一些。

二是久期策略。久期策略是指根据经济环境和货币政策等因素的变化状况，对利率走势做出预判，结合基金对风险收益的特定要求，确定基金的久期配置。根据货币市场基金资金端情况的不同，目前货币市场基金的剩余期限上限分别是 60 天、90 天和 120 天。在判断货币市场收益率趋势性下行的情况下,货币市场基金可以在法规规定的范围内配置更长剩余期限的资产来获取更高的收益率;在判断货币市场收益率趋势性上行的情况下,货币市场基金将缩短资产的剩余期限,规避利率风险。

三是杠杆策略。杠杆策略是指以组合现有债券为基础,通过买断式回购、质押式回购等方式融入资金,并投资剩余期限相对较长的债券、回购或者存款等资产,以期获取超额收益的操作方式。货币市场基金需关注金融市场资金供求状况变化趋势,通过对影响资金面的因素进行详细分析与预判,决定杠杆策略的运用。在资金面趋紧、回购利率上升的情况下,应降低杠杆比例;而在资金面宽松、回购利率下降的情况下,可适度运用杠杆策略提高收益。

四是信用策略。信用债券收益率相对于国债、政策性金融债收益率有一定的利差,是货币市场基金获取较高投资收益的来源。通过对经济周期、行业发展情况等进行分析,研究信用利差的走势,灵活调整投资组合中信用债类属、行业和资产比例,获取信用利差下降带来的收益,规避信用利差上升带来的亏损。

第三节　估值方法与会计核算

一、我国货币市场基金估值方法

我国货币市场基金估值目前有两种方法:"摊余成本法"和"市

值法"。"摊余成本法"是主流方法,即计价对象以买入成本列示,按照票面利率或协议利率并考虑其买入时的溢价与折价,在剩余存续期内按照实际利率法摊销,每日计提损益。

为避免采用"摊余成本法"计算的基金资产净值与按市场利率和交易市价计算的基金资产净值发生重大偏离,基金管理人在每个估值日采用市值"影子定价",当"影子定价"确定的基金资产净值与"摊余成本法"计算的基金资产净值的负偏离度绝对值达到或超过0.25%时,基金管理人应在5个交易日内将负偏离度绝对值调整到0.25%内。当正偏离度绝对值达到0.5%时,基金管理人应暂停接受申购并在5个交易日内将正偏离度绝对值调整到0.5%内。当负偏离度绝对值达到0.5%时,基金管理人应当使用风险准备金或者自有资金弥补潜在资产损失,将负偏离度绝对值控制在0.5%内。当负偏离度绝对值连续两个交易日超过0.5%时,基金管理人应采用公允价值估值方法对持有投资组合的账面价值进行调整,或暂停接受所有赎回申请并终止基金合同进行财产清算等措施。

随着行业规范不断完善,在各项行业政策规范的支持下,"市值法"(浮动净值型)货币市场基金开始崭露头角。2017年9月1日,流动性新规出台,规定"基金管理人应当对所管理的采用摊余成本法进行核算的货币市场基金实施规模控制,同一基金管理人所管理采用摊余成本法进行核算的货币市场基金的月末资产净值合计不得超过该基金管理人风险准备金月末余额的200倍"。2018年4月27日,资管新规正式发布,鼓励"打破刚性兑付",并要求"金融资产坚持公允价值计量原则,鼓励使用市值计量"。2018年7月20日,人民银行发布了《关于进一步明确规范金融机构资产管理业务指导意见有关事项的通知》（以下简称《通知》），明确了银行的现金管理类产品在严格监管的前提下，暂参照货币市场基金的"摊余成本+影子定价"方法进行估值。可见，从国内的情况来看，在遵守监管的条件下，货币类基金或产品仍然是可以采用摊余成本估值的，同时，净值化的新型货币类产品已在国内应运而生。

2019年7月12日，首批6只浮动净值型货币市场基金获批，并于同年8月至9月间陆续成立。浮动净值型货币市场基金与传统摊余成本法核算的货币市场基金的主要差异体现在估值方法、收益分配和信息披露等方面。从估值及信息披露等角度看，浮动净值型货币市场基金更类似于普通短债基金（参见表3-2）。

表3-2 摊余成本法核算的货币市场基金与浮动净值型货币市场基金对比

项目	摊余成本法核算的货币市场基金	浮动净值型货币市场基金
估值方法	摊余成本法	市值法
收益分配方式	采用红利再投资形式，按日计算并分配收益，在合同约定分配日结转为基金份额	选择现金分红或红利再投资，基金收益分配频率可由基金合同约定，一般情况下每个月分配不超过1次
信息披露	每日公布万份收益及七日年化收益率	每日公布份额净值及累计份额净值

二、货币市场基金收益分配

基金利润指基金利息收入、投资收益、公允价值变动收益和其他收入扣除相关费用后的余额；基金已实现收益指基金利润减去公允价值变动损益后的余额。

（一）摊余成本法核算的单利货币市场基金

单利货币市场基金根据每日基金收益情况，以基金已实现收益为基准，为投资者每日计算当日收益并分配，并在运作期期末集中支付，累计收益支付方式一般采用红利再投资（即红利转基金份额）方式。在会计处理上，单利货币市场基金每日将收益计入"应付利润"科目中，在合同约定分配日，再将"应付利润"结转到"实收基金"科目中。

（二）摊余成本法核算的复利货币市场基金

复利货币市场基金根据每日基金收益情况，以基金的已实现收益为基准，为投资人每日计算当日收益，并每日进行收益分配，每日收益自动转为份额。在会计处理上，复利货币市场基金每日将收益确认为"实收基金"，参与下一日的收益分配。

（三）浮动净值型货币市场基金

浮动净值型货币市场基金在符合有关基金分红条件的前提下，管理人可以根据实际情况进行收益分配，基金收益分配频率可由基金合同约定，一般情况下每个月分配不超过 1 次，基金管理人原则上至少在权益登记日前 10 个工作日暂停办理大额资金申购。

收益分配方式分两种：现金分红与红利再投资，投资者可选择现金红利或将现金红利自动转为基金份额进行再投资。基金收益分配后基金份额净值不能低于面值，即基金收益分配基准日的基金份额净值减去每单位基金份额收益分配金额后不能低于面值。

三、货币市场基金特殊指标

货币市场基金特殊指标包括每万份基金净收益、7日年化收益率、投资组合剩余期限及与影子定价估值的偏离度。传统的摊余成本法核算的货币市场基金要求每日披露每万份基金净收益及7日年化收益率,而浮动净值型货币市场基金不要求披露万份收益及7日年化收益率,但需每日披露份额净值和累计份额净值。份额净值和累计份额净值这两个指标与普通基金无异,在此不进行展开。

(一)每万份基金净收益

每万份基金净收益是指货币市场基金按照相关法规计算的每万份基金份额的日净收益。具体计算公式如下:

当日每万份基金净收益 = 当日基金净收益 / 当日基金份额总额 × 10 000

期间每万份基金净收益 = $\sum_{w}^{n}(r_w/S_w) \times 10\ 000$;其中,$r_1$ 为期间首日基金净收益,S_1 为期间首日基金份额总额,r_w 为第 w 日基金净收益,S_w 为第 w 日基金份额总额,r_n 为期间最后一日基金净收益,S_n 为期间最后一日基金份额总额。除基金合同另有规定外,每万份基金净收益应保留至小数点后第4位。

(二)七日年化收益率

七日年化收益率是指以货币市场基金最近7日(含节假日)收益所折算的年化资产收益率。具体计算公式如下:

按日结转份额的7日年化收益率(即复利货币市场基金的7日年

化收益率）$= \{[\prod_{i=1}^{7}(1+\frac{R_i}{10000})]^{\frac{365}{7}} - 1\} \times 100\%$；

按月结转份额的 7 日年化收益率（即单利货币市场基金的 7 日年化收益率）$= [(\sum_{i=1}^{7} Ri/7) \times 365/10\,000] \times 100\%$；其中，$Ri$ 为最近第 i 个自然日（包括计算当日）的每万份基金净收益。

除基金合同另有规定外，7 日年化收益率保留至小数点后第 3 位。

（三）投资组合剩余期限

1. 计算公式

货币市场基金投资组合平均剩余期限的计算公式为：

$$\frac{\Sigma 投资于金融工具产生的资产 \times 剩余期限 - \Sigma 投资于金融工具产生的负债 \times 剩余期限 + 债券正回购 \times 剩余期限}{投资于金融工具产生的资产 - 投资于金融工具产生的负债 + 债券正回购}$$

货币市场基金投资组合平均剩余存续期限的计算公式为：

$$\frac{\Sigma 投资于金融工具产生的资产 \times 剩余存续期限 - \Sigma 投资于金融工具产生的负债 \times 剩余存续期限 + 债券正回购 \times 剩余存续期限}{投资于金融工具产生的资产 - 投资于金融工具产生的负债 + 债券正回购}$$

投资组合的平均剩余期限应保留至整数位，小数点后四舍五入。货币市场基金投资组合的平均剩余期限不得超过 120 天，平均剩余存续期不得超过 240 天。

2. 各类资产和负债剩余期限和剩余存续期限的确定

银行活期存款、清算备付金、交易保证金的剩余期限和剩余存续期限为0天；证券清算款的剩余期限和剩余存续期限以计算日至交收日的剩余交易日天数计算。

回购（包括正回购和逆回购）的剩余期限和剩余存续期限以计算日至回购协议到期日的实际剩余天数计算；买断式回购产生的待回购债券的剩余期限和剩余存续期限为该基础债券的剩余期限，待返售债券的剩余期限和剩余存续期限以计算日至回购协议到期日的实际剩余天数计算。

银行定期存款、同业存单的剩余期限和剩余存续期限以计算日至协议到期日的实际剩余天数计算；有存款期限，根据协议可提前支取且没有利息损失的银行存款，剩余期限和剩余存续期限以计算日至协议到期日的实际剩余天数计算；银行通知存款的剩余期限和剩余存续期限以存款协议中约定的通知期计算。

中央银行票据的剩余期限和剩余存续期限以计算日至中央银行票据到期日的实际剩余天数计算。

组合中债券的剩余期限和剩余存续期限是指计算日至债券到期日为止所剩余的天数，以下情况除外：一是允许投资的可变利率或浮动利率债券的剩余期限以计算日至下一个利率调整日的实际剩余天数计算；二是允许投资的可变利率或浮动利率债券的剩余存续期限以计算日至债券到期日的实际剩余天数计算。

（四）与影子定价估值的偏离度

影子偏离度的定义为"影子定价"与"摊余成本法"确定的基金资产净值的偏离度，具体的计算公式为：

$$影子偏离度 = \frac{NAV_s - NAV_a}{NAV_a}$$

其中，NAV_s 为"影子定价"确定的基金资产净值，NAV_a 为"摊余成本法"确定的基金资产净值。

四、货币市场基金业绩

（一）货币市场基金业绩比较基准

基金的业绩比较有两种方式，一种是绝对收益率比较，即所有基金或同类型基金的横向比较；另一种是将基金收益率与事先约定的基准进行比较，这一基准即基金的业绩比较基准。基金经理的投资目标并非单纯追求较高的绝对收益率，而是在适度控制投资风险和保持适当流动性的基础上，力争获得高于业绩比较基准的投资回报。

由于不同类型基金的投资目标和投资范围不同，导致预期风险和预期收益都不一样，因此不能简单地将所有类型基金按同一标准衡量基金的业绩表现。对于货币市场基金而言，投资目标一般包括有效控制投资风险和保持高流动性，投资范围也仅限于具有良好流动性、低风险的证券品种。因此，出于"低风险"的要求，本质上决定了货币市场基金的预期收益低于股票型基金、混合型基金和债券型基金。如果将货币市场基金与股票型基金、混合型基金、债券型基金的绝对收益率进行统一横向比较，则无法全面评价基金的业绩表现，并容易误导投资者做出不符合自身风险承受能力的投资决策。

为了更加合理地评价基金业绩表现和引导投资者做出符合自身风险承受能力的投资决策，基金在成立前会根据基金类型、投资范围、资产配置比例和投资风格等要素确立合适的业绩比较基准。例如货币市场基金的业绩比较基准一般与活期存款利率或通知存款利率挂钩，追求高于业绩比较基准的投资收益。

了解一个基金的业绩比较基准，一方面，可以一定程度上了解该基金的类型、投资范围、资产配置比例和投资风格，结合投资者自身的投资需求和风险偏好，可以协助判断该基金是否适合该投资者进行投资；另一方面，比较基金收益率与业绩基准收益率之间的差异，可以评价基金过去的业绩表现，从而在一定程度上了解基金经理的基金管理运作能力。

（二）7日年化收益率和每万份基金净收益

1. 7日年化收益率

7日年化收益率为投资者提供较为直观的投资收益比率，假设一年都是目前的水平而折算成的年收益率，这是一种理论上的收益率，并非真正已实现的收益率。由于一年中不同时期的收益时常变动，所以预计的年化收益率和实际年收益率时有不同。

7日年化收益率是货币市场基金最近7天的平均收益水平进行年化后得出的数据，是对过去7天基金赢利水平的反映。这个指标主要是为投资者提供比较直观的数据，供投资者在将货币市场基金收益与其他投资产品做比较时参考。由于货币市场基金每日的收益会有所变动，7日年化收益率只代表历史7天的平均水平，不代表未来的实际收益，实际收益应当以基金公司公布的每日万份收益为准。另外，7日年化收益率高不代表当天的收益高；反之，某一天的收益高，也并不代表其过去7天的收益都高。

2. 每万份基金净收益

每万份基金净收益是指把货币市场基金每日运作的收益平均摊到每一份额上，然后以 1 万份为标准进行衡量和比较的一个指标，每日计入投资人账户中的实际收益。因为货币市场基金的每份单位净值为固定值 1 元，所以每万份基金净收益通俗地说就是每 1 万份基金（也就是 1 万元）在当天的实际收益。

总之，每万份基金净收益的参考价值在于反映了货币市场基金当天的真实收益，而 7 日年化收益率的参考价值在于反映了货币市场基金过去 7 天历史收益的情况。

另外，在每日收益一致的情况下，由于计算方法的差异，仅从指标上看，单利基金的每万份基金净收益会稍高于复利基金，而复利基金的 7 日年化收益率会稍高于单利基金。而一个基金的投资组合每天产生的收益并不会因为是按月结转还是按日结转收益而受到影响。无论是哪种结转方式，投资组合本身获取的收益本质上是一样的。

五、货币市场基金估值方法的国际比较

（一）美国货币市场基金估值方法

一方面，美国货币市场基金根据投资标的可划分为三种类型：一是政府及国债货币市场基金，主要投资于美国国债、国库券等政府和国债类产品，对于回购协议也有较大比例的投资；二是优先型货币市场基金，主要投资于银行大额存单、商业票据以及回购协议等收益率略高于政府债券的产品；三是免税型货币市场基金，主要投资于市政债券，因此其利息免征联邦税。在 2015 年之前，优先型货币市场基

金整体规模最大，政府货币市场基金规模次之，免税货币市场基金整体规模最小。

另一方面，考虑到机构投资者与个人投资者的行为差异，美国货币市场基金也可根据投资者类型划分为机构类与零售类。

1983年，美国证监会颁布了《开放式投资公司（货币市场基金）份额价值计算法案》文件，允许符合条件的货币市场基金采用摊余成本法进行估值。2008年9月雷曼集团破产引起大型货币市场基金Reserve Primary Fund发生大规模恐慌性赎回，美国证监会开始酝酿对货币市场基金估值方法和赎回规定做出调整。2010年，为进一步加强货币市场基金的风险控制，美国证监会再次修订了2a-7规则，对投资组合的流动性、到期日、资产质量设定更严格的限制。

2014年7月，美国证监会对货币市场基金进行了一次最大力度的监管改革，即通过了《货币市场基金改革法案》。此轮改革有两大重点：一是赎回费用与赎回限制，二是浮动净值。

为增强管理人对赎回的控制能力，此次改革赋予了管理人两项权力：赎回费用和赎回限制。赎回费用和赎回限制适用于所有优先型货币市场基金（包括免税货币市场基金），政府货币市场基金也可以参照上述要求实施。

关于货币市场基金的核算方法，由于机构投资者对各种突发事件的反应更加敏感，往往是赎回的主力，而个人投资者对信用事件的反应则比较迟钝，因此此轮改革重点针对以机构投资者为主的机构货币市场基金。此次改革规定，机构非政府货币市场基金（包括优先型货币市场基金、免税型货币市场基金中的机构型货币市场基金）应当采用浮动净值计价，不允许使用摊余成本法计价（见表3-3）。

该项规则于 2016 年 10 月正式实施，实施前后货币市场基金格局发生了较大的变化。机构投资者从市值法估值的优先型货币市场基金向摊余成本法估值的政府货币市场基金迁移，优先型货币市场基金规模下降，政府货币市场基金规模上升。同时，由于不同货币市场基金投资标的的差异，引起了投资标的所在市场的一些变动。

表 3-3 美国各类型货币市场基金的估值方法

投资标的分类	投资者分类	估值方法
政府货币市场基金	—	摊余成本法
优先型货币市场基金	机构投资者	市值法
	个人投资者	摊余成本法
免税型货币市场基金	机构投资者	市值法
	个人投资者	摊余成本法

（二）欧洲货币市场基金估值方法

2017 年 9 月 4 日，欧盟理事会正式对外公布《货币市场基金条例》，该条例适用于在欧盟建立、管理或销售的所有货币市场基金，要求：除将基金 99.5% 的资产投资于政府证券的货币市场基金（Public Debt CNAV）以及净值在一定阈值内波动的低波动净值型（LVNAV）货币市场基金外，其余货币市场基金的净值需要采用浮动净值以真实反映组合持仓市场价值，在申购和赎回时以产品净值作为申购/赎回价格。《货币市场基金条例》于 2018 年 7 月 21 日起实施。

目前，除了爱尔兰、卢森堡等国的货币市场基金以固定净资产值计价，法国、德国以及许多其他欧洲国家，货币市场基金均采用可变净资产值计价。

（三）中国、美国与欧洲与的估值方法比较

中国、美国与欧洲的估值方法归纳如表 3-4：

表 3-4　中国、美国与欧洲的估值方法比较

区域	估值方法
中国	一般采用摊余成本法估值，自 2019 年起开始出现采用市值法估值的浮动净值型货币市场基金
美国	优先型和免税型货币市场基金中的机构型货币市场基金采用市值法估值，政府货币市场基金、零售类基金采用摊余成本法估值
欧洲	将基金 99.5% 的资产投资于政府证券的货币市场基金以及净值在一定阈值内波动的低波动净值型货币市场基金可使用摊余成本法估值，其余货币市场基金的净值需要采用浮动净值估值

六、中国货币市场基金估值方法的规范和市值法展望

（一）估值方法的规范

随着我国利率市场化的推进以及互联网销售平台的介入，货币市场基金凭借安全性和流动性较好、使用摊余成本法估值、规避所得税等方面的优势，一方面，对个人存款的替代效应进一步加强，另一方面，成为金融机构"同业链条"上承接委外资金的重要一环。货币市场基金规模从 2013 年初的 0.48 万亿元攀升至 2017 年末的 7.13 万亿元，5 年时间增长了近 14 倍，远远超过其他类型公募基金的增速，在公募基金中的规模占比也由 2013 年初的 25% 上升至 2017 年末的 62%。在"金融去杠杆"的大背景下，规模的快速扩张和对潜在流动性风险的担忧也推动了货币市场基金监管的进一步升级。

2017 年 9 月，中国证券监督管理委员会发布《公开募集开放式

证券投资基金流动性风险管理规定》，其中对货币市场基金进行了特别规定。流动性新规将风险准备金与资产净值挂钩，明确资产久期和高流动性资产占比等要求，旨在通过推动货币市场基金回归现金管理本源，防范系统性风险，促进货币市场基金的长期发展。

2018年4月，中国人民银行、中国银行保险监督管理委员会、中国证券监督管理委员会、国家外汇管理局联合发布资管新规。资管新规将打破刚性兑付作为主要政策方向之一，要求资产管理产品投资的金融资产坚持公允价值计量原则，鼓励使用市值计量。2018年7月20日，中国人民银行发布了《关于进一步明确规范金融机构资产管理业务指导意见有关事项的通知》，明确了银行的现金管理类产品在严格监管的前提下，暂参照货币市场基金的"摊余成本＋影子定价"方法进行估值。可见，从国内的情况来看，在遵守一定严格监管的条件下，货币类基金或产品仍然是可以采用成本估值的，同时净值化的新型货币类产品在国内也有望推出。

资管新规旨在推动金融机构对资产管理产品实行净值化管理，净值生成应当符合公允价值原则，及时反映基础资产的收益和风险，让投资者明晰风险，打破刚性兑付。需要注意的是，估值方法的选取将直接影响到基金净值表现，进而影响到投资者的风险偏好和投资决策。市值法估值是在持有资产期间，每个估值日从市场或者第三方取得估值价格，并将公允价值变动计入当日损益。较之摊余成本法，货币市场基金采用市值法估值能够更加及时地反映市场波动对基金净值的影响，并通过对基础资产收益和风险的及时呈现，使投资者充分认清基金可能面临的净值风险，提高风险识别能力，推动投资者选择与自身风险承受能力相适应的基金产品。同时，市值法估值也促使基金管理人提高主动管理能力，充分考虑各类风险。

（二）中国市值法货币市场基金现状

从国外经验来看，根据美国投资公司协会分类，美国货币市场基金按投资对象可分为免税型和征税型。免税型主要投资于市政债券，其利息免征联邦税。征税型又进一步分为政府货币市场基金和优先型货币市场基金两种，政府货币市场基金主要投资于美国国债、国库券等政府和国债类产品，对于回购协议也有较大比例的投资；优先型货币市场基金主要投资于银行大额存单、商业票据以及回购协议等收益率略高于政府债券的产品。美国2008年金融危机期间，Reserve Primary Fund跌破面值引发了货币市场基金的赎回潮，进而导致票据市场瘫痪。为稳定金融市场，美国财政部和美联储为货币市场基金出台了临时担保计划等措施，以应对流动性危机。此次事件暴露了货币市场基金的风险性和传染性，美国证监会也开始进一步加强对货币市场基金的监管。2010年美国证监会启动了第一轮改革，对投资组合的投资范围、流动性和信用风险管控、透明度等方面提出了更严格的要求，以增强货币市场基金对系统性风险的抵抗能力。但在欧债危机、美国债务悬崖中，货币市场基金仍然遭遇了较大的赎回，为进一步增强货币市场基金的抗风险能力，2014年美国证监会进一步出台《货币市场基金改革法案》，其中包括对于大额回购收取流动性折扣费，将优先型和免税型货币市场基金估值使用方法由摊余成本法改为市值法，并加强摊余成本法估值的货币市场基金的信息披露等。从近年市场反应来看，监管政策的调整对美国货币市场基金造成了一定的冲击，虽然规模小幅下行后又出现了回升，但是货币市场基金的结构发生了较为显著的变化，摊余成本法估值的货币市场基金规模快速膨胀，同时，净值法估值的货币市场基金规模大幅萎缩，而且由于市值法仅适用于优先型和免税型货币市场基金，优先型和免税型货币市场基金由于估值方法改变而导致规模大幅下降，这也在一定程度上表明投资者仍然偏好摊余成本法估值的货币市场基金，而对于净值法估值的货币市场基金短时间内还难以接受。

由美国货币市场基金的监管改革实践可见，投资者短期内可能很难接受浮动净值的市值法估值的货币市场基金。从国内的情况来看，受资管新规、流动性新规等的影响，2018年以来采用摊余成本法估值的货币市场基金注册基本处于停滞状态，40家基金公司积极上报采用市值法估值的货币市场基金，加快浮动净值型货币市场基金的产品布局。2019年，嘉实、鹏华、华宝等6家基金公司发行成立行业首批浮动净值型货币市场基金，总发行规模为75.44亿元（见表3-5）。考虑到摊余成本法和市值法估值的货币市场基金在估值、收益分配等方面的差异，在两类基金同场竞技的情况下，投资者布局浮动净值型货币市场基金的热情并不高，至2019年末该类基金总规模缩水至36.74亿元。整体来看，传统摊余成本法估值的货币市场基金转型，仍需监管部门出台进一步的指引方针，明确基金估值、申购赎回、风险处置等方面的规范，进一步促进市值法估值的货币市场基金的长期健康发展。

表3-5　浮动净值型货币市场基金情况

基金名称	2021年6月30日规模（亿元）	基金成立日	发行规模（亿元）
中银瑞福浮动净值型发起式货币市场基金	5.17	2019-09-10	56.07

续表

基金名称	2021年6月30日规模（亿元）	基金成立日	发行规模（亿元）
嘉实融享浮动净值型发起式货币市场基金	33.90	2019-08-14	2.10
汇添富汇鑫浮动净值型货币市场基金	0.79	2019-09-10	3.65
华宝浮动净值型发起式货币市场基金	0.54	2019-09-06	3.92
华安现金润利浮动净值型发起式货币市场基金	0.61	2019-09-10	7.10
鹏华浮动净值型发起式货币市场基金	0.10	2019-08-29	2.60

（三）国内市值法估值的货币市场基金的发展困境

一是从市场或第三方获得的估值价格可能不公允，导致盈亏情况不准确。估值价格的频繁波动不利于引导投资者进行长期、理性的投资，基金产品净值的稳定性下降，特别是当市场处于下行阶段时，收益率在某段时间内可能为负。

二是产品吸引力不如摊余成本法。褪去"保本"光环将在一定程度上削弱货币市场基金的吸引力，投资者需要自行承担极端行情下可能出现的亏损，浮动净值型货币市场基金推出后，机构是否会买账取决于机构在产品设计和投资方向上的安全性及独特性。虽然有打破刚兑的预期，但从收益和流动性供给上看并无比较优势。

三是销售难度较高。市值法估值的货币市场基金因为有净值波动，所以在销售过程中会增加难度，也很难在短时间内再次成为基金公司冲规模的"法宝"。投资者之所以对市值法估值的货币市场基金的接受度较低，是因为原来类似保本的摊余成本法为投资者提供了本金保障，投资者很难在短时间内接受盈亏浮动的货币市场基金。

四是在紧货币环境下业绩表现较差。在货币政策较为宽松的市场环境下，因市场利率下行，货币类产品所持有的存单、债券类资产价格上涨，该部分资本利得推动使用市值法估值的货币类产品单位净值快速增长。反之，当货币政策收紧，市场利率上升，该类产品的收益表现将明显弱于摊余成本法估值的货币类产品。

五是缺少配套政策。对货币市场基金风险的控制不是单靠转净值化就能完成，而是必须打破刚兑，消除累积的系统性风险，保障金融体系的稳定运行。这仍需要监管机构完善相关的配套准则，如影子定价、信息披露及投向要求等。

六是给其他市场带来不稳定性。参考美国的历史经验，估值方法的改变虽然并未导致货币市场基金总规模发生太大的变化，但很大程度上影响了投资标的——非免税或几种政府债券投资比例上升，非政府债券投资比例下降。由于货币市场基金种类迁移，直接造成了投资于大额存单和商业票据的资金大量流出。

第四节 税收政策

一、增值税

从 2018 年 1 月 1 日起，资管产品开始征收增值税，证券投资基金采用简易计税方法，按照 3% 的征收率缴纳增值税。简易计税方法的应纳税额，是指按照销售额和增值税征收率计算的增值税额，不得抵扣进项税额。

基金管理人作为估值责任第一人,应当审慎地做出估值判断,根据法律法规及合同约定,与托管人协商一致后实施营改增政策。基金管理人可以综合评估监管合规、基金估值、资金清算等因素决定合并或分别申报缴纳增值税,并根据中国证监会有关基金报表列报和信息披露的规定,披露增值税相关信息。

(一)计税项目及范围

财税〔2016〕36 号文附件《营业税改征增值税试点实施办法》中明确了资产管理行业增值税应税范围,基金的增值税应税行为包括金融商品转让和贷款服务。

1. 金融商品转让

金融商品转让是指转让外汇、有价证券、非货物期货和其他金融商品所有权的业务活动。其中,基金行业涉及的金融商品转让包括转让有价证券、非货物期货和其他金融商品所有权。

纳税人购入基金、信托、理财产品等各类资产管理产品持有至到期,不属于上述所称金融商品转让。由于金融商品还本兑付、债券回售、债转股等行为,并非持有人之间金融商品所有权转移,而是发行人与管理人之间的交易行为导致的金融商品所有权灭失,不属于金融商品转让,不征收增值税。

证券投资基金(封闭式证券投资基金、开放式证券投资基金)管理人运用基金买卖股票、债券,属于免征增值税项目。

转让金融商品出现的正负差,以盈亏相抵后的余额为销售额。若相抵后出现负差,可结转下一纳税期与下期转让金融商品销售额相抵，但年末时仍出现负差的，不得转入下一个会计年度。

因此，在货币市场基金的投资范围内，涉及的金融商品转让收入均暂免征收增值税。

2. 贷款服务

贷款，是指将资金贷与他人使用而取得利息收入的业务活动。各种占用、拆借资金取得的收入，包括金融商品持有期间（含到期）利息（保本收益、报酬、资金占用费、补偿金等）收入、信用卡透支利息收入、买入返售金融商品利息收入、融资融券收取的利息收入，以及融资性售后回租、押汇、罚息、票据贴现、转贷等业务取得的利息及利息性质的收入，按照贷款服务缴纳增值税。

其中，"保本收益、报酬、资金占用费、补偿金"是指合同中明确承诺到期本金可全部收回的投资收益。在合同设立时，合同中明确承诺到期偿还本金，金融商品持有期间取得的投资收益即属于保本收益，与合同到期后本金是否实际偿还无关。税务上强调的是合同设立时是否承诺偿还本金，是否"保本"指的是到期有无偿还本金的义务，并非有无偿还本金的能力。因此，金融商品违约风险的高低以及为降低违约风险所做的增信措施并不影响保本与否的认定。若合同中未明确承诺本金可全部收回，则不认为是"保本"，无须再实质判断合同内容。

金融商品持有期间（含到期）取得的非保本的投资收益，不属于利息或利息性质的收入，不征收增值税。

存款利息属于不征收增值税项目，基金持有的各类存款取得的利息收入不征收增值税。

基金持有国债、地方政府债、央行票据、政策性金融债券、金融债券、同业存单取得的利息收入免征增值税。

基金与金融机构发生的质押式和买断式买入返售取得的利息收入免征增值税。

因此，在货币市场基金的投资范围内，如有投资除国债、地方政府债、央行票据、政策性金融债券、金融债券、同业存单外的其他品种的债券，取得的利息收入需每日计提增值税。

（二）主要账务处理

1. 金融商品转让

（1）计算原则。基金转让金融商品产生的应税差价收入在差价收入确认日日终汇总一笔计提增值税。应交增值税计算公式为：

当日应交增值税＝MAX｛ROUND［当期累计应税差价收入÷（1+征收率），2］×征收率，0｝－当期期初至上一日"应交税费－应交增值税－金融商品转让"科目贷方累计发生额

当期累计应税差价收入＝本纳税期间转让金融商品产生的应税差价收入－上一纳税期结转的应税金融商品转让负差－本纳税期间转出待抵扣的增值额

（2）会计凭证

借：投资收益－差价收入增值税抵减

贷：应交税费－应交增值税－金融商品转让

当日应交增值税若为正数，计入"应交税费－应交增值税－金融商品转让"科目贷方；若为负数，计入"应交税费－应交增值税－金融商品转让"科目的贷方红字。

2. 贷款服务

（1）计算原则。基金持有债券取得的应税利息收入按日计提增值

税，计税基数为债券持有期间（含到期）确认的应税利息收入。

应交增值税计算公式为：

当日应交增值税＝ROUND［当日利息收入科目的贷方发生额÷(1+征收率)，2］×征收率

（2）会计凭证

借：利息收入

贷：应交税费－应交增值税－贷款服务

3. 附加税

（1）计算原则。附加税包括城市维护建设税、地方教育附加和教育费附加。根据《城市维护建设税暂行条例》《征收教育费附加的暂行规定》和《关于统一地方教育附加政策有关问题的通知》缴纳增值税、消费税、营业税的单位和个人，是城市维护建设税、教育费附加和地方教育附加的纳税义务人，以其实际缴纳的增值税、消费税、营业税为计征依据，分别与增值税、消费税、营业税同时缴纳。

各个地区征收的附加税有所不同，基金按日汇总计算应交附加税。计算公式为：

当日应交附加税＝当期期初至当日日终"应交税费－应交增值税"贷方累计发生额×附加税率－当期期初至上一日日终"应交税费－附加税"科目贷方累计发生额

（2）会计凭证

借：税金及附加

贷：应交税费－附加税

二、所得税

财税［2002］128号《财政部国家税务总局关于开放式证券投资基金有关税收问题的通知》中规定，对基金取得的股票的股息、红利收入，债券的利息收入、储蓄存款利息收入，由上市公司、发行债券的企业和银行在向基金支付上述收入时代扣代缴20%的个人所得税；对投资者（包括个人和机构投资者）从基金分配中取得的收入，暂不征收个人所得税和企业所得税。

三、货币市场基金与现金类理财的税收政策比较

自2018年后，受资管新规的影响，理财产品迎来了转型，理财刚兑的时代已经过去，理财产品净值化成为发展的必然趋势，也就意味着银行理财与基金的属性趋同，互为替代、相互竞争将成为常态。在监管政策上，现金类理财与货币市场基金也逐渐拉平，对具有相同功能、相同法律关系的金融产品按照同一规则由同一监管部门监管也将成为趋势。因此税收政策方面，理财与基金的差异是否拉平便成了市场关注的焦点。目前来看，理财（或其他资管产品）与货币市场基金在税收方面的确存在不小的差异。

（一）公募基金与其他资管产品的税收异同比较

货币基金享受的税收优惠，主要指的是所得税优惠和增值税优惠。

1. 所得税

资管产品链条中的所得税集中在两个方面：一是资管产品投资者

从资管产品中获得现金分红以及转让资管产品的差价收入；二是资管产品管理人从受托管理服务中获得的管理费、超额业绩报酬、申购费、赎回费等。公募基金享有所得税优惠政策，包括资管产品投资者从资管产品中获得的收入可以免税，以及资产管理产品的管理人从受托管理服务中获得的收入可以免税。

与之相对，银行理财及其他资管产品并未享受上述优惠政策，投资者从理财及其他资管产品分配中取得的收入，需要缴纳25%的企业所得税。银行理财及其他资管产品管理人的管理服务收入也应缴纳25%的所得税。由此可见，银行理财给投资者带来的税收要多于公募基金，因此银行理财运作过程中的成本增加，投资者最终得到的收益也很可能会低于投资公募基金。

2. 增值税

公募基金和其他资管产品在增值税方面的差异主要体现在产品本身的投资收入上，在资管产品管理人和投资者获得收益需要缴纳的增值税方面是一致的。

（1）对于资管产品管理人的增值税处理。管理人收取的管理费、超额业绩报酬、申购费、赎回费等应当按照直接收费金融服务缴纳增值税，资管产品管理人运营资管产品过程中发生的增值税应税行为，暂适用简易计税方法，按照3%的征收率缴纳增值税。

此外，管理人除缴纳增值税之外还需要承担其他税费。2016年下发的《财政部、国家税务总局关于全面推开营业税改征增值税试点的通知》规定，资管产品的管理人除了缴纳增值税外，还需要承担7%的城市维护建设税、3%的教育费附加以及2%的地方教育费附加。

（2）投资者获得资管产品收益时的增值税处理。个人从事金融商品转让业务免征增值税。

（3）资管产品投资。2017年12月29日，中国证券投资基金业协会发布的《证券投资基金增值税核算估值参考意见》（以下简称《参考意见》），明确了公募基金的差价收入予以免税处理。《参考意见》相关免税规定并未提及银行理财，所以我们可以认为银行理财的差价收入需要缴纳税率为3%的增值税及其他附加费用（参见表3-6）。

3. 印花税

公募基金和其他资管产品的投资者在缴纳印花税方面也存在差异。根据《财政部、国家税务总局关于开放式证券投资基金有关税收问题的通知》（财税〔2002〕128号）规定，投资者申购和赎回基金单位暂不征收印花税。但对于其他资管产品尚未看到免征印花税的措施，所以理论上投资者申购赎回其他资管产品是需要征收印花税的。资管产品合同应所属产权转移书据，根据印花税管理条例，适用税率为万分之五。

第五节 法律性质及法律关系

一、货币市场基金的法律性质

依据法律形式的不同，货币市场基金可以分为公司型基金和契约型基金两类。公司型基金（Corporate Fund）依《投资公司法》设立

表 3-6 资管产品投资需要缴纳增值税异同比较

投资品种		货币市场基金				现金类理财产品			
		利息收入	相关政策	差价收入	相关政策	利息收入	相关政策	差价收入	相关政策
固定收益	国债	免税	《证券投资基金增值税核算估值参考意见》及相关释义	免税	《证券投资基金税核算估值参考意见》及相关释义	免税	《关于全面推开营业税改征增值税试点的通知》(财税〔2016〕36号)	3%	《关于资管产品增值税有关问题的通知》(财税〔2017〕56号)
	地方政府债	免税		免税		免税	《关于全面推开营业税改征增值税试点的通知》(财税〔2016〕36号)	3%	
	央行票据	免税		免税		免税	《关于金融机构同业往来等增值税政策的补充通知》(财税〔2016〕70号)	3%	
	政策性金融债	免税		免税		免税		3%	
	金融债	免税		免税		免税		3%	
	同业存单	免税		免税		免税		3%	
	企业债	3%	《关于资管产品增值税有关问题的通知》(财税〔2017〕56号)	免税		3%	《关于资管产品增值税有关问题的通知》(财税〔2017〕56号)	3%	
	公司债	3%		免税		3%		3%	
	短期融资券	3%		免税		3%		3%	
	超短期融资券	3%		免税		3%		3%	
	中期票据	3%		免税		3%		3%	
	可转债	3%		免税		3%		3%	
	分离可转债	3%		免税		3%		3%	
	次级债	3%		免税		3%		3%	
	私募债券	3%		免税		3%		3%	

第三章 货币市场基金的运营与管理

续表

投资品种		货币市场基金			现金类理财产品		
		利息收入	差价收入	相关政策	利息收入	差价收入	相关政策
固定收益	资产支持证券优先级\中间级	3%	免税	《关于资管产品增值税有关问题的通知》(财税[2017]56号)	3%	3%	《关于资管产品增值税有关问题的通知》(财税[2017]56号)
	境外债券	3%	免税		3%	3%	
股票及金融衍生品	沪深交易所股票(含定向增发)	不应税	免税	《财政部 国家税务总局关于明确金融房地产开发教育辅助服务等增值税政策的通知》(财税[2016]140号)	不应税	3%	《财政部 国家税务总局关于明确金融房地产开发教育辅助服务等增值税政策的通知》(财税[2016]140号)
	港股通股票	不应税	免税		不应税	3%	
	美股和其他境外二级市场交易	不应税	免税		不应税	3%	
	新三板股票(含定向增发)	不应税	免税		不应税	3%	
	优先股存托凭证	不应税	免税		不应税	3%	

资料来源：国家税务总局。

并运作,通过发行基金股份,集中资金投资于各种有价证券,其以营利为目的,具有独立企业法人资格,具有一般公司的特征。在公司型基金中,投资者通过购买投资公司的股票而成为公司股东,凭借股份获取收益;基金投资公司将所集合的基金投资者的资产,交由保管机构保管和处理;基金投资公司对基金资产,依所委托的投资顾问公司的意见进行投资运作。美国的货币市场基金就是公司型基金,该基金投资公司向投资者发行股票,投资者认购(申购)基金份额也是购买基金公司的股票,基金投资者凭借认购的股份获取股息。

契约型投资基金(Contract Fund)是按照信托契约的原则组建,管理人和托管人订立基金契约,由管理人发起,以《信托法》为依据,将基金资产投资于有价证券,设立的基础为基金契约。该基金不具有法人资格,基金的管理人、托管人和投资者各方的权利、义务通过基金合同得以明确,基金投资者依持有的基金份额获取投资收益。目前,日本、韩国和中国台湾地区的证券投资信托、中国香港和英国的单位信托以及中国内地的证券投资基金均为契约型投资基金。我国目前的货币市场基金,投资者通过认购、申购基金份额成为基金合同的当事人,凭借基金份额获取收益;集合的基金资产,由基金管理人负责管理和运营,基金托管人负责保管;基金托管人还对基金管理人的投资运营活动进行监督。

国内普遍认为契约型基金法律关系的性质是信托法律关系,《中华人民共和国证券投资基金法(2015年修正)》中规定"在中华人民共和国境内,公开或者非公开募集资金设立证券投资基金(以下简称基金),由基金管理人管理,基金托管人托管,为基金份额持有人的利益,进行证券投资活动,适用本法;本法未规定的,适用《中华人民共和国信托法》《中华人民共和国证券法》和其他有关法律、行政法规的规定",进一步明确了我国货币市场基金的法律关系是信托法基本原理。主要原因有二：第一，契约型基金的治理结构与信托模式相似，货币市场基金的治理结构亦是如此。在货币市场基金中，基金投资者通过购买基金份额参与到基金合同中，基金管理人对集合的基金资产进行投资运作，基金托管人对基金管理人的资产运营行为进行监督，基金投资者享有基金收益。信托模式的核心是信托委托人将信托财产交由信托受托人管理，因此产生的信托利益不由信托受托人享有，而是由信托受益人享有。二者的治理结构如出一辙。第二，契约型基金体现了信托的基本原理，这也反映在货币市场基金中。首先，货币市场基金的基金资产独立于基金投资者、基金管理人和基金托管人的自有财产，这反映了信托财产独立性原理。其次，基金托管人与基金管理人虽能对基金资产进行保管和投资运作，但二者并不享有财产收益，这反映了信托财产管理权和收益权相分离的原理。再次，对基金投资相关行为所生债务，基金投资者仅以基金资产为限对外承担清偿责任；对基金投资相关行为所生债务，若非不当行为，基金管理人和基金托管人也仅以基金资产为限对外承担清偿责任，这反映了信托责任有限的原理。最后，货币市场基金不受基金管理人、基金托管人的更迭而影响其存续，这反映了信托管理的连续性原理。综上所述，尽管货币市场基金与传统信托在信托财产用途、信托财产运作方式以及法律关系当事人职能分配等方面不完全相同，但它属于契约型基金，反映了信托的性质，同时，它的基本法律关系即基金法律关系，也属于信托法律关系。

二、货币市场基金的当事人及其法律关系

（一）货币市场基金法律关系当事人

货币市场基金是证券投资基金，依据基金合同设立，基金份额持有人、基金管理人与基金托管人是基金的当事人，在基金合同中详细约定。

1. 基金份额持有人

基金份额持有人即基金投资者，是基金的出资人、基金资产的所有者和基金投资回报的受益人。我国基金份额持有人享有以下权利：分享基金财产收益，参与分配清算后的剩余基金财产，依法转让或者申请赎回其持有的基金份额，按照规定要求召开基金份额持有人大会，对基金份额持有人大会审议事项行使表决权，查阅或者复制公开披露的基金信息资料，对基金管理人、基金托管人、基金销售机构损害其合法权益的行为依法提出诉讼以及基金合同约定的其他权利。

2. 基金管理人

基金管理人是基金产品的募集者和管理者，其最主要职责就是按照基金合同的约定，负责基金资产的投资运作，在有效控制风险的基础上，为基金投资者争取最大的投资收益。基金管理人在基金运作中具有核心作用，基金产品的设计、基金份额的销售与注册登记、基金资产的管理等重要职能大多由基金管理人或基金管理人选定的其他服务机构承担。在我国，公开募集基金的基金管理人，由基金管理公司或者经国务院证券监督管理机构按照规定核准的其他机构担任。

3. 基金托管人

为了保证基金资产的安全，《中华人民共和国证券投资基金法》

规定，基金资产必须由独立于基金管理人的基金托管人保管，从而使得基金托管人成为基金的当事人之一。基金托管人的职责主要体现在基金资产保管、基金资金清算、会计复核以及对基金投资运作的监督等方面。在我国，基金托管人由依法设立的商业银行或者其他金融机构担任。商业银行担任基金托管人的，由国务院证券监督管理机构会同国务院银行业监督管理机构核准；其他金融机构担任基金托管人的，由国务院证券监督管理机构核准。

（二）货币市场基金的法律关系

基金份额持有人、基金管理人、基金托管人三方法律关系由基金合同明确约定。基金管理人、基金托管人分别接受基金份额持有人的委托，办理基金投资管理以及基金托管业务。基金管理人、基金托管人依照基金法和基金合同的约定，履行受托职责。基金份额持有人按其所持基金份额享受收益和承担风险。基金管理人、基金托管人在履行各自职责的过程中，违反法律法规规定或者基金合同约定，给基金财产或者基金份额持有人造成损害的，应当分别对各自的行为依法承担赔偿责任；因共同行为给基金财产或者基金份额持有人造成损害的，应当承担连带赔偿责任。

1.基金投资者、基金管理人与基金托管人三者间形成的信托法律关系

投资者在购买基金份额之后，成为基金份额持有人，享有基金财产受益权、知情权、重大事项决策权等法定的权利，同时要承担投资风险并支付给基金管理人和基金托管人管理费和托管费。汇聚的基金财产将转到基金托管人名下，由其负责保管。基金托管人由依法设立

并取得基金托管资格的商业银行担任,基金托管人必须履行安全保管基金财产、办理清算、交割、监督基金管理人的投资运作和进行信息披露等职责,同时有权依照基金合同的约定收取基金托管费。基金管理人依据基金合同的规定,负有为基金份额持有人的利益而对基金财产进行投资管理,并将收益交与基金持有人的职责,同时有权收取基金管理费。

2. 基金管理人与基金托管人之间的特殊共同受托关系

基金托管人的创设是对我国早期基金发展经验和教训总结后的产物,1997年之前设立的74家封闭式基金,约有20家基金的发起人、基金管理人、资产保管人为同一法人。托管机制将信托资产与基金管理人资产隔离,防止利用便利条件谋取利益而危害投资者的合法权益。

尽管货币市场基金的本质是信托,但它毕竟不等同于信托,它的特殊性体现在缔造了两个信托受托人,即基金管理人和基金托管人,由两者分别负责基金财产的投资运作和保管,且额外赋予了基金托管人另一项重要职责——监督基金管理人的投资运作,而传统的信托受托人没有职责上的区分。

信托关系中一般由受托人承担全部受托义务,但在证券投资基金中,管理和保管基金资产的职能分别由基金管理人和基金托管人行使。基金管理人和基金托管人虽然都是基金投资者的受托人,但与《信托法》的共同受托人不同。按照《中华人民共和国信托法》的规定,共同受托人一般不对权利、义务和责任进行具体划分,而是共同处理信托事务并承担连带赔偿责任。《中华人民共和国证券投资基金法》对基金管理人和基金受托人各自履行的职责有明确和具体的规定。更重要的是，对基金管理人和托管人的赔偿责任，则采用各自承担责任和承担连带责任两种方式，与《中华人民共和国信托法》有较大差异。基金管理人、基金托管人在履行各自职责的过程中，违犯《中华人民共和国证券投资基金法》规定或者合同的约定，给基金财产造成损失的，分别对各自行为造成的损害承担赔偿责任。基金管理人、基金托管人违犯《中华人民共和国证券投资基金法》规定或者合同的约定，因共同行为给基金财产造成损失的，应当承担连带赔偿责任。

我国《中华人民共和国证券投资基金法》构建的法律关系的优点在于，准确表达了信托法律制度在基金这一经济现象中的制度功能，即利用信托制度进行集合投资和专业管理财产。有利于保护投资人的利益，同时也体现了公平原则。通过信托关系构建证券投资基金的法律结构，将基金管理人和托管人作为特殊的共同受托人，采取各自责任和连带责任混合的方式，既有利于保护投资人的利益，同时符合证券投资基金活动的客观情况，体现公平责任的原则。但是，我国的信托模式在实践中也存在一些问题，比如双受托人的责任如何区分，如果不能很好地区分各自的职责和共同行为，可能会造成相互推诿的情况并产生矛盾。

三、法律法规对货币市场基金的要求

（一）我国证券投资基金的相关法律法规

基金契约以证券投资基金为载体，证券投资基金的发展又依托于相关法律的不断完善，基金的发展与基金的立法并驾齐驱。目前，我国已经形成了以《中华人民共和国证券投资基金法》为主导的五个层次的法规体系。

第一层次：基金法。《中华人民共和国证券投资基金法》于2003年10月28日在第十届全国人民代表大会常务委员会第五次会议通过，自2004年6月1日起施行；2012年12月28日第十一届全国人民代表大会常务委员会第三十次会议修订，中华人民共和国主席令第七十一号公布，自2013年6月1日起施行。现行版本根据2015年4月24日第十二届全国人民代表大会常务委员会第十四次会议《全国人民代表大会常务委员会关于修改<中华人民共和国港口法>等七部法律的决定》修正。

第二层次：行政法规。由国务院1997年11月颁布的《证券投资基金管理暂行办法》。

第三层次：由基金监管部门颁布的部门规章。1997年以前证券投资基金由中国人民银行主管，1993年5月中国人民银行颁布了《关于制止不规范发行投资基金和收益债券做法的紧急通知》和1994年3月《关于投资基金有关问题的通知》。1997年11月以后，证券投资基金由中国证监会主管，证监会制定颁布了一系列部门规章、行业规章，以及中国人民银行、财政部、国家税务总局就基金托管、代销、会计核算、税务问题颁布的规章。

第四层次：由基金行业协会和证券交易所颁布的自律性规范。如《上海证券交易所交易规则》《上海证券交易所证券投资基金上市规则》《深圳证券交易所证券投资基金上市规则》等。

第五层次：地方法规。如1992年6月深圳市人民政府颁布的《深圳市投资信托基金管理暂行规定》。

（二）法律法规对货币市场基金的要求

《货币市场基金监督管理办法》是专门规范货币市场基金的法规。此外,《公开募集开放式证券投资基金流动性风险管理规定》也有专门针对货币市场基金的要求。在投资范围、投资限制、估值要求、信息披露等方面,货币市场基金均与其他类型基金有较大区别,相关法律法规均对其有详细要求:

1. 投资范围

货币市场基金仅投资货币市场工具,具体包括:(1)现金;(2)期限在1年以内(含1年)的银行存款、债券回购、中央银行票据、同业存单;(3)剩余期限在397天以内(含397天)的债券、非金融企业债务融资工具、资产支持证券;(4)中国证监会、中国人民银行认可的其他具有良好流动性的货币市场工具。

2. 投资限制

货币市场基金不得投资于:(1)股票;(2)可转换债券、可交换债券;(3)以定期存款利率为基准利率的浮动利率债券,已进入最后一个利率调整期的除外;(4)信用等级在AA+以下的债券与非金融企业债务融资工具;(5)中国证监会、中国人民银行禁止投资的其他金融工具。投资比例限制:(1)同一机构发行的债券、非金融企业债务融资工具及其作为原始权益人的资产支持证券占基金资产净值的比例合计不得超过10%,国债、中央银行票据、政策性金融债券除外;(2)货币市场基金投资于有固定期限银行存款的比例,不得超过基金资产净值的30%,但投资于有存款期限,根据协议可提前支取的银行存款不受上述比例限制;货币市场基金投资于具有基金托管人资格的同一商业银行的银行存款、同业存单占基金资产净值的比例合计不得超过20%，投资于不具有基金托管人资格的同一商业银行的银行存款、同业存单占基金资产净值的比例合计不得超过5%。

3. 估值要求

根据《货币市场基金监督管理办法》，在确保基金资产净值能够公允地反映基金投资组合价值的前提下，货币市场基金可采用摊余成本法对持有的投资组合进行会计核算，但应当在基金合同、基金招募说明书中披露该核算方法及其可能对基金净值波动带来的影响。对于采用摊余成本法进行核算的货币市场基金，应当采用影子定价的风险控制手段，对摊余成本法计算的基金资产净值的公允性进行评估。具体估值要求可参见《货币市场基金监督管理办法》第三章第二节关于货币市场基金估值方法的描述。

2018年4月，中国人民银行、中国银行保险监督管理委员会、中国证券监督管理委员会、国家外汇管理局联合发布《关于规范金融机构资产管理业务的指导意见》，要求资产管理产品投资的金融资产坚持公允价值计量原则，鼓励使用市值计量，货币市场基金也面临市值化估值的转型。2018年7月20日，中国人民银行发布了《关于进一步明确规范金融机构资产管理业务指导意见有关事项的通知》，明确了银行的现金管理类产品在严格监管的前提下，暂参照货币市场基金的"摊余成本＋影子定价"方法进行估值。可见，从国内的情况来看，在遵守一定严格监管的条件下，货币类基金或产品仍然是可以采用成本估值的，同时净值化的新型货币类产品在国内也开始推出。

4. 信息披露

基金管理人应当严格按照有关基金信息披露法律法规要求，履行货币市场基金的信息披露义务，鼓励基金管理人结合自身条件，自愿增加货币市场基金信息披露的频率和内容,提高货币市场基金的透明度。

原则上,货币市场基金信息披露义务人应当在中国证监会规定的时间内,将应予披露的基金信息通过至少一种中国证监会指定的全国性报刊和基金管理人、基金托管人的互联网网站等媒介披露,并保证投资者能够按照基金合同约定的时间和方式查阅或者复制公开披露的信息资料。具体操作中,信息披露内容主要包括募集期披露,基金收益公告、定期公告、公开澄清公告等。具体披露要求可参见《货币市场基金监督管理办法》第三章第三节相关信息(见表3-7)。

表3-7 基金信息披露内容

信息披露种类	募集期信息披露	基金收益披露	定期披露	其他披露
1	招募说明书	基金收益公告	基金年度报告	临时公告与报告
2	基金合同	—	基金半年度报告	公开澄清公告
3	基金托管协议	—	基金季度报告	
4	基金份额发售公告	—	—	
5	基金合同生效公告	—	—	

(三)国外市场的公募基金法律关系及要求

"共同受托人"制度起源于信托。在金融领域,信托的主要表现形式是投资基金。其中,英国的单位信托(Unit Trust)对后世影响深远。英国的单位信托是集合投资机制的两种方式之一,随着1720年南海泡沫的出现而出现,目的在于使被宣告为不合法的公司能够继续作为一种具有投资目的的资本共享机制(a means of sharing capital for investment purposes)。集合投资机制的另一种方式为开放式投资公司(Open-ended Investment Company)。相较之下,美国的投资基金则采取公司制的形式，但本质依然是信托结构，可谓"公司之壳，信托之实"。在公司制基金的运行结构中，董事会并非直接参与管理，而是将资金委托给外部基金公司进行管理，其本质上仍为信托，基金与基金公司之间的协议亦为信托契约。公司制的优势在于，在对外进行商事交易时可以以信托计划的名义立约，以公司制取得主体资格又可以以信托法理进行规制。同时，美国在1940年《投资公司法》中首次规定了独立董事，《投资顾问法》中明确投资顾问就是基金管理人和个人理财顾问，并规定一定规模以上的投资顾问要到美国证券交易委员会（United States Securities and Exchange Commission，简称SEC）登记。

1. 美国

在全球证券投资基金中，美国以公司型、开放式为特点的共同基金历经近百年，各项制度都已经比较成熟。截至2017年底，美国共同基金市场以18.7万亿美元的规模居全球首位。美国的基金监管制度具有以下特点：

一是完善的法律法规体系。美国共同基金的成长和发展离不开美国完善的法律法规体系以及法律体系及时准确的调整。1933年《证券法》、1934年《证券交易法》分别对基金信息披露、基金的公平交易做出详细规定。1940年《投资公司法》明确了按照公司型制度来运作管理基金，组建董事会，要求基金严格遵循已公布的投资策略和投资限制运作。1983年之前，美国货币市场基金与其他共同基金一样，受到1933年《证券法》、1934年《证券交易法》、1940年《投资公司法》的监管。1983年，SEC制定了1940年《投资公司法》的2a-7规则，对货币市场基金的运作进行了具体规定，允许货币市场基金使用固定净值计价，同时对货币市场基金的资产质量、组合久期、流动性等做出严格限制。此后 SEC 对 2a-7 规则进行多次增补和修订，对货币市场基金的管理进行完善与明确。美国 2016 年 10 月实施的货币市场基金新规主要是规定优先型货币市场基金和市政货币市场基金采用净值估值并将征收赎回费。

二是具有多层级的监管体系。第一级为美国证券交易委员会，它是美国联邦政府的一个独立金融管理机构，拥有一定的立法权和司法权，对基金运作行使全面、集中、统一的监管职能，负责基金的注册，并根据各项法规对基金的发行、交易进行监管以及检查和监督基金公司的经营活动。第二级是行业自律组织，对美国共同基金影响最大的是投资公司协会（ICI），充当基金业与 SEC 的联系人，承担基金行业自我管理，以及向公众传播基金知识等职责。除此之外，各州的州证券委员会负责对在本州发行的基金在诸如基金销售过程中的欺诈和舞弊行为提起诉讼。

美国的公司型基金是依据公司法或商法设立的股份有限公司，通过发行股票来募集投资者的资金，用以投资有价证券，并将收益以股利形式对投资者进行分配的一种基金形式。

（1）基金股东。基金投资者与共同基金之间的关系就是股东与公司之间的关系，股东对公司享有股东权，投资基金对于自身财产享有法人所有权。投资者是从共同基金自身处认购股份，而非通过二级市场从其他股东手中购买股份，从而成为该共同基金的股东。共同基金的股份具有可赎回性，即投资者可根据需求将其股份回售给基金。根据美国 1940 年《投资公司法》的规定，基金发行的所有股份必须是选举股票，且每股必须享有相同的选举权。

（2）基金董事会。公司型基金的董事会是基金内部约束机制中最重要的组成部分，与其他股份公司相似，它由股东（即基金投资者）选举产生，负责对投资顾问进行密切监督。董事会由关联董事和独立董事组成，美国1940年《投资公司法》规定：投资公司的董事会中至少有40%的独立董事。《2003年共同基金诚信与费用透明法》中要求董事会成员三分之二以上须由独立董事组成。近年来SEC还确定了独立董事会主席职位，以解决管理董事控制日常事务与大量基金运行有关信息的"不平衡"问题。

（3）专业委员会。在美国，基金董事会下设各种负责处理具体事宜的专业委员会，各种委员会对基金管理人等的经营过程进行事前、事中、事后全程监控，如稽核委员会、公司治理委员会、行政委员会、佣金委员会、投资委员会和赔偿委员会等。

（4）投资顾问。投资公司基金资产运作由基金董事会聘任股东大会表决的投资顾问公司履行。投资顾问依据合同，负责基金的投资运作及日常管理。投资顾问可以将部分职能委托给第三方机构，但投资顾问需要承担全部职责。这种由投资顾问管理的方式，容易发生与投资者之间的利益冲突，因此基金董事会必须充分发挥监督制衡功能。

（5）托管机构。在公司型基金中，托管机构核心作用为辅助董事会对基金运作进行监管，以董事会为其设定的监管目标为目标来对基金的资金流向实施监管。托管机构一般由具有一定规模的金融机构构成，独立于基金的投资顾问。

表 3-8 契约型基金和公司型基金的对比

项目	契约型基金	公司型基金
成立的法律依据	基金契约	公司法
基金运行依据	基金契约	公司章程
法律地位	无法人资格，但由具有法人资格的基金管理公司来管理	具有法人资格
资金属性	资本及投资收益构成基金管理人管理的信托财产	资本及投资收益构成公司法人的资本
筹资方式	发行收益凭证	可以发行普通股，也可发行优先股以及公司债
当事人的责权利关系	受托人通过发行收益凭证，募集社会上闲散资金形成基金，并决定运用基金投资有价证券的方向；托管人一般是商业银行，负责保管信托财产，开立独立的基金账户，分别管理、定期检查，并监督基金管理人对基金资产的投资运作；委托人通过出资成为受益人，享有投资收益，但对资金如何运用没有发言权	基金本身是按照公司法设立的公司，通过发行股票筹集基金，投资人为公司的股东，凭股份领取股息或红利；基金投资公司设有董事会和股东大会，一般每年召开一次，普通股股东可以参加股东大会，对公司业务有发言权和投票表决权
治理方式	主要依靠基金托管机构对基金进行监督	主要依靠董事会进行监督
基金运营期限	契约期满基金运营即告终止	除非破产清算，一般具有永久性

2. 欧盟 UCITS

1985 年 10 月,《可转让证券集合投资计划指南》(Undertakings for Collective Investment in Transferable Securities, 简称 UCITS）正式颁布实施，欧盟各成员国各自以立法形式认可该指引后，本国符合 UCITS 要求的基金即可在其他成员国面向个人投资者发售。UCITS 的推出为欧洲各国的基金提供了一套可共同遵行的监管准则，同时也为欧洲各国监管机构信息共享与协作架设了初步框架。它是欧盟推动欧洲基金业一体化发展的重要措施之一。

欧盟在 2001 年修订了 UCITS（即 UCITS Ⅲ），UCITS Ⅲ 的管理指令旨在向合规的资产管理公司提供"欧盟护照"，便于在欧盟成员国内营运，并放宽其业务范围；产品指令旨在消除跨境销售基金的障碍，允许投资更多的资产类别。2009 年欧洲议会表决通过 UCITS Ⅳ，进一步推动了欧盟地区基金监管一体化。

UCITS 中最早关于货币市场基金的规定来自 1985 年发布的 Directive 85/611/EEC，货币市场基金必须满足：首要投资目标是基金净值保持在初始面值以上；只能投资于现金和高等级货币市场工具，剩余期限不超过一年；必须能够在当日或下一交易日完成交易结算。

除了遵守 UCITS，欧洲货币市场基金还需要服从注册地当地的监管。对于机构货币市场基金（简称 IMMFA 基金），还需要遵守机构货币市场基金协会（注册在欧洲的货币市场基金的同业公会）的行业准则，准则对 IMMFA 基金提出了更严格的标准，例如要求所有的 IMMFA 基金均为 3A 评级的稳定净值货币市场基金，且符合欧洲证券监管委员会（Committee of European Securities Regulators，简称 CESR）对于短期货币市场基金的指引标准。

欧洲基金在流动性、信用评级、信息披露等方面的监管要求非常严格，且在金融危机后，对于货币市场基金的监管呈现出愈加严格的趋势。

表 3-9　世界主要国家和地区证券投资基金管理模式情况

管理模式	国家和地区							
公司型	美国							
契约型	英国	德国	日本	澳大利亚	印度	新加坡	中国香港	中国台湾地区

资料来源：《契约型投资基金治理的国际比较与启示》。

第四章

中国货币市场基金创新

第一节　中国货币市场基金创新背景

2008年前后，国内利率市场化进程尚未完成，个人和非金融企业存贷款利率管制亟待放开，货币市场基金面临的境地与美国利率市场化后期惊人地相似。一方面，尚未全面放松的存款利率限制和高度市场化的竞争产品利率使银行存款流失严重；另一方面，严格的贷存比监管使银行的生存状态雪上加霜。在此情况下，银行理财产品作为银行突破监管限制、变相高息揽储的工具异军突起，利率市场化压力得到有序释放。在此过程中，货币市场基金相对银行短期储蓄存款收益率的先天优势被挤压殆尽。当然，国内银行理财产品在流动性和投资门槛上均无法同货币市场存款账户等海外银行理财工具相提并论，所以，国内货币市场基金尚有抗衡活期存款的筹码，但可预见的是，一旦利率市场化过程彻底完成，这唯一的收益筹码也将不复存在。诚然，届时货币市场基金凭借规模效应可能仍有相对于零售资金的利差优势，但资金对于投资渠道的路径依赖使这种微薄利差根本不足以吸引存款转移，甚至可能出于对便捷性、安全性等问题的考量，投资者会把资金回流银行，进而造成货币市场基金规模萎缩。因此，虽然彼时国内局面不及美国当年严峻，但或许却是货币市场基金提高客户黏性、扩大市场存量以应对竞争的最后时机。于是，流动性提升和功能拓展成为国内货币市场基金冲出重围、再获新生的关键途径。

第二节 客户流动性提升创新

一、场外市场流动性提升创新

早在 2006 年，招商银行与招商现金增值基金合作的"溢财通"业务就已经实现了货币市场基金在银行端的 T+0 赎回，随后中国工商银行也与包括建信、南方、华安等在内的 7 家公司合作推出可 T+0 取现的"利添利"业务。业务本质是基于货币市场基金价值稳定的特性，通过基金份额质押获得银行贷款，银行按市场化贷款利率向参与此项业务的客户收取贷款利息。

2012 年 10 月，南方、汇添富、国泰等首批基金公司货币市场基金电子直销 T+0 赎回业务获得监管批准，自此正式拉开了货币市场基金 T+0 赎回创新的大幕，各基金公司纷纷在原有场外货币市场基金基础上，针对电子直销客户推出 T+0 快速赎回功能，通过获取银行授信或以基金公司、销售机构自有资金先行垫资方式实现赎回资金 T+0 可提取使用，垫资方通过非交易过户获得 T+0 快速赎回份额，同时投资者让渡 T+0 赎回当日基金份额对应收益给垫资方作为垫资成本。业务推出初期，快速赎回时间一般是在交易日的 9 点至 17 点，单户单日赎回上限多为 5 万或 10 万，部分货币市场基金还要收取快速赎回手续费。经过随后的互联网金融浪潮洗礼和几年时间的发展，该业务服务时间已由交易日延长至自然日，并最终实现 7×24 小时全年不间断且实时到账、随用随取，单户单日赎回金额上限提升至 50 万、100 万甚至 500 万不等，赎回总额度也随资金来源的丰富和银行授信额度的提升而不断提高，更为重要的是，全面实现了免费为投资者提供此项服务，大大提升客户流动性的同时并未给投资者带来额外的成本负担。

可以看出，场外货币市场基金 T+0 赎回业务的本质其实是信贷业务，因此，为控制风险、规范业务发展，2018 年 5 月 30 日，中国证监会与中国人民银行联合公布了《关于进一步规范货币市场基金互联网销售、赎回相关服务的指导意见》（简称《指导意见》），将此项业务的垫资主体资质限制为"具有基金销售业务资格的商业银行"，同时对快速赎回额度进行了限制，要求业务提供方对单个投资者在单个销售渠道持有的单只货币市场基金单个自然日的"T+0 赎回提现业务"提现金额设定不高于 1 万元的限制。

二、场内市场流动性提升创新

客户流动性提升的创新浪潮从场外蔓延到了场内。

受股市牛短熊长缺乏赚钱效应，银行理财受欢迎，交易所场内缺乏相应的高流动性、低风险、稳定收益理财手段等因素影响，整个证券行业的客户保证金余额自 2010 年以来便一直呈下行趋势，2010 年初余额在 1.5 万亿元左右，到 2012 年底已下降到 6 000 亿元，下降约 60%。为了向场内投资者提供低门槛、高流动性的保证金管理工具，留存、盘活和吸引客户保证金，场内货币市场基金作为一类创新品种应运而生。回顾场内货币市场基金的发展历程，大致可以分为三个阶段。

（一）第一代创新：场内实时申赎货币，一级市场 T+0

第一代场内货币市场基金为场内实时申赎型货币，不具备交易功能，以 2012 年底成立的汇添富收益快线为代表，共有 6 只，全部为上交所产品。此类产品借助交易所平台对申购、赎回申请的有效性进行实时确认，通过中登净额担保交收模式，实现赎回款项的 T+0 场内可用、T+1 可提取。

由于场内资金一般流动频繁且一致性强，投资者行为共振的概率较高，故场内货币市场基金面临的流动性压力比场外货币市场基金更大，因此，为防范流动性风险，场内申赎型货币市场基金均对每日申赎额度进行控制，客观上限制了投资者的流动性。各基金的赎回上限因基金规模、管理人流动性管理能力、外部流动性支持等因素的差异而呈现较大的不同。总体来看，汇添富收益快线成立最早、规模最大，同时流动性也最好。

（二）第二代创新：上交所模式货币 ETF，二级市场 T+0

第二代场内货币市场基金为上交所模式货币 ETF（交易型货币），以华宝兴业现金添益和银华日利为代表，兼具一级市场申赎与二级市场交易功能，但 T+0 流动性通过二级市场交易来实现，一级市场申赎效率仍为T+2。此类货币ETF采用跨境ETF模式，申赎以全现金替代，通过二级市场交易实现卖出款项的T+0场内可用、T+1可提取。

由于T+0流动性通过二级市场交易来实现，第二代场内货币市场基金在产品端面临的流动性冲击相对较小，即赎回压力较小，故一般没有申赎额度限制；二级市场引入做市商机制，保障交易流动性。此外，与场外货币市场基金和场内申赎型货币市场基金相比，货币ETF还具有T+0回转交易的属性，即T日买入的货币ETF当日即可卖出（或赎回），结合卖出资金T+0可用的特性，货币ETF的流动性一定程度上高于前两者。上交所模式货币ETF是目前场内货币市场基金中最主流的一类，数量最多、规模最大，流动性也最好。

（三）第三代创新：深交所模式货币ETF，一、二级市场T+0

第三代场内货币市场基金为深交所模式货币ETF（交易兼申赎型货币），以易方达保证金和招商保证金快线为代表，同时实现了T+0交易和T+0申赎，在一、二级市场上均有极高的资金效率。此类货币ETF在第一代场内申赎型货币的基础上发展而来，却有更高的申赎效率，T日申购份额当日即可赎回或卖出，此外，还同时具备前两类场内货币市场基金的效率优势，即赎回和卖出资金均T+0可用、T+1可取，且T日买入份额当日可卖出或赎回。

在流动性紧张环境中，货币ETF二级市场交易大概率面临折价（考虑当日收益之后），此种情况下，投资者通过二级市场实现流动性的成本要高于直接赎回，且卖出效率本身还要受制于市场活跃度，故对交易兼申赎型货币这种赎回/卖出资金效率双重T+0的产品，投资者可能更倾向于通过赎回实现流动性。因产品本身面临较大的赎回压力，所以此类货币产品同场内申赎型货币市场基金一样设有每日申赎额度限制。另外，此类产品目前总体规模较小，产品数量最少。

与传统券商现金管理类资管产品等其他场内现金管理工具相比，场内货币市场基金具备低门槛、场内全渠道覆盖等优势，且因不收取业绩报酬，投资者收益较高。尤其是货币 ETF，由于目前多数券商不收取交易佣金，产品本身费用也更低，综合成本低于其他产品，具备较强竞争力（见表 4-1）。

表 4-1 场内货币市场基金资金效率总结

基金类型	交易操作	份额可用	资金可用	资金可取
交易型	申购	T+2	–	–
	赎回	–	T+2	T+2
	买入	T	–	–
	卖出	–	T	T+1
交易兼申赎型	申购	T	–	–
	赎回	–	T	T+1
	买入	T	–	–
	卖出	–	T	T+1
申赎型	申购	T+1	–	–
	赎回	–	T	T+1

资料来源：兴业研究；申赎型、交易型、交易兼申赎型分别对应本文中第一、二、三代场内货币市场基金。

第三节 互联网金融时代的创新

除了流动性提升之外，各公司纷纷从增值服务角度入手对货币市场基金进行功能拓展，具体包括余额理财、信用卡还款、还房/车贷、跨行转账、充值缴费、消费支付、基金投资、综合理财等等。无论是以自身电子直销平台为依托，还是与外部平台合作，其核心都是以账户的形式实现货币市场基金的工具化、类活期存款化运作，为投资者提供便利。

一、基金系：依托基金公司自有电子直销平台

近年来，不少基金公司都在自己的电子交易平台上推出以自身货币市场基金为载体的账户型业务。因为同一家公司旗下基金转换的便利性，基金投资是这些账户的基本功能配置。部分公司争取到银行支持，将货币市场基金对接投资者信用卡或借记卡账户，进行信用卡、房贷/车贷还款等，实现多账户现金管理，如华夏活期通、汇添富现金宝、广发钱袋子等；部分公司通过份额非交易过户模式实现货币市场基金的支付功能，投资者运用货币市场基金份额可直接订购机票并在一些电商平台上进行消费支付等。不仅如此，中国工商银行（以下简称"工行"）曾为汇添富、华夏、华安、南方和广发等公司的电子直销货币市场基金提供余额理财服务支持，挂钩工行卡的电子直销客

户在与银行端一次签约之后可实现卡内余额自动申购对应的货币市场基金,大大提升了投资者现金管理操作的便利性。

二、银行系:银行基金合作

(一)早期(2006—2012年)

事实上,早在2006年,融通基金就与民生银行合作推出了类似的产品"融通易支付"货币市场基金,在双方共同合作开发的技术平台上,将基金账户、借记卡账户和信用卡账户无缝链接,兼具余额自动申购、定期自动赎回以及信用卡自动还款等功能,赎回资金最快T+1日到账。投资人只要和民生银行签约,并申领一张借记卡,就可以每月将卡内资金自动转换成货币市场基金,享受远高于活期储蓄的投资收益;当投资者有固定支出如缴纳水电费、通信费或还房贷、车贷时,货币市场基金可以按照事先约定的时间和金额自动赎回,用于日常账单的支付;当投资者有消费需求时,可以使用民生银行信用卡进行日常消费,到信用卡还款日则自动赎回相应份额的货币市场基金用于偿还信用卡透支款。[①]此后,招行"溢财通"、工行"利添利"业务也相继推出,主打余额自动理财及"T+0快速赎回"等功能。2012年7月,工银瑞信在融通易支付的业务模式基础上更进一步,与股东工行联合推出货币市场基金卡(准贷记卡),兼具余额自动申购、消费透支和自动赎回还款等功能,集储蓄、投资、支付特性为一体,可以说是国内银行系"中央资产账户"的前身。不过,由于准贷记卡在

---

① 由于货币市场基金并非货币,不应具备直接支付功能,故《指导意见》已叫停此模式。

取现、透支成本方面的局限性，工银货币市场基金卡离真正实现基金账户、借记卡账户和信用卡账户的直接集成仍有一定的距离。

然而，不论哪种模式，由于早期银行面临的存款争夺压力并不大、业务推广动机不足，货币市场基金与银行存款此消彼长的天然对立性、银行阶段性考核压力及其对资金的最终控制权使得这些货币市场基金的规模难以保持稳定，这对在同样的时点同样面临规模考核压力的基金公司而言可以说是一个悖论。以融通易支付为例，该产品成立之初增长很快，不到3个月规模翻了近一番，之后便迅速萎缩，除了生不逢时之外，银行与基金公司的利益冲突应该是其难以大力发展的重要原因。同样地，即使作为国内最具实力的银行系基金公司，工银瑞信与工行联袂推出的工银货币市场基金卡也并未使其货币市场基金规模取得实质性突破。

（二）互联网金融浪潮初起（2013年）

2013年，以余额宝为代表的互联网货币市场基金的横空出世和迅猛发展使得依托于货币市场基金的一系列现金管理业务重新引起银行重视，作为主动反击的重要手段，各银行纷纷牵手关联方基金公司力推货币市场基金余额理财、"T+0赎回"、信用卡自动还款等功能。不过，短期来看，除兴全添利宝成立3个月规模激增400亿以外，其他相关产品规模发展都表现一般，大银行对存款的固守、中小银行有限的客户存量都可能是制约产品短期成长空间的因素；但从长期来看，中小银行增量客户的获取、大银行的全面反击将使整个竞争格局发生改变，未来货币市场基金成长潜力或仍可期。

就业务模式而言，本阶段各银行与货币市场基金联合推出的业务与早期相比并无实质区别,且对接的货币市场基金基本都是老基金。不过,2014年2月,民生银行联合民生加银和汇添富打造直销银行平台,参与合作的两只货币市场基金——民生加银现金宝和汇添富现金宝,均为量身定制的新基金。2014年3月,兴业全球为兴业银行同业平台定制货币市场基金兴全添利宝。这几只基金都具有一般意义上的平台货币所共同具有的低申赎下限、收益每日结转和低费率等要素,这表明以银行为主体、基于货币市场基金推出的综合性账户业务向真正意义上的可类比活期存款的"中央资产账户"又迈进了一步。

(三)后余额宝时代(2014年以后)

随着互联网货币市场基金对银行存款的冲击日益加大,货币市场基金与银行的合作再度升级。2014年5月,中信银行上线"薪金煲"业务,首批对接信诚、嘉实、华夏和南方薪金宝四只货币市场基金。客户可直接在其现有的中信银行活期账户上绑定其中一只货币市场基金,超出客户预设保底金额的账户资金余额每日将自动申购绑定的货币市场基金,客户也可主动进行申购;账户资金(含已转入货币市场基金的资金)随时可用,与普通的银行活期账户并无差异。与前期各银行推的余额理财、"T+0快速赎回"、还信用卡等业务相比,这项业务最大的突破在于,基本上客户在活期账户上能够进行的所有操作在这项业务中都可以一步到位直接实现,包括ATM和柜台取现、ATM同行及跨行转账、网银同行及跨行转账、POS机刷卡支付等。客户发起这些操作的时候,如果账户内资金余额不足,那么将由基金公司为客户垫资,但资金来源是中信银行对基金公司的授信,垫资款项自动到达客户账户供客户使用,而不像一般的货币市场基金T+0取现业务，客户只有先通过快速赎回操作使资金到账，才能进行取现、转账、支付等后续资金使用操作。至此，国内真正意义上的银行系货币市场基金"中央资产账户"初步成型。国内银行系中央资产账户发展概况见表4-2。

表4-2 国内银行系中央资产账户发展概况

银行	基金	合作模式	备注	推出时间
民生	融通易支付货币	余额理财[1]、信用卡自动还款[2]、定期赎回[3]	民生借记卡	2006年1月
招行	招商现金增值	余额理财、定期赎回、代销端T+0赎回	"溢财通"业务	2006年3月
工行	建信、南方、华安、广发、诺安、工银瑞信、博时等7只	余额理财、差额自动赎回[4]、代销端T+0赎回	"利添利"业务	2008年6月
中信	汇添富货币	信用卡自动还款	中信汇添富现金宝联名信用卡	2011年10月
工行	工银瑞信货币	余额理财、透支消费、自动还款	工银货币市场基金卡	2012年7月
广发	易方达货币	余额理财、信用卡自动还款	"智能金"业务	2013年7月
交行	交银施罗德、光大保德信、易方达、农银汇理、鹏华、南方等13只	余额理财、信用卡自动还款	"快溢通"业务	2013年7月
交行	交银施罗德货币	代销端T+0赎回	上限5万	2013年9月
	光大保德信货币	代销端T+0赎回	上限20万	2013年11月
	光大保德信现金宝货币	代销端T+0赎回		
	易方达天天理财	代销端T+0赎回	—	—
建行	建信货币	余额理财、差额自动赎回、代销端T+0赎回	龙卡通或理财卡	2013年9月、12月
平安	平安大华日增利、南方现金增利	代销端T+0赎回、信用卡手动还款、购买理财产品	平安盈	2013年11月

续表

银行	基金	合作模式	备注	推出时间
工行	工银瑞信货币	代销端T+0赎回	"天天益"理财产品	2014年1月
民生	民生加银现金宝、汇添富全额宝	余额理财、代销端T+0赎回	直销银行("如意宝")	2014年2月
兴业	兴全添利宝	代销端T+0赎回	同业平台("掌柜钱包")	2014年3月
兴业	大成现金增利	代销端T+0赎回	直销银行("兴业宝")	2014年4月
中信	信诚、嘉实、华夏、南方、国寿安保薪金宝	余额理财、快速取现、转账、支付	"薪金煲"业务	2014年5月
渤海	诺安理财宝	余额理财、快速取现、转账、支付、投资理财（渤海银行代销的其他基金、贵金属交易等）、生活缴费	"添金宝"业务	2014年5月

注：1. 余额理财指系统根据客户的银行卡余额和客户设置的留存金额标准，自动将超出预设金额的活期存款部分申购成货币市场基金；

2. 信用卡自动还款指每月自动读取、比对信用卡账单并赎回账单金额进行还款；

3. 定期赎回指定期自动赎回定额的货币市场基金到对应银行卡，可用于缴费或还贷；

4. 差额自动赎回指当资金账户余额小于预设的赎回发起余额时，系统自动发起基金赎回。

三、平台系：依托互联网平台

（一）第三方销售系

早在余额宝之前，部分基金公司就已经与第三方销售机构合作推出了以货币市场基金为载体的账户类产品。

2012年底，众禄率先推出绑定海富通货币A的众禄现金宝，使用时资金实时划出,1分钟内到账。2013年4月,数米基金网的数米现金宝上线运行,充值数米现金宝相当于购买海富通货币市场基金A,用户可以实现资金实时划出、快速取现。此后,天天基金网、同花顺等也相继推出类似产品,主打多元化投资组合功能。

基金的第三方销售机构与多家基金公司建立了合作关系,将旗下现金管理工具与多只货币市场基金对接。这类产品主要面向基金投资者,通过跨公司基金转换为投资者实现一站式基金投资理财功能,且用此类账户中的资金去申购基金时有费率上的优惠。但是,由于这里的运作主体只是基金第三方销售机构,缺乏支付体系的支撑,使得支付功能没有办法直接植入这些平台的产品,故此账户的拓展性和便利性仍较为有限。

(二)第三方支付系[①]

2013年5月底,国内最大的第三方支付机构支付宝与天弘基金合作推出余额宝账户,正式拉开基金公司与互联网平台合作定制货币市场基金的序幕。从成立到三季度末短短4个月时间,余额宝(即天弘增利宝货币市场基金,后更名为天弘余额宝)开户用户超过1 600万,累计申购超过1 300亿元,规模超过556亿元,一跃成为国内最大的公募基金。此后,余额宝一路高歌猛进,截至2018年一季度末,基金规模已超1.6万亿,占整个国内公募基金行业规模的比例超过10%。

从功能层面看,余额宝账户集国内货币市场基金销售增值服务之

---

① 为论述方便,将底层搭载平台自有或关联第三方支付通道和账户的情况都归入此类,而无关平台自身属性。

大成，除 T+0 快速赎回外，依托支付宝的广阔应用场景和相关牌照，全面提供余额理财[①]、信用卡还款、生活缴费、消费支付[②]、综合理财（即购买平台理财产品，下同）等附加功能，为平台用户带来了极大的便利性。

从产品层面看，余额宝相对传统的货币市场基金有如下创新：

一是申赎门槛降低：申赎门槛由传统的 1 000 元降至 1 元甚至 1 分，充分适应互联网理财碎片化特点。

二是收益按日结转：在每个投资者账户内明确显示其当日收益，给投资者以每日获取稳定收益且利滚利的直观印象。

三是费率优惠：管理费、托管费不同程度降低，提高产品收益。

四是 T+1 交收效率[③]：申赎资金交收效率提高，一方面，有利于降低资金效率损耗、提高投资收益；另一方面，满足投资者更快的变现需求的同时，也能恰到好处地对接相应的支付功能。

产品层面的这些创新点均于细微处提高了投资者的用户体验，而且与余额宝账户化运作的业务模式和内在逻辑是完全契合的。

因此，综合来看，余额宝最大的创新点事实上仍在于业务模式。追根溯源，余额宝的运作模式和基本逻辑来自全球知名网络支付公司 Paypal 的货币市场基金账户。它与券商的现金管理账户有异曲同工

[①] 第三方支付产品的余额理财功能与基金系和银行系有所不同，并非由银行账户向基金账户进行资金自动扫入，而是由客户的第三方支付账户向基金账户扫入，下同。
[②] 赎回货币市场基金同时进行消费、缴费等支付操作，相当于第三方支付机构担保交收实现赎回资金 T+0 可用，占用商户头寸并利用资金在途时间等满足央行备付金监管要求，打的是时间差，不涉及份额过户/转让和垫资等，下同。
[③] 赎回 T+1 指基金层面的赎回资金交收效率提升，而非靠过户垫资所实现的 T+0 快速"赎回"，即此处指的是真正意义上的"赎回"。

之妙，本质上就是一个集成化的账户，闲置资金自动扫入①的排他性、多途径广泛运用的便利性、堪比活期存款的流动性和远高于活期存款的收益性是账户（包括产品）的关键属性。而在此之外，余额宝的成功也离不开平台的影响力、推行动机和力度。

余额宝的成功引发了基金公司与第三方支付平台合作推出货币市场基金相关业务的热潮。经过逐步的迭代和完善，各主要互联网平台均已依托货币市场基金形成了各自的现金管理账户，如苏宁零钱宝、京东小金库、腾讯理财通"余额+"、百度余额盈等。除T+0快速赎回外，这些账户依各平台属性和场景的不同而不同程度地具备余额理财、消费支付、生活缴费、信用卡还款、综合理财等功能。当然，除了上述主流"个人型"产品之外，部分平台也联手基金公司推出面向小微企业的"商户型"产品，如银联"天天富"、汇付天下"生利宝"等，为POS机收单商户在日常经营中形成的短期闲置资金提供现金管理和增值服务，主要以定投模式和T+1赎回效率实现商户的智能高效理财。

有必要指出的是，前述与支付机构或第三方销售机构合作打造现金管理账户的模式本身也包含销售渠道的创新，通过直销系统前置等手段或借力基金网络代销平台拓宽货币市场基金的受众面，但其核心逻辑却在于提供功能集成的账户型增值服务，而非单纯地延伸销售渠道，因而才能真正意义上提高用户黏性，完成用户获取、留存到转化的良性循环，真正做实普惠金融，实现创新价值。

---

① 指支付宝账户内超出预设额度的资金自动申购余额宝，即余额理财。

四、其他：券商系、通信系等

除前述主流合作模式外，基金管理人也与其他各类主体合作擦出了货币市场基金业务模式的创新火花。如 2014 年东方证券对接汇添富收益快线货币推出"东方汇"保证金理财服务，引入了券商保证金管理类资管产品的自动参与/退出功能，通过一次性签约，在每个交易日终，以技术系统自动生成申购指令的方式，将客户证券资金账户内除预留资金额度以外的可用资金自动申购成对应的货币市场基金；当客户在交易时段内发出证券买入、申购、配股、行权等使用资金的指令时，自动触发技术系统的退出指令，赎回货币市场基金份额进行资金运用，相当于以货币市场基金为载体实现了保证金余额理财、场内证券交易等功能。考虑到证券账户的消费支付、缴费、转账等功能目前均已经实现，一旦与货币市场基金账户彻底打通，未来券商系"中央资产账户"发展前景应可期。此外，中国电信翼支付联手汇添富等基金公司推出的"添益宝"业务、联通携手百度钱包和富国富钱包货币推出的"沃百富"平台等，除不同程度地具备余额理财、消费支付、生活缴费、信用卡还款、综合理财等一般性功能外，还与运营商的业务进行了自然的结合，提供话费充抵、理财送机等特色服务，是通信系"中央资产账户"的代表。

理论上，任何有资金沉淀的地方皆可成为货币市场基金业务模式创新的土壤。围绕账户化运作的核心理念，货币市场基金业务创新呈现出百花齐放的繁荣局面，真正做到了全方位、多角度地服务客户，为投资者的生活提供了充分的便利。

第四节 T+0 快速赎回业务发展与规范

一、快速赎回业务的实现方式

快速赎回业务的核心是垫支环节。目前，垫支的主体是基金管理人。投资者与基金管理人签订《货币市场基金快速赎回业务协议书》，约定投资者（甲方）享有向基金管理人（乙方）的直销中心申请将其持有的货币市场基金进行快速赎回的权利，乙方接受申请后，先行垫付赎回款项，并同时享有快速赎回份额的受益权。垫支资金的来源主要分为两类：一是自有资金模式，即投资者提出赎回申请后，基金管理人、基金销售机构以自有资金先行垫付赎回款；二是银行授信模式，即投资者提出赎回申请后，基金管理人、基金销售机构将赎回的基金份额非交易过户给银行并由银行支付赎回款。

现实中，大部分机构采用银行授信垫支模式。以该模式为例，快速赎回业务的实现流程如下：

1. T 日，投资者在基金公司电子直销平台（代销渠道类同，以下以直销为例说明）发起快速赎回业务，申请货币市场基金资金立即到账。

2. T 日，基金公司接到投资者的请求后，冻结投资者份额，同时立即向垫支银行发起快速赎回指令，并于日终将份额过户给垫支银行。

3. T 日，银行在接收到基金公司快速赎回指令后，实时检查准备的垫支资金是否足够支付。如果足够则通过跨行代付系统划拨资金；如果不够，则返回失败。

4. T 日，跨行代付系统接收到指令后，实时将资金划付到投资人的银行卡，完成快赎资金入账操作。

5. T+1 日，基金公司托管行将赎回款划拨至基金公司账户。

6. T+1 日，基金公司根据快速赎回业务情况，汇总归还快速赎回资金给垫支银行。

需要注意的是，在快速赎回的情况下，基金公司依旧是 T+1 日支付快速赎回款。

二、快速赎回业务的实质和风险分析

快速赎回业务实质是基于货币市场基金价值稳定的特性，垫支机构代替基金公司垫付 T+0 赎回款给投资者。投资者放弃 T+0 日的货币市场基金收益，获取当日可用资金；垫支方利用流动性充裕的优势，付出当日资金，获得垫支期间的份额收益；基金公司在整个过程中只提供了服务。从流程角度看，垫支机构介于投资者和基金公司之间，起到了 T+0 垫支的作用；从法律角度看，基金管理人介于投资者和垫支机构之间，代替垫支机构，作为垫支主体与投资者签订协议。

T+0 快速赎回业务是基金管理人提供的一个增值服务，未在基金合同中进行约定，因此不构成基金管理人的义务。在额度内支付快速赎回款是垫支机构的责任。T+0 快速赎回的存在，对货币市场基金管理本身没有造成任何影响。对货币市场基金来说，唯一的变化是赎回款的接收方，由提出快速赎回的原持有人变为他的垫支机构。但不论谁接收，货币市场基金都是在 T+1 日支付赎回款。所以快速赎回业务的开通，基本不会影响基金的正常投资运作，投资层面仍将其视为 T+1 赎回。值得一提的是，为了控制快速赎回业务的风险，基金公司一般只针对电子直销平台客户，基本以散户为主，机构客户不能提出快速赎回申请。由于散户户均持有量低，并且足够分散，一般来看快速赎回的净金额占比不会很大。所以总体来看，基金公司提供快速赎回业务是一项针对零售客户的增值服务，增加了货币市场基金对零售客户的吸引力。

从上面的分析可以看出，T+0 快赎业务造成货币市场基金流动性风险增加，最可能发生风险的环节是在垫支机构，而不是基金公司。垫支机构与投资者可以看作是一个短期抵押借贷的关系。垫支机构以货币市场基金赎回款为保证，向投资者发放隔夜贷款，并收取垫支期间货币市场基金收益作为利息。目前货币市场基金均采用摊余成本法，净值为 1，通过每日万份收益体现价值。由于货币市场基金这种价值稳定的特性，确保了垫支方的收益稳定。从历史来看，货币市场基金的收益率区间在 2.5%~5%，良好稳定的收益，促使一些垫支机构不断提高对 T+0 快赎业务的授信额度。实际操作中，垫支机构不一定会准备授信额度等额的资金等待快速赎回的发生，通常是基于历史数据的经验，备好部分资金应对快速赎回的支付。这就产生了 T+0 快赎业务最大的风险。

假设在某些小概率事件的触发下，大量货币市场基金持有人提出快速赎回，那么，垫支机构准备的资金和实际发生的快速赎回申请总额之间的差额，只能通过内部协调或向市场其他机构融资来解决，这将给垫支机构造成较大的资金压力和财务压力。在极端情况下，如果全市场的垫支机构都遇到资金不足的情况，则可能造成金融体系的流动性风险。但是客观地说，我们认为发生这种极端风险的概率是极小的。因为个人客户持有量小，且年龄、地域等各个方面都极为分散，其挤兑市场的多只货币市场基金，类似于个人客户活期存款同时被提取，挤兑多个银行，这类事情在正常的经济和金融环境下，基本不会发生。事实上，从2003年第一只货币市场基金诞生至今，国内从未发生过个人客户对任何一只货币市场基金挤兑的情况。

为了控制快速赎回金额过大的风险，基金公司在与投资者签订的《协议书》中一般会包含豁免条款。例如"对于甲方（投资者）提出的快速赎回申请，乙方（基金公司）原则上满足快速赎回款项当日划出，若因资金头寸不足或出现其他导致资金风险的情况，则乙方有权在货币市场基金合同规定的日期划出快速赎回业务的赎回款项，由此造成甲方资金使用的延误或给甲方带来损失的，乙方不承担任何责任。"或者"乙方有权对每日所有投资者的快速赎回总额设定限额，如当日快速赎回总额超过乙方设定的限额，乙方可临时暂停快速赎回业务，并视情况恢复该业务。"此类条款可以在出现风险时对快速赎回业务及时喊停，减少垫支机构的压力。可见，虽然基金公司提供T+0快速赎回业务，但这是一项金额有限的增值服务，货币市场基金和现金之间仍然有本质的差异，不能等同。

另外，对垫支机构来说，还有一个小概率风险，即有权机关要求冻结、扣划快速赎回的货币市场基金份额，导致基金公司不能及时偿还垫支机构的垫付资金，或者快速赎回份额的收益不能自申请之日起归垫支机构所有。对于这种情况的处理,《协议书》中也有约定,"乙方(基金公司)有权撤回已划往甲方(投资者)账户的垫付资金及追偿利息损失,也可对甲方在乙方持有的等市值其他基金份额做强制赎回,并将赎回款归乙方所有,由此导致的损失由甲方承担。"该风险由于概率小,发生金额也相对较小,因此不会造成系统性风险,只会对垫支机构和基金公司造成影响。

三、强制赎回费的设置与实践

(一)中国货币市场基金强制赎回费设置

根据《货币市场基金监督管理办法》,规定"当货币市场基金持有的现金、国债、中央银行票据、政策性金融债券以及 5 个交易日内到期的其他金融工具占基金资产净值的比例合计低于 5% 且偏离度为负时,为避免诱发系统性风险,基金管理人应当对当日单个基金份额持有人申请赎回基金份额超过基金总份额 1% 以上的赎回申请征收 1% 的强制赎回费用,并将上述赎回费用全额计入基金财产"。这一新规明确了货币基金产品的定位就是现金管理工具,指出收益率不应是选择货币市场基金的重要关注点,产品安全性、稳定性、风险控制、流动性管理才是,强调了对货币市场基金流动性风险和信用风险的控制,有利于货币型基金管理回归本源。

因此在同时触发两个条件的极端情况下,基金公司有权向大额赎回即赎回份额超过基金总份额 1% 的客户收取强制赎回费,在不满足一定流动性资产比例要求时,赋予基金管理人在巨额赎回情况下收取强制赎回费的权力,将提升货币市场基金应对极端流动性风险的能力，也有利于保护部分规模较小的货币市场基金，防止其在巨额赎回时产生兑付风险。这种规定保护了全体基金持有人的利益，特别是中小投资者，但是也有可能会造成误伤，因为投资者在赎回前无法获取货币市场基金的现金类资产比例和偏离度数据，如果有机构投资者持有时间较短，但是在赎回时被征收了 1% 的强制赎回费用，投资货币市场基金可能会产生亏损。

（二）美国货币市场基金强制赎回费设置

2014 年，美国新的货币市场基金规定设立了强制赎回费（gates and liquidity fees）条款以避免大规模赎回潮再次引发货币市场基金危机。美国货币市场基金强制赎回费按照不同货币市场基金种类有不同的规定，对政府型货币市场基金并无明确适用的具体规则，对零售型货币市场基金，金融监管部门赋予了货币市场基金主体自由裁量权：如果每周流动资产低于总资产的 30%，基金董事会可征收最高 2% 的流动费用，或在 90 天内暂停赎回最多 10 个营业日；如果每周流动资产低于总资产的 10%，基金必须征收 1% 的流动费用。

但从历史情况来看，美国货币市场基金在 2014 年后并未经历大规模赎回事件，流动性风险事件发生概率低。在最近一次因新冠肺炎疫情而产生的流动性危机（2020 年 3 月）中，收取强制赎回费事件也并未发生。市场采取的操作通常是：为了避免基金在每周流动资产低于 30% 的情况下可能会收取费用和门槛，当基金的每周流动资产开始下降到接近于（但没有达到）30% 的门槛时，投资者就会优先赎回。对于一些基金来说，每周流动资产接近或低于 35% 的时候，这种情况就会发生，甚至每周流动资产一达到 40% 就会出现这种情况。

货币基金投资者将30%的门槛视为一个自动触发费用和门槛的行为，有效地锁定了优先型货币市场基金30%的高流动性资产，防止基金管理人为满足赎回费用触发条件而触及这些流动性资产。从另一种程度上也反向倒逼美国货币市场基金管理人在绝大多数条件下保障货币市场基金的高度流动性。同时，2020年3月流动性风险事件中，美联储使用了快速、大规模、多样化的危机应对工具体系，对于优先型货币市场基金市场来说，使用货币市场共同基金流动性工具（MMLF）主要是为了保持其每周流动性资产远高于每周流动性资产30%以上的门槛，而不是因为面临被赎回压垮基金的危险。2020年3月的案例表明，MMLF更多释放的是预期而非流动性，当美联储释放出提供流动性援助的预期时，短期资金市场参与者会感到相对舒适，因而会选择留在市场中而非进行赎回，所以从最终结果来看，优先型货币市场基金对MMLF的使用其实相对有限。根据调查数据，仅有12%的公共机构优先型货币市场基金和3%的零售型货币市场基金使用了MMLF。

四、快速赎回业务的规范

基于对T+0业务风险的考量，2018年5月30日，证监会与中国人民银行联合发布《关于进一步规范货币市场基金互联网销售、赎回相关服务的指导意见》（以下简称《指导意见》），要求对"T+0赎回提现"实施限额管理，对单个投资者持有的单只货币市场基金，设定在单一基金销售机构单日不高于1万元的"T+0赎回提现"额度上限。此外，《指导意见》也规范了基金管理人和基金销售机构对"T+0赎回提现"业务的宣传推介和信息披露活动，要求加强风险揭示，严禁误导投资者。此项规定大幅减少了快速赎回的交易量，从而也降低了垫支机构的流动性风险和份额被冻结的风险。

同时，《指导意见》明确"除具有基金销售业务资格的商业银行外，基金管理人、非银行基金销售机构等机构及个人不得以自有资金或向银行申请授信等任何方式为货币市场基金'T+0赎回提现业务'提供垫支，任何机构不得使用基金销售结算资金为'T+0赎回提现业务'提供垫支"。因此，T+0业务的法律关系在此之后发生了变化。

（一）新规之前，即2018年12月1日之前

垫支主体主要是基金公司，垫支资金来源主要包括：基金公司自有资金、基金公司向银行申请的授信资金。

在法律关系上，投资人与基金公司签署业务合作协议，明确垫支资金由基金公司提供。同时，基金公司与垫支银行签署协议，明确银行向基金公司提供授信业务，基金公司归还垫支款项等合作事宜。但投资人与垫支银行之间不签署任何协议，无任何业务合作关系。

（二）新规之后，即2018年12月1日（含）之后

垫支主体不能是基金公司，必须为具有基金销售业务资格的商业银行，垫支资金来源为银行的资金，不得为基金公司自有资金。

在法律关系上，投资人与垫支银行、基金公司签署三方业务协议，明确T+0业务的垫支资金由银行提供，T+0业务的份额过户等其他服务仍由基金公司提供。同时，基金公司与垫支银行签署业务合作协议，明确双方的业务合作关系及资金归还等事宜，确保投资人的

赎回份额对应的资金用于归还银行垫支。

新规颁布前后最大的区别是,垫支资金的主体由基金公司变更为商业银行。这也有利于整个金融体系业务的专业分工。其中,基金公司主要负责资产管理,商业银行负责金融借贷业务,各司其职,互相协作,共同为投资人提供优质服务。

《指导意见》在《货币市场基金监督管理办法》《公开募集开放式证券投资基金流动性风险管理规定》基础上,重点规范"T+0赎回提现"业务,也解决了关于垫支机构资质的争议,进一步完善了针对货币市场基金风险管理的相关要求。T+0赎回提现金额不高于1万元的规定[1],基本根除了造成资金压力和市场冲击的风险,有利于促进货币市场基金的长期健康发展。

第五节 支付功能的国际经验与国内发展

一、货币市场基金支付功能的国际经验

货币市场基金的支付功能在美国由来已久。

早在1974年,富达集团即联手肖马特国民银行(National Shawmut

---

[1] 现行公募货币市场基金"T+0赎回提现服务",一般是由银行(银行销售渠道或者托管行)提供一定的垫资额度,这个额度是根据过往客户的赎回数据经验而来,正常情况下都是足够的,当出现极端情况时,可申请应急额度支持,还可以进一步考虑其他措施,比如针对单日T+0提现总额做出一定的限制。

Bank）推出了第一只可以开具支票的货币市场基金"富达日收益信托"（Fidelity Daily Income Trust），投资者只需在肖马特国民银行开设一个特别账户，就可以以其所持有的"富达日收益信托"货币市场基金金额为限填写支票进行支付，银行在支票兑现时自动赎回等额的基金份额。由于当时美国银行法禁止对支票存款账户付息，可开具支票的货币市场基金相当于一个可支付较高利息的支票存款账户，既赋予了货币市场基金类活期存款的支付属性，又能提供更高的收益，故该基金一经推出就大获成功，仅7个月规模就超过了5亿美元，而当时美国货币市场基金总规模也不过17亿美元。此后，这一革新得到了迅速而广泛的复制，可签发支票逐渐成为美国主流货币市场基金一个较为普遍的功能，对货币市场基金的发展起到了巨大的支持作用，货币市场基金业务规模加速增长。

1978年，国际投资银行巨头美林证券与一家美国地方银行合作开发了现金管理账户（Cash Management Account，简称CMA），依靠先进的电子技术和互联网将以前独立的多种服务项目——货币市场基金账户、支票账户、存款账户、信用卡账户和证券账户融合在一起，既可自动将投资者存款账户的闲置资金存入货币市场基金账户、获取货币市场投资收益，又具备支票签发、信用卡透支、证券交易等多种功能。CMA具体包括：提供支票特别服务，每月最多可免费开具12张个人支票；可直接用于零售购物的线上账单支付，省去开支票的环节；与信用卡公司合作，客户可使用VISA卡进行消费，透支金额由账户资金自动偿还；可直接进行广泛的证券投资，甚至保证金交易等。站在货币市场基金的视角，这相当于通过一个集成化的账户，使对应的货币市场基金具备了全方位、多角度的支付功能。堪比活期存款的便利性和远高于活期存款的收益性使得 CMA 得到了美国投资者的高度认可，不到 12 个月，美林证券就从投资者手中吸收了 50 亿美元的资金。此后，其他华尔街巨头（投行、银行等）及富达等基金公司也纷纷推出各自的现金管理账户。结合当时的利率市场环境，美国货币市场基金自此真正驶上了高速发展快车道。

1999 年，互联网支付公司 PayPal 的前身康菲尼迪（Confinity）公司向美国证监会申请注册成立投资顾问公司 PayPal Asset Management 并设立了贝宝货币市场基金（PayPal Money Market Fund，以下简称"PayPal 货币基金"），并将其与旗下支付软件 PayPal 进行了嫁接。PayPal 货币基金只对 PayPal 注册用户开放投资，用户只要同意相关条款即可将其支付账户中的现金余额自动投资于 PayPal 货币基金；当用户使用 PayPal 进行支付时，用户账户中相应的货币市场基金份额会自动赎回以用于交易，用户在实际中感受不到此赎回过程，在体验上与使用账户现金余额几乎无异。2007 年，PayPal 货币基金的规模为 9.961 亿美元，达到其发展历史上的最高峰。可以看到，PayPal 货币基金诞生和发展时，可用于支付的货币市场基金在美国并不鲜见，且美国利率市场化进程早在 20 世纪 80 年代即已完成，彼时银行付息支票存款早已十分普遍，故 PayPal 将用户支付账户与货币市场基金合二为一的做法虽为首创[1]，却算不上实质创新，对于整个货币市场基金行业而言也并没有带来什么突破性的影响，故其总体上并没有激起太大的水花（PayPal 货币基金达到规模巅峰的时期，美国货币市场基金总规模已突破 3 万亿美元），PayPal 货币基金规模仍极大受

---

[1] 当时电子商务以及为电子商务服务的第三方支付都处于发展的初期阶段，对支付平台沉淀资金付息尚无先例。

制于平台本身的体量和市场利率环境。但必须指出的是，因为发展阶段的不同，PayPal 的做法为中国货币市场基金的发展却提供了借鉴，被认为是"余额宝"的先驱。

二、货币市场基金支付功能的国内发展

（一）中国货币市场基金支付功能发展概况及原因分析

货币市场基金低风险、高流动性的本质特征和现金管理工具的定位使得搭载支付功能成为其创新发展的一个必然选择，而摊余成本法估值和严格的监管限制使其单位净值跌破 1 元或者说持有人份额缩水的概率微乎其微，为其用于支付创造了前提，因此货币市场基金支付功能的发展可谓有着内生的必然性，美国货币市场基金的发展经验也充分证明了这一点。

而在中国，这一创新尝试也早已有之，如 2006 年即已面世的融通易支付货币。不过，由于中国金融体系是银行主导型，货币市场基金在与银行的竞争及合作中天然处于劣势，且基金的销售推广高度依赖于银行（不像美国有发达的第三方投顾体系），但显而易见，银行缺乏足够的动力去推动货币市场基金的创新发展，而银行在中国支付结算体系中几乎排他性的独大地位又使基金公司对货币市场基金进行支付赋能受限，因而很长一段时间内货币市场基金在支付功能方面的探索都没能掀起大的波澜，直到 2013 年余额宝的横空出世才彻底改变了这一局面。依托于第三方支付平台支付宝，余额宝将互联网公司重视长尾客户和用户体验的原则发挥到极致，用户至上的服务意识，简单、高效、便捷的卓越体验，远高于活期存款的收益率等，使之在

极短时间内得以广泛传播，也让货币市场基金这一投资理财品种迅速普及。货币市场基金的支付功能开始深入人心，货币市场基金现金管理工具的地位进一步确立。或许也正是由于上述种种原因以及第三方支付机构与基金公司互利共赢的共生关系，虽然余额宝之后各银行（主要是中小银行）也纷纷跟进（如中信"薪金煲"、渤海"添金宝"等），但或昙花一现，或起伏不定，其影响力始终无法与支付系的货币市场基金中央资产账户相匹敌。这同时也使我国货币市场基金支付功能的发展呈现出以嫁接第三方支付账户为主流模式的特点，与美国货币市场基金支付功能深度捆绑银行的发展路径有所不同。

（二）中国货币市场基金支付功能主要模式

从实现手段看，中国货币市场基金支付功能主要有以下几种模式：

1. 模式1：绑定信用卡自动还款模式

此种模式是国内货币市场基金在支付功能方面的最早尝试，相当于通过捆绑信用卡从而间接实现货币市场基金的支付功能，其基本实现逻辑为将客户货币市场基金账户与特定银行信用卡账户绑定，还款期届满自动将其信用卡账单金额对应的货币市场基金份额进行赎回，用于偿还信用卡透支款。如融通基金与民生银行合作的"融通易支付货币"、工银瑞信与工商银行联合推出的"工银货币市场基金信用卡"、中信银行携手基金公司推出的"中信汇添富现金宝联名信用卡""中信南方基金联名信用卡"等。由于是自动赎回，发起赎回的时间可由银行或管理人控制，只要确保在到期还款日（含）之前到账即可，故此模式下货币市场基金均为按正常结算效率（T+1或者T+2）进行赎回，无需通过垫资实现实时到账。广义上说，目前各基金公司电子直销平台、各互联网平台推出的货币市场基金绑定信用卡预约还款功能、绑定借记卡自动还贷（车贷、房贷）功能等均可归属于此模式范畴，其实现手段都是将货币市场基金账户与相关银行账户（信用卡账户/借记卡账户等）关联，由客户预先手动设定扣款日期或者到账日期以及还款金额，根据客户设定日期和金额及时为客户发起货币市场基金份额赎回来完成还款；由于设定日期一般都要求在银行规定的还款到期日之前，如设定日期为到账日期的话，平台还会根据货币市场基金实际的赎回结算效率而进一步提前发起赎回，因此，同样地，此种情形下对货币市场基金发起普通赎回即可实现还款功能，无须垫资。

2. 模式2：第三方支付担保交收模式

此种模式主要是借助第三方支付结算体系而实现了货币市场基金的半直接支付功能。所谓半直接，指用户感知上是直接支付，但实现路径上还是通过正常赎回货币市场基金份额来实现。此模式最具代表性的案例即为国内民众熟知的余额宝，依托支付宝的广阔应用场景和相关牌照，全面提供信用卡还款、生活缴费、消费支付、综合理财（即购买平台理财产品）等支付功能。具体实现上，平台通过技术手段将基金赎回和支付操作集成到一起，客户点击付款后系统即自动赎回对应份额的货币市场基金，由于第三方支付结算体系内的客户备付金是T+1清算，和余额宝货币市场基金的赎回结算效率正好匹配，故体系内支付无须垫资，相当于通过第三方支付机构担保交收实现了赎回资金在支付宝体系内的T+0可用。正是因为余额宝的巨大成功和广泛影响力，此模式成为国内货币市场基金实现支付功能最为主流的模式，目前各主要互联网平台均借助其第三方支付牌照，打造自身的以货币市场基金为内核的中央资产账户，不同程度地实现了货币市场基金的支付功能。

3. 模式3：垫资模式

此种模式主要是通过外部垫资实现货币市场基金的半直接支付功能，其内在原理与"T+0赎回提现业务"如出一辙。同样地，所谓半直接，指用户感知上是直接支付，但实现路径仍为通过垫资而"快速赎回"货币市场基金份额用于支付。如2014年5月中信银行上线的"薪金煲"业务，客户可选择将其现有的中信银行活期账户绑定信诚、嘉实、华夏和南方薪金宝四只货币市场基金的其中一只，超出客户预设保底金额的账户活期存款余额每日将自动申购绑定的货币市场基金，账户资金（含已转入货币市场基金的资金）可随时用于ATM和柜台取现、ATM同行及跨行转账、网银同行及跨行转账、POS机刷卡支付等。客户发起上述操作时，若账户内活期存款余额不足而需用到货币市场基金份额，那么基金公司将使用其从银行获得的授信资金为客户进行垫资，垫资款项自动到达客户账户内供客户使用。与一般"T+0赎回提现业务"不同之处在于，中信"薪金煲"通过系统指令集成实现取现、转账、支付等操作的一步到位，使客户得以像使用活期存款一样使用货币市场基金，而无须先通过快速赎回操作使资金到账之后再进行取现、转账、支付等后续资金使用操作。从实现手段上看，目前如支付宝等平台推出的货币市场基金绑定信用卡手动实时还款功能也属于此模式范畴。

4. 模式4：份额直接过户模式

此种模式通过份额过户实现了货币市场基金的直接支付功能，如2012年华安基金推出的"货币通"。依托于国内首只货币市场基金华安现金富利，华安"货币通"可支持红孩子、邦购等多家网上商城购物，以及用于支付东航、南航、上航等多家航空公司的机票订单等，支付单日上限为5万元，节假日也可支付，不收取费用。交易过程中，投资人持有的订单对应货币市场基金份额将被冻结并于交易日日终过户至指定商户名下，不涉及垫资或赎回等，故此模式是所有模式中实现货币市场基金支付功能最直接的模式，真正使货币市场基金具有了可类比于货币的等价交换物的支付属性。或许也正因如此，加上基金份额转让方面的合规限制，2018年5月底，中国证监会与中国人民银行联合发布的《关于进一步规范货币市场基金互联网销售、赎回相关服务的指导意见》（以下简称《指导意见》）已明确禁止此模式。

（三）国内货币市场基金支付功能本质

从以上的分析可以看出，不同模式的货币市场基金支付功能具有不同的本质：

模式3本质上就是T+0赎回，须按T+0赎回的监管要求进行管理；

模式4是直接以货币市场基金份额作为对价进行支付，使货币市场基金在一定程度上具备了一般等价物的特性，目前已被监管叫停，故不再做进一步讨论。

模式1和2，本质上都是依托支付清算机构（银行、第三方支付机构等）将赎回和支付两个环节集成起来，由于账期等因素的存在，并不需要实时结算，因此并不影响货币市场基金的正常赎回效率，更无需垫资等。这两种模式，与其说是货币市场基金本身具有支付功能，不如说以货币市场基金为底层的这个账户具备支付功能，或者说通过技术手段将货币市场基金账户和支付账户集成到了一起。

第六节　中国未来创新发展趋势

货币市场基金大行其道的 T+0 资金效率和支付转账等功能愈演愈烈的创新以及层出不穷的竞争性产品已经使整个货币市场基金的生态环境发生了潜移默化的改变。故步自封的传统型货币市场基金正面临生存空间日趋狭小的严峻局面，创新成为货币市场基金突破重围的唯一途径。从海外经验和当前发展趋势看，工具化是必由之路，而效率提升和功能拓展正是工具化的两大维度，归根结底，则是要以货币市场基金为载体打造全功能性账户。同时，国际经验和货币市场基金的庞大规模也都表明，货币市场基金的平稳健康运作关乎整个金融体系安全，加上货币市场基金毕竟不等同于活期存款，不具备保本保收益等安全属性，风险控制十分重要，过分强调效率、收益、便捷性而忽略风险控制和提示的过度创新并不可取。因此，综合来看，在监管指导下，在风险可控的前提下，秉承"普惠、小额、便民"的原则，规范有序地为投资者提供便捷、高效的账户化现金管理工具或是国内货币市场基金创新发展的趋势所在。

第五章

货币市场基金的风险防范与监管

第一节　我国货币市场基金五次危机回溯

我国货币市场基金历史上大致发生了五次较大的赎回潮，分别是2006年、2009年、2013年、2016年和2020年。货币市场基金集中赎回导致的流动性紧张主要是由于资金面紧张时的机构赎回以及收益率相对下降的集中赎回（如股票牛市）。

一、2006年和2009年两次大规模赎回潮

2004—2005年，各货币市场基金不顾流动性风险、无视政策规定，盲目攀比收益率。由于当时可以进行配置的标的主要集中于央票和国债，在久期和杠杆限制下，理论上货币市场基金的投资收益应该不会明显高于1年期国债收益率。但实际情况是，货币市场基金的7日年化收益率在2005年全年接近甚至超过了3年期国债收益率。这一现象背后的原因就是代持操作。货币市场基金通过与其他金融机构签订私下契约，甚至只是口头协议，让其他机构代为持有久期较长、

收益率较高的券种，并约定在未来某日，货币市场基金以某一协议价格将该券买回，基金公司承诺给予代持券的机构一定资金占用成本补偿。

2006年，由于股票牛市，货币市场基金遭遇大规模赎回，让基金公司措手不及。从2006年6月开始，股票市场出现持续大幅上涨，上证综指从6月初的1 700点上涨到年末的2 700点，涨幅近60%。同时，IPO时隔一年再度重启，6月到12月总融资规模达1 600亿元。另外，受"福禧债"事件牵连，货币市场基金也出现部分恐慌性赎回。2006年货币市场基金大规模赎回对基金公司产生了较大冲击。一方面，由于规模急剧缩水，一些货币市场基金已无力履行原先的远期协议；另一方面，如果当时债券市价低于协议价，执行协议的货币市场基金面临亏损的可能。因为如果货币市场基金执行协议，以协议价买入代持券，而由于面临巨额赎回，又必须在市场上将券卖出，根据相关规定，债券差价收入应于实现时确认，不得进行摊销处理，那么，一旦市价比协议价低，亏损就会立即反映出来。当时为了不让货币市场基金出现净值亏损，很多基金公司被迫使用自有资金进行垫资，造成大额亏损。

第二次赎回潮发生在2009年，货币市场基金总份额从2008年底的3 892亿份降至2009年底的1 183亿份，跌幅达70%。其中，赎回潮最严重的是2009年3月，净赎回达1 727亿份，2009年6月和12月分别净赎回598亿份和460亿份。这次赎回潮的诱因是货币市场基金收益率的急剧下降，叠加股市升温和IPO重启，货币市场基金吸引力降低导致大范围的投机性赎回。

二、2013 年 6 月突发钱荒

2010—2013 年是公募货币基金规模快速扩张期，2013 年，余额宝横空出世，更让货币市场基金深入民间，并在业内掀起货币市场基金的热潮，但基金管理人缺乏相关的风险管理经验。为了实现"规模增加 - 收益上升 - 更多申购"的良性循环，基金公司大都会想办法做高货币市场基金的收益，货币市场基金独有的"摊余成本法"和"影子定价"估值法，也为此留下了空间。通行的做法是，利用持有的债券做正回购融资放大资产规模，进行跨期限、跨品种的套利操作，"代持养券"也成为行业潜规则，有个别基金的负债比例甚至超过 50%。除此以外，货币市场基金对浮息债的大笔投资，为后来的大危机埋下祸根。《货币市场基金管理暂行条例》规定，货币市场基金可以投资以市场利率为基准利率的可变利率或浮动利率债券，同时，利率调整频率小于一年的债券的剩余期限，等于计算日距下一个利率调整日的剩余时间。最早被货币市场基金纳入投资的浮息债是国家开发银行第 17 期金融债，其以银行间市场 7 天回购加权利率为基准，每季度调整一次利率，期限为 3 年。根据《货币市场基金管理暂行条例》的规定，货币市场基金可以买入第 17 期债，并按照 3 个月来确认久期，相当于将 3 年长期债当作 3 个月短期债来计价，这就有了做高收益的空间。由于债券交易价格是由交易双方自行商定，并不透明，因此货币市场基金可以和其他机构合作，频繁买卖浮息债，每次都把交易价格提高一点，用来实现收益。这样的操作在当时极为普遍，货币市场基金每天公布的万份收益也有明显规律，每周都有一天的收益特别高，七日年化收益率就总能维持在比较高的水平。

2013年许多货币市场基金喜欢购入 Shibor 浮息债来增厚收益，Shibor 浮息债是以 Shibor 上海银行间同业拆放利率作为基准利率的浮息金融债。Shibor 浮息债每季度付息一次，因此，货币市场基金将手中持有的该债视为滚动持有剩余期限为 3 个月的短债。

2013年6月突发钱荒，利率大幅上行，资金收紧，银行间隔夜拆借利率一度超过 13%，Shibor 浮息债价格亦大幅下跌，货币市场基金的组合偏离度迅速穿破 0.5% 的红线，与此同时，缺钱的机构大幅赎回货币市场基金以补充自己的流动性，更让货币市场基金雪上加霜，大部分货币市场基金出现头寸透支或爆仓风险。因为整个市场资金面极度紧张，货币市场基金提前支取协议存款的要求都被银行拒绝，被迫大量低价卖出债券。机构投资者纷纷选择赎回货币市场基金以应对自身流动性压力，2013年6月货币市场基金份额下滑高达 2 602 亿份，规模缩水 43%。

三、2016 年底大额赎回事件

2016年年中，债券的牛市已接近尾声。8月中旬和10月，中国人民银行先后重启了 6 个月 MLF、14 天和 28 天逆回购，公开市场操作开始"锁短放长"，抬升中国人民银行投放资金的加权利率，货币市场资金利率开始显著上升，波动性明显加大。一方面，国内的货币政策趋紧和监管政策频出；另一方面，海外美联储加息预期升温，特朗普胜选后全球开启"再通胀交易"，美债收益率持续攀升。内外压力之下，债券市场持续调整。进入 12 月，10 年国债跌破 3.0% 关口，国债期货出现逼近跌停的情况。国海证券爆发代持违约事件，更将市场恐慌情绪推向顶峰。

面对这一市场环境,银行、保险等金融机构纷纷赎回大量货币市场基金以应对流动性危机,货币市场基金管理人大幅抛售债券资产以应对赎回,导致资产价格大幅下跌,基金收益负偏离程度不断加深。2016年第四季度,共292只基金出现负偏离,在所有货币市场基金中占比近90%,远高于历史水平。最低偏离度均值达到 –0.18%,历史上仅次于2013年年中的钱荒阶段。2016年12月,货币市场基金份额下跌2 105亿份。尽管与过4万亿的总规模相比,月净赎回的规模并不大,但因发生在较极端的市场环境中,加剧了债券市场投资者的恐慌情绪和市场波动。如果继续发酵,有可能引发更为严重的系统性风险。

由上述货币市场基金危机的案例可以总结出,货币市场基金流动性危机的导火索通常是外部因素。市场风险与流动性风险之间形成负反馈机制,最终可能引发更大的系统性风险。危机之中,政府的及时救助,有利于防止风险从货币市场基金向其他金融机构和市场扩散。危机后,监管部门针对货币市场基金出台了更加严格的风险管理措施,进一步补充完善了货币市场基金的监管框架。

四、2020年7—8月遭遇集中赎回

2020年5—8月,中国率先从疫情中走出。2020年5月,中国货币政策从宽松状态率先转为正常化,中国人民银行对资金空转套利的打击在一定程度上使货币政策边际收紧,部分机构投资者开始赎回货币市场基金以满足自身流动性管理需求。虽然货币市场利率整体有所上行,货币市场基金收益率有所提升,但6月下旬之后权益市场明显

上涨，股票基金的财富效应较好，投资者风险偏好有所提升，资金开始从货币市场基金向股票基金、混合型基金转移，其中7—8月股票型基金和混合型基金规模环比大幅增加642亿份和3879亿份。此外，7—8月摊余成本法债基成立规模较大也可能是货币市场基金遭遇赎回的重要原因。7月、8月摊余成本法债基成立规模分别高达1925亿份和1298亿份，单月成立规模远超2019年末的高峰。作为货币市场基金主要机构投资方的银行，或因前期债市波动较大，对摊余成本法债基需求提升，转而将一部分资金从货币市场基金中赎回而申购摊余成本法债基。机构投资者和个人投资者均明显减持，机构投资者减持量可能更大。从数据来看，全市场货币市场基金5—8月份额一共下滑高达1.26万亿份，整体市场规模缩水了15%。

第二节 美国货币市场基金危机分析与政策应对

一、2008年美国货币市场基金危机与改革应对

20世纪70年代，美国经历了连续多年的通货膨胀，失业率居高不下。为了规避Q条例对存款利率的限制，货币市场基金诞生。由于货币市场基金具有流动性高、风险低的特点，将收益性和流动性进行了有效结合，受到了大量投资者的追捧。自1971年诞生以来，货币市场基金规模不断扩张，在2000年和2008年的两次冲击后规模均有所下降（见图5–1）。截至2020年7月15日，美国货币市场基金总

资产约为46 683亿美元。尽管货币市场基金是仅次于银行存款的低风险投资品种，但仍出现过两次"跌破面值"事件。第一次是1994年的一只名为Community Bankers U.S. Government Money Market Fund的基金，不过由于1994年整体市场较好，且该基金规模很小，并未形成大的市场冲击。第二次是2008年雷曼兄弟破产导致美国历史最悠久的货币市场基金——主要储备基金（Reserve Primary Fund）"跌破面值"而遭到巨额赎回，并引发了全面的流动性危机。

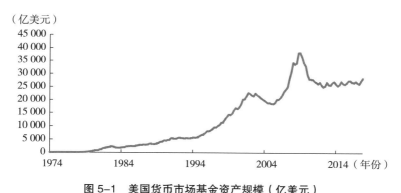

图5-1 美国货币市场基金资产规模（亿美元）

资料来源：Federal Reserve Bank of ST.Louis。

（一）危机爆发

2008年9月10日，雷曼兄弟宣布第三季度巨额亏损达39亿美元，创下该公司成立以来最大季度亏损。2008年9月15日星期一，身负6 130亿美元巨额债务的雷曼兄弟轰然倒塌，引发全球金融市场巨大震荡。金融危机爆发时，Reserve Primary Fund持有雷曼兄弟的商业票据共计7.85亿美元，约占其基金资产总值的1.26%。9月16日，Reserve Primary Fund将单位基金净值调整为97美分。

Reserve Primary Fund跌破一美元面值引起了投资者的极大恐慌，

导致了疯狂的资金赎回潮。仅仅一周时间内,美国的优先型货币市场基金就被赎回约 3 000 亿美元,约占基金资产净值的 14%。危机发生后,投资者纷纷将投资由优先型货币市场基金转向政府货币市场基金(见图 5-2)。

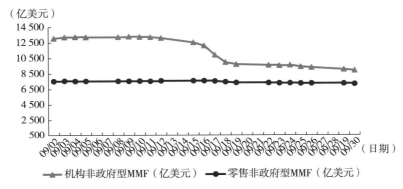

图 5-2 危机发生后投资者纷纷将投资从优先型 MMF 转向政府 MMF
资料来源:Wind。

货币市场基金危机的蔓延导致了整个货币市场的瘫痪。在 2008 年 9 月的最后两周,货币市场基金减持了 2 003 亿美元最高评级的商业票据(占总持有量的 29%)。同时,银行由于面临不良率和高杠杆率压力,也无法承接大量抛售的商业票据。美国庞大的商业票据市场陷入停滞,短期融资市场几近瘫痪。

(二)危机应对

为了保护货币市场基金投资者的利益,2008 年 9 月 19 日,美国财政部出台临时担保计划,为货币市场基金提供为期 1 年的担保,同时对加入该计划的货币市场基金,在其跌破净值后给予救助。与此同时，美联储先后推出了资产支持商业票据货币市场共同基金流动性工具（ABCP MMF Liquidity Facility，简称 AMLF）和商业票据融资工具（Commercial Paper Funding Facility，简称 CPFF），前者旨在帮助储蓄机构应对投资者的集中赎回，后者则是为了防止商业票据因需求不足而导致价格下跌。救助政策颁布之后，市场情绪好转，最终危机得以解除。

2008 年 9 月 22 日 SEC 准许 Reserve Primary Fund 暂停赎回直到市场流动性足够改善。9 月 29 日，Reserve Primary Fund 进入基金清盘程序，最终 Reserve Primary Fund 向投资者返还了 99.04% 的基金财产（以 2008 年 9 月 15 日为基数）。

信用事件是此次流动性危机的导火索。如果雷曼兄弟破产，其发行的商业票据将一文不值。而 Reserve Primary Fund 由于大量持有雷曼兄弟商业票据，可能面临巨大损失。为此，投资者出于恐慌纷纷将基金份额赎回，短短两天之内，Reserve Primary Fund 收到近 40 亿美元的巨额赎回申请。由于此次损失过大，发起人也无力提供流动性支持，不得不宣布基金跌破面值。如果危机仅局限于单只基金，并不会造成严重的后果（如 1994 年），但此次危机的严重性在于单只货币市场基金危机的全面扩散。当恐慌情绪蔓延，几乎所有的优先型货币市场基金都遭受了挤兑，短期债券遭遇巨大的抛售压力，这进一步加剧了流动性紧张的局面。而市场整体流动性紧张的背景下，货币市场基金资产变现困难进一步加深了流动性危机的程度。

（三）危机后美国货币市场基金改革

1. 2010 年美国启动危机后第一轮改革

2010 年 SEC 启动了流动性危机之后的第一轮改革，重点是对投资组合施加进一步的限制以增强货币市场基金对系统性风险的抵抗能力。此轮改革的主要内容包括：对投资范围、组合久期、债券回购做了严格限制；进一步强化信息披露并要求定期进行压力测试；首次要求货币市场基金保持流动性"安全垫"；在基金清盘时允许暂停赎回。

（1）资产质量。由于信用事件是此次流动性危机的导火索，因此2010年改革的首要目标是提高资产质量，尽可能降低信用事件发生的可能性。

改革提出，货币市场基金可以指定至少4家美国认定的评级组织作为备选评级机构，并指定其中一家作为正式评级机构对证券进行评级。同时，增强评级机构之间的竞争，从而有利于评级机构在管理人既定标准下给出更加客观的评级。

此次改革将货币市场基金持有的二级证券规模占基金资产规模比例上限下调到3%（原5%），同时单一发行人的次级证券占比不得超过0.5%（原1%或不超过100万美元）。

（2）组合期限。久期反映了资产价值对利率变动的敏感程度，因此久期越短，对利率波动的承受能力越强。此次改革除了将常用的加权平均到期期限（WAM）上限从90天缩短为60天外，还新增了加权平均剩余存续期（WAL）的要求。

（3）流动性要求。为了应对赎回，货币市场基金需要有充足的流动资产以快速变现。此次改革将非流动资产比例上限从10%下调至5%，同时增加了日流动资产（10%）和周流动资产（30%）的比例要求。另外，新修正案还要求管理人定期对基金资产组合进行压力测试，以检验其在利率上升、评级下调、大额赎回等特殊情形下是否仍能维持1美元的固定净值。

(4)信息披露。持仓信息的公开有助于投资者实时了解货币市场基金面临的真实风险状况,对投资经理投资风险的激进化也能起到一定的约束作用。信息披露涉及网上信息公开和向 SEC 的信息报备。此次改革规定,货币市场基金须在每月的第五个工作日之前在网站上发布上个月的持仓信息,公示期至少半年。另外,货币市场基金须每月向 SEC 报备每个基金资产的市场价值以及单位基金份额的影子价格。

(5)暂停赎回。货币市场基金面临重大危机时,投资者出于恐慌争先赎回,将损害其他投资者的利益。这种情况下,如果管理人能够暂停赎回,则有助于减少集中赎回对基金资产估值的冲击。1940 年《投资公司法》规定在特定情形下货币市场基金可以暂停赎回 7 天,但须获得 SEC 批准,流动性危机期间 Reserve Primary Fund 便采用过这一做法。2010 年颁布的 Rule 22e-3 赋予货币市场基金管理人暂停赎回的权力,但前提是偏离度过大且管理人已决定清盘,同时还须向 SEC 报备。

(6)外部支持。新修正的 Rule 17a-9 允许关联人(基金管理人、债券承销商等)买入货币市场基金所持有的所有合格证券,购买价应高于债券的摊余成本和市场价的较高者,目的是帮助货币市场基金顺利变现资产。

2. 欧债危机带来进一步改革压力

2010 年,SEC 货币市场基金改革虽然大幅提高了货币市场基金的抗风险能力,但仍然没有消除货币市场基金流动性危机的根源——投资者的赎回冲动。2011 年欧债危机和 2013 年美国债务上限问题对美国货币市场基金形成了新的挑战。

2011 年,欧债危机爆发,美国货币市场基金再次陷入大规模赎回的泥潭。2011年6月,随着欧债危机的持续发酵,投资者由于担心货币市场基金持有欧洲金融资产面临信用风险,出于恐慌,大规模赎回优先型货币市场基金,从6月14日起的三周之内赎回约1000亿美元(占优先型货币市场基金净资产总额的6%)。2013年10月,由于对美国政府债务在触及上限甚至主权债务违约的担忧,避险情绪再起,投资者在10月3日至10月16日共赎回54.4亿美元的政府货币市场基金(占政府货币市场基金净资产总额的6.1%)。不过,在这两场集中赎回风险中,货币市场基金遭受的损失并不大,也未发生"跌破面值"的事件。这部分反映了2010年改革确实提高了货币市场基金的抗风险能力,但也有以下三个方面的原因:一是这两次集中赎回的规模都明显小于2008年;二是没有发生导致实质损失的信用事件;三是经历过2008年危机之后,货币市场基金的投资风险偏好也趋于谨慎。

虽然两次事件中货币市场基金并没有发生流动性危机,但这种大额赎回仍然造成了短期融资市场的紧张,商业票据发行困难。相关研究表明,如果遭遇类似2008年那样严重的货币市场基金赎回事件,现有条件下并不能阻止流动性危机再次发生。因此,对货币市场基金进行更大范围改革的呼声也越来越高。

3. 2014年美国货币市场基金改革

为进一步增强货币市场基金的抗风险能力,SEC于2014年对货币市场基金监管规则再次进行了改革。此轮改革有两大重点:一是赎回费用与赎回限制;二是浮动净值。同时,SEC在信息披露、资产组合、压力测试等方面对货币市场基金实施了进一步的约束。

(1)赎回费用与赎回限制。在历次集中赎回事件中,如果发起人能够采取措施制止投资者避险情绪下的挤兑,将大幅减轻货币市场基金面临的流动性压力。为增强管理人对赎回的控制能力，此次改革赋予了管理人两项权力：赎回费用和赎回限制。具体来说，当周流动资产低于30%时，货币市场基金管理人可以选择征收2%的赎回费用，或直接暂停赎回10个工作日（每90天之内）；当周流动资产低于10%时，货币市场基金应当对所有的赎回征收1%的费用。赎回费用和赎回限制适用于所有优先型货币市场基金（包括免税货币市场基金），政府货币市场基金也可以参照上述要求实施。

（2）固定净值与浮动净值。货币市场基金投资者赎回冲动源于固定净值法下基金份额的账面价值与其实际的市场价值之间的背离。当债券价格下跌时，由于采用摊余成本法，基金份额的账面价值并不能反映这种变动。如果投资者确信这种下跌是持续性的甚至可能造成永久的损失，就会有强烈的动机先行赎回，而此时因为仍可按面值赎回，所以损失将由剩下的投资者承担。

从历次赎回来看，机构投资者对各种突发事件的反应更加敏感，往往是赎回的主力，而个人投资者对信用事件的反应则比较迟钝，因此这轮改革重点针对以机构投资者为主的机构货币市场基金。

1940年《投资公司法》规定所有的共同基金应当采用浮动净值法定价，浮动净值法是指基金份额的定价、申购、赎回均以基金资产的市场价值（或管理人确定的公允价值）为基础。2a-7规则对货币市场基金进行了豁免，允许其使用摊余成本法保持面值稳定。此次改革取消了该项豁免，机构非政府货币市场基金应当采用浮动净值计价，不允许使用摊余成本法，同时，单位净值计价应精确到小数点后四位。按照万分位净值计算法计算出的净值波动将更为频繁，较此前的百分位净值计算法更能反映基金资产的实际价值，也便于投资者了解所投资基金的风险状况。随着 2014 年改革法案生效，投资者向政府货币市场基金转移，见图 5-3。

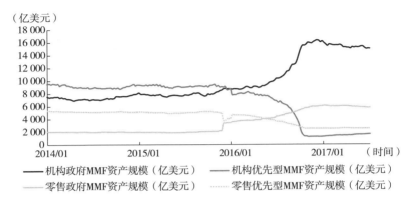

图 5-3　随着 2014 年改革法案生效，投资者向政府货币市场基金转移

二、2020 年 3 月美国货币市场基金危机与政策应对

（一）2020 年 3 月流动性危机

非公共债务货币市场基金容易受到恐慌性赎回的负面影响，2008 年 9 月和 2020 年 3 月的美国及欧洲的货币市场基金就是非常典型的例子。2008 年对非公共债务货币市场基金的大规模赎回（和挤兑）就是由信贷危机、雷曼兄弟破产以及美国一家货币市场基金公司"踩雷"雷曼兄弟导致债务无法全额返还本金所引发的。相比之下，2020 年的货币市场基金抛售潮更多源于流动性问题（急于套现），而抛售潮则主要是源于疫情的不确定性背景下，企业和其他投资者现金需求的急剧增加。

在 2008 年和 2020 年货币市场基金这两次赎回危机中，非公共债务基金出现了大量净流出,而公共债务基金则吸引了大量资金净流入。尽管两次危机的压力来源不同,但影响是相似的,即货币市场基金的大规模赎回导致借款人短期融资成本急剧上升,进而导致短期融资难以获得,如定期商业票据、大额可转让存单和非美国银行发行的美元计价票据等。

定期商业票据、大额可转让存单的压力可能会加大冲击力度,并影响活跃于国际市场上的大型银行的跨境短期融资。如上所述,主要国家的货币市场基金大量投资于银行票据,爱尔兰和卢森堡的货币市场基金投资组合中有60%是其他国家银行的债务,外国银行的债务也占美国主要货币市场基金的46%。此外,商业票据利率作为对信贷敏感的基准利率,还会通过基准利率定价渠道加大冲击力度。

在2020年3月的动荡期间,货币市场基金公司和其他投资者试图在投资到期后终止再融资来保持流动性,导致投资者争相从持有大量企业短期债务的货币市场基金中赎回资金。交易商面临非常大的赎回压力,被迫抛售抵押资产,但考虑到资金流出的规模,基金公司仍无法满足所有的赎回请求,投资者也无法以当前的价格和预期规模迅速出售所持份额。考虑到定期商业票据和大额可转让存单市场的"买入并持有"性质,交易商在正常状态下通常无法发挥二级市场中介作用,并且在出现大规模单边流动时,融出意愿也不强烈。2020年3月的经验表明,交易商在回购市场的中介作用有限,尤其是在存在较大流动性冲击的情况下。

(二)应对赎回危机的政策经验与不足

在2008年和2020年的流动性冲击期间,部分国家的央行和政府采取果断和实质性的干预措施,使货币市场基金的赎回压力有所缓解。直接针对货币市场基金的干预措施,包括通过各种渠道缓解短期融资市场中的压力,从而缓解货币市场基金资金流出带来的流动性危机。尽管在某些情况下,大量跨境资金和投资流动限制了当局干预的范围,但是这些政府的行动也确实有效缓解了短期资金市场的压力。

自2008年金融危机以来,各国进行了一系列改革以应对货币市场基金的脆弱性。然而,2020年3月的市场动荡,表明货币市场基金结构脆弱性仍然存在。如果没有强有力的政府部门干预,这些市场的压力可能会快速增大,从而削弱企业的融资能力。然而,这些干预措施并没有从根本上扭转货币市场基金的潜在脆弱性,因此,还需要进一步改革以增强货币市场基金的稳健性。此外,尽管2020年3月的赎回压力主要表现在非公共债务货币市场基金,但在某些国家,公共债务货币市场基金也可能存在类似的脆弱性。

三、海外货币市场基金的脆弱性分析

在面对恐慌性赎回时,海外货币市场基金的脆弱性主要源自四种特征的相互作用。一是投资者持有份额赎回条款与持有资产的流动性不一致。对投资者而言,清算货币市场基金的份额可能比出售其他资产更容易、更经济,并且当市场流动性稀缺或昂贵时,赎回的动力可能会增加。此外,在资产价格波动和流动性状况恶化这类压力事件中,组合资产当前市价的计算难度较高,这导致基金公司很难准确确定货币市场基金的资产价值并将这些价值反映在基金的净值中;二是投资者的现金需求是难以预测的、规模庞大的、全局性的,一旦货币市场基金面临赎回压力，基金公司在二级市场上可能同样面临资产无法出售的双重困境；三是监管限制要求可能会导致投资者未雨绸缪，提前赎回，以避免基金突破限制所产生的后果；四是机构投资者会加大赎回的风险。在2020年3月市场动荡期间，很多机构投资者大量赎回了所持有的货币市场基金，因为机构投资者对市场更为敏感，并且会增加破坏性赎回的可能性。

综上所述，货币市场基金的这些特征，使在压力事件中最早赎回的投资者具有先发者优势，即投资者有动机在其他人赎回之前迅速赎回，而留在基金中的人承担了赎回者产生的成本，从而导致单只基金甚至整个货币市场基金市场遭到挤兑。除了单只基金的脆弱性，货币市场基金的特征及功能还可能会产生系统性风险。例如，基金投资组合的相似性可能导致风险的蔓延，因为一只基金的压力可能会影响持有类似资产的其他基金。

第三节 系统性风险的识别与分析

一、历次货币市场基金系统性风险来源分析

纵观美国和中国货币市场基金历史上的风险事件，货币市场基金面临的主要风险可以总结为两点：投资组合风险和流动性风险。投资组合风险是指由于基金资产净值的大幅下跌、利率飙升、信用事件等造成净资产损失的风险；流动性风险是指基金管理人需要折价变现非

流动性资产以应对赎回而造成净资产损失的风险。迄今为止，美国货币市场基金主要有四次大的赎回潮（见图 5-4）。

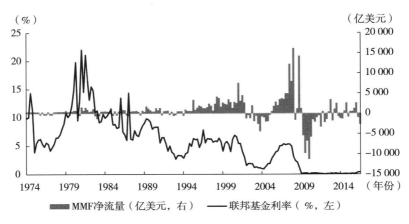

图 5-4 美国货币市场基金的前三次赎回潮

第一次赎回潮发生在 1983 年，主要原因在于货币市场存款账户（Money Market Deposit Accounts，简称 MMDA）等存款账户的推出导致资金流动回银行。MMDA、可转让支付命令账户（Negotiable Order of Withdrawal Account，简称 NOW）等创新产品是定期存款和活期存款的混合产品，享受 FDIC 的存款保护。最初，这类产品支付和货币市场基金一样高的利息，但最终因无法维持高利率而放弃，资金在流动回银行之后又再度流向货币市场基金。第二次赎回潮发生在 2002 年以后股市恢复及债券牛市导致的资金逃离。2002 年，美国股票市场从互联网经济泡沫破裂开始逐渐恢复，同时市场利率仍然处于下行周期，投资者开始增加股票、债券等风险投资，货币市场基金规模短期内有所下行。不过，随着之后市场利率大幅上行，货币市场基金继续上升态势（见图 5-5）。第三次赎回潮是金融危机中雷曼兄弟破产导致 Reserve Primary Fund 清盘引发的全面流动性危机。第四次赎回潮是新冠肺炎疫情不确定性引发的流动性冲击。触发前两次赎回潮的关键原因是货币市场基金相对收益的下降，第三次赎回潮是信用事件下的恐慌性赎回，而第四次赎回潮则是因为"黑天鹅"事件引发的流动性紧张。

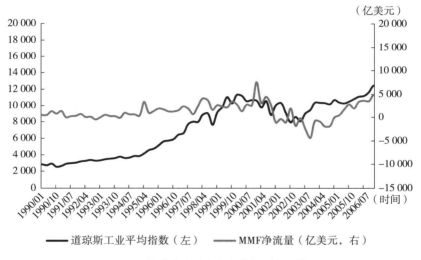

图 5–5 股市恢复后资金逃离货币市场基金

我国货币市场基金历史上大致发生了五次较大的赎回潮，分别是 2006 年、2009 年、2013 年、2016 年和 2020 年（见图 5–6）。

2006 年赎回潮的原因主要是股票大牛市、IPO 重启对资金的抽离以及信用事件引发的恐慌情绪。

第二次赎回潮发生在 2009 年，诱因在于货币市场基金收益率的急剧下降，叠加股市升温和 IPO 重启，货币市场基金吸引力不够。

中国货币市场基金：创新、发展与监管

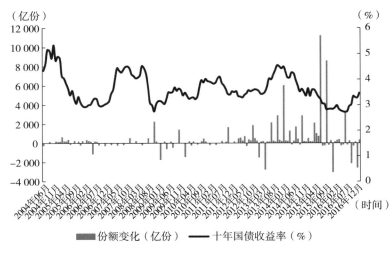

图 5-6　中国货币市场基金的前四次赎回潮

第三次赎回潮在 2013 年 6 月，央行货币政策持续收紧使本来紧张的资金面进一步恶化，从而引发了"钱荒"，银行间隔夜拆借利率甚至一度达到 13.83% 的高点。为获得充足的流动性，机构争先赎回货币市场基金，从而导致货币市场基金的第三次赎回潮（见图 5-7）。

第四次货币基金赎回潮发生在 2016 年年底。临近年末，市场利率明显上行，资金面极度紧张。国海事件发酵、美联储未来加息次数超预期等因素叠加，恐慌情绪蔓延，银行、保险等金融机构纷纷赎回大量货币市场基金以应对流动性危机，市场一度传出大型货币市场基金遭遇巨额赎回而"爆仓"。此次流动性危机与前三次的区别在于发生在年末，巨额赎回可能会受到年末各种因素的对冲（见图 5-8）。

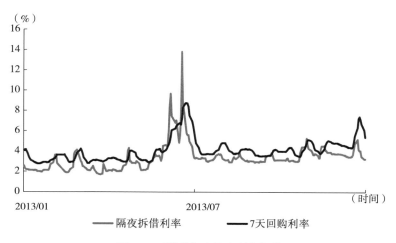

图 5-7 "钱荒"中资金利率飙升

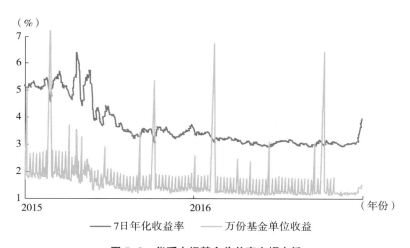

图 5-8 货币市场基金收益率大幅走低

第五次货币市场基金赎回潮发生在 2020 年第三季度，主要由于疫情发生后中国人民银行及时放出流动性对冲风险，5 月后货币政策回归常态化，银行间资金利率快速回升，流动性阶段性紧张，且 7 月上证指数快速攀升，股市赚钱效应引发资金流出货币市场基金。

总结来看，竞争产品的扰动（MMDA、股债牛市等）以及严重的信用事件是大额赎回的重要原因。中美两国前两次大的赎回潮均源于竞争产品对资金的抽离。而2008年美国货币市场基金系统性风险源于雷曼兄弟申请破产保护这一信用事件，在货币市场紧张状态下，传染效应将单只货币市场基金的危机扩散成货币市场基金的全面危机。继而信用风险不断发酵，形成流动性危机。而中国2013、2016年末及2020年中的3次货币基金赎回潮的主要原因是资金面极度紧张下机构客户一致行为导致的流动性危机。

二、系统性风险识别与分类

（一）投资组合风险

1. 利率风险

当利率上升时，基金所持有的债券价格往往面临下跌风险，我们也通常称其为利率风险。以我国为例，2016年10月份后债券市场各品种收益率快速上行，曾引发银行对货币市场基金的集中赎回，后在监管机构的窗口指导下，货币市场基金赎回潮才得以平息。1994年，美国货币市场基金经历了第一次"跌破面值"事件。年初，20多只货币市场基金受投资于货币市场衍生工具的影响而出现亏损，不得不依靠基金管理公司承担其风险而生存下来。其中，Community Bankers U.S. Government Money Market Fund 由于购买衍生品出现亏损，以0.96美元的净值清盘。由于基金规模较小，整体市场环境较好，并未对市场造成大的冲击。

货币市场基金采用摊余成本法定价，即计价对象以买入成本列示,按照票面利率或协议利率并考虑买入时的溢价和折价,在剩余存续期内平均摊销,每日计提损益,这为基金每日净值归1提供了估值依据。理论上,如果市场环境一直保持基金购买证券时的环境不改变,则摊余成本法计算的价值与货币市场基金持有证券的公允价值一致。但市场环境时刻变化,这种定价方式使得货币市场基金与按照市场公允价值计算的资产存在一定的偏差。当偏差超过一定临界值,货币市场基金须按公允价值指标对资产组合的账面价值进行调整,此时货币市场基金净值就可能低于1,即出现亏损。因而,当市场利率大幅波动时,货币市场基金遭遇大额赎回的风险将急速增大。

2. 信用风险

根据监管规定,货币市场基金可投资的资产均为高信用等级、短久期的金融工具。高信用等级的金融工具出现违约的可能性小,信用风险低。随着货币市场基金总管理规模的扩张,基金数量不断增加,基金间竞争压力增大,为了吸引投资者,货币市场基金经理可能通过提高组合久期、配置较高收益债券等方式推高货币及基金收益。配置较高收益债券则须承担较高的信用风险。信用风险同样也和流动性风险相伴相生,信用风险较大的债券流动性往往不佳,尤其当违约事件触发时,违约债券基本丧失交易属性,其市场价格面临剧烈下挫,从而给货币市场基金带来难以承受的损失。美国2008年Reserve Primary Fund以及国内2006年受"福禧债"事件所牵连的9只货币市场基金,均是由于所持有的债券出现违约、二级市场流动性缺失,引发价格暴跌,进而货币市场基金面临亏损困境。

（二）流动性风险

1. 期限错配下的流动性风险

货币市场基金一般负债端每日开放申购赎回，资产端以银行存款、买入返售和标准化债券为主，投资者购买货币市场基金，可同时拥有较好的流动性及较高的收益率（这部分收益率来自期限溢价和流动性溢价），期限错配的风险由货币市场基金承担。据货币市场基金2020年一季报统计，存续货币市场基金资产端剩余期限在30天以内的资产占比45%，120天以上的资产占比19%。一旦负债端在短期内大量赎回，由于资产端尚未到期，货币市场基金将面临流动性风险及抛售资产的损失。

2. 摊余成本法带来"先行者优势"

货币市场基金采用摊余成本法计价，市场波动剧烈时基金净值并不能反映资产的真实变现价值。市场下跌基金份额面值大于基金资产净值时，如果投资者确信这种下跌是持续性的，甚至可能造成永久的损失，则会有强烈的动机先行赎回，由于此时仍可按高于净值的面值赎回，损失将由剩下的投资者承担。因此先执行赎回的投资者往往能以高于其市值的价格赎回资产从而获得"先行者优势"。

3. 投资者集中赎回容易导致流动性风险事件

货币市场基金机构投资者占比较高，对市场的预期及行动较为一致，市场预期恶化引发货币市场基金大规模赎回的情况下，货币市场基金管理人为了满足赎回要求，不得不抛售投资标的，抛售时投资标的价格的下跌，又进一步恶化市场预期，从而再次加剧货币市场基金的赎回，这样的恶性连锁反应将会引起"雪崩效应"，引发全面的流动性危机。

（三）与金融市场之间的风险传导

货币市场基金是参与者分享机构投资者短期收益的媒介，是联通资本市场与居民及其他机构投资者的金融工具。投资者购买货币市场基金，货币市场基金用资金买入返售和短期债券（中短期票据、同业存单），短期债券的发行方获得资金投入。由于短期融资关系着一个经济体获得短期流动性的能力，短期融资的利率也是一个经济体全部利率的定价基准，所以短期货币市场如果出现紊乱或者结构性失衡，将降低各机构获得短期资金的能力，给资金流通带来摩擦，还会对经济体的长期投资能力带来负面影响。

（四）货币市场基金扩容对金融市场流动性的影响

1. 货币市场基金扩容加剧银行负债脱媒

货币市场基金为居民及其他机构提供了高流动性、高收益的产品，相较于银行存款更具吸引力，造成银行存款的分流，使得银行不得不依靠提高存款利率、发行理财产品、拉长定期存款期限等方式，以较高成本吸收资金，这进一步抬高了整个金融体系的负债成本。

2. 货币市场基金在同业套利中的作用

由于货币市场基金具有避税效益，相比于其他表内资产，货币市场基金在流动性和收益率方面更具吸引力，银行通过发行短期同业存单，然后投资到货币市场基金，来赚取价差，而货币市场基金用拿到的资金买入收益率更高的同业存单或者债券，拉长了同业套利链条的同时，也造成了同业空转。

此外，银行购买货币市场基金多基于调节流动性的考虑，一般于季初申购基金，季末赎回资金，转换成存款，调节资产负债表，这种模式会给金融体系季末的流动性带来很大的不确定性。如果银行季末回笼资金后不进行放贷等资金投出，那么整个经济体获得资金的成本将面临较大波动，市场基于不稳定的预期，对长期资金的投入意愿也会降低。

三、重点风险关注之负偏离与流动性风险

货币市场基金的赎回压力主要来源于以下四个方面：一是货币市场基金定位于现金管理工具，当市场资金紧张时，机构投资者会选择赎回货币市场基金以应对自身流动性压力，这点较为普遍；二是货币市场基金收益率过低也会产生赎回压力。对个人投资者来说，货币市场基金和银行发行的短期理财产品在收益特征方面具有较多相同点，因此银行理财等也是投资者选择货币市场基金时比较的对象；三是货币市场基金投资范围限制较多，主要集中在高流动性的债券资产和存款等，但如果持有的债券资产发生信用风险，将会导致赎回压力；四是股市大跌导致市场风险偏好快速降低，股市资金快速流入货币市场基金，那么当股市大涨时，相应地资金也会从货币市场基金流入股市，2006年年中便出现过类似情况。

为避免采用摊余成本法计算的基金资产净值与按市场利率和交易市价计算的基金资产净值发生重大偏离，监管机构在货币市场基金估值体系中引入了影子定价，摊余成本法估值结果和影子定价估值结果的差异被称作偏离度。2015年《货币市场基金监督管理办法》规定了不同偏离度情况下基金管理人的措施，具体如下：

（1）当影子定价确定的基金资产净值与摊余成本法计算的基金资

产净值的负偏离度绝对值达到 0.25% 时，基金管理人应当在 5 个交易日内将负偏离度绝对值调整到 0.25% 以内。

（2）当正偏离度绝对值达到 0.5% 时，基金管理人应当暂停接受申购并在 5 个交易日内将正偏离度绝对值调整到 0.5% 以内。

（3）当负偏离度绝对值达到 0.5% 时，基金管理人应当使用风险准备金或者固有资金弥补潜在资产损失，将负偏离度绝对值控制在 0.5% 以内。

（4）当负偏离度绝对值连续两个交易日超过 0.5% 时，基金管理人应当采用公允价值估值方法对持有投资组合的账面价值进行调整，或者采取暂停接受所有赎回申请并终止基金合同进行财产清算等措施。

货币基金须在季报、半年报和年报中披露报告期内偏离度相关情况，目前披露内容包括偏离度绝对值在 0.25%~0.5% 的次数、报告期内偏离度最高值和最低值、每个交易日偏离度绝对值的简单平均值。

四、重点风险关注之未来利率市场化对货币市场基金的可能影响

（一）利率管制放开对货币市场基金规模的冲击

从规模上看，在利率市场化的初期，大部分海外国家的货币市场基金在利率市场化之后依然稳步增长，并没有受到与商业银行竞争的影响，反而不断增长。因为在国外利率市场化进程中，存贷款利率一般先上升后回落，导致银行资金成本增加，市场份额不断被占据。到了市场化中后期，因为竞争力较小的银行都被淘汰了，多元经营的

大型商业银行可以用相近的利率与货币市场基金竞争，甚至在基准利率较低、对货币市场基金不利的情况下压制货币市场基金的发展。自1980年美国利率逐步完成市场化以来，货币市场基金规模稳步上升直至2000年，在此期间，储蓄存款的规模较为平稳甚至略有下降，和经济走势一致。2000年后，存款规模稳步上升，而货币市场基金则波动较大，可以看出，此时货币市场基金和存款的竞争较为激烈。到了2008年金融危机后，货币市场基金规模甚至被存款压缩（见图5-9）。

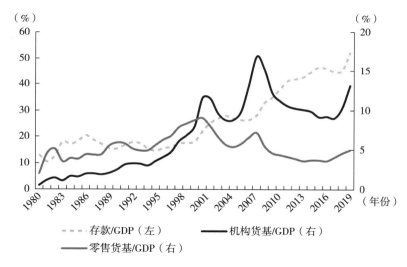

图5-9　美国储蓄存款和货币市场基金份额变化

资料来源：Wind。

（二）存款与货币市场基金的跷跷板效应

在利率完全市场化后，存款和货币市场基金就有相互替代的作用，而不仅仅是货币市场基金吸收存款。虽然一开始货币市场基金整体上稳步发展，但在货币市场基金规模小幅下行时，存款一般也会上升。而发展较为稳定后，利差逐步缩小，货币市场基金的高收益优势也逐步减小，二者基本持平，规模随着市场波动此消彼长，尤其是在货币市场基金利率较低且风险增加的时候。比如 2000 年以来，美国货币市场基金和储蓄存款大致呈跷跷板的特点。2002—2004 年，货币市场基金规模小幅下滑，存款则是小规模上升；2004—2008 年，货币市场基金因和商业银行购买高收益的次级债的缘故，收益增加，规模大幅上升，而存款则下降；2008 年以后，货币市场基金因为雷曼兄弟破产等连锁事件遭到挤兑，而后美联储降低利率，证监会加强监管，使货币市场基金不再是所谓"低风险、收益可观"的产品，规模大幅下滑，在此期间，存款规模逐年上升，此消彼长尤为明显。直至 2018 年，二者才同时增加。可以看出，存款和货币市场基金作为互补产品，存在替代作用。

（三）货币市场基金对基准利率的敏感度增加

因为利率市场化，不同类型债券利率的走势将大部分和中央银行规定的基准利率一致，否则机构投资者会套利。基准利率往往也是受政策调控影响，是央行的主要操作目标。比如美国选择了联邦资金利率（同业隔夜拆借利率）作为基准利率，美国货币政策在利率市场化后也以联邦基金利率为短期调控目标。在利率市场化后，美国国债、AAA 级企业债收益率走势均和联邦基金利率一致。虽然利率市场化可以使监管和调控更加全面，但是对货币市场基金而言，政策利率对它的影响更大。

当基准利率上升时，央行为了维持物价稳定，一般会采取限制性的货币政策，进而影响回购利率、贷款利率等，从而使货币市场基金收益率升高。比如美联储会通过提高利率和在公开市场上出售国债来从系统中回笼资金。它还通过提高银行储备金来将资金从系统中回笼，并提高美联储的贴现窗口借款利率以满足更高的准备金要求。随着贷款利率上升，债券和票据的利率也上升，货币市场基金投资的短期票据等也会给它带来更高收益。相反，当经济衰退时，所有利率都会下降，货币市场基金的收益率也会下降。

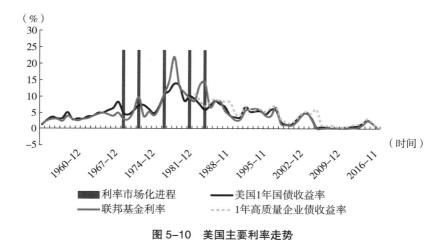

图 5-10　美国主要利率走势

而在 2008 年金融危机期间以及新冠肺炎疫情期间，美联储采取的扩张性货币政策使利率降到非常低，对货币市场基金造成更大的影响。极低的有效联邦基金利率会减少货币市场基金的收入，甚至投资组合的收益率已达不到基金管理人通常收取的费用。进一步减少有效的联邦基金利率可能会导致额外的收入损失，低收益率也可能导致一些投资者从货币市场基金中赎回资金。此外，专注于国库回购的货币市场基金因为通过回购协议融资，如果收益率太低甚至会倒闭。为了应对低利率的政策利率，货币市场基金通过投资风险较高的资产类别来改变产品供应，并降低向投资者收取的费用以挽留投资者。

(四)加速改变货币市场基金监管方向和方式

虽然存贷款替代产品越丰富,利率市场化的需求也就越迫切,利率定价的基础也越牢固,但是过于复杂的金融产品也会加大市场风险,在缺乏监管时会引发危机。对于丰富的产品,为了防止"金融脱媒"的现象加剧,改变监管方式势在必行,而货币市场基金作为存款的一大替代品,对其的监管方式也会加速改变。比如利率市场化使海外商业银行追求高收益,商业银行通过购买次级债等方式绕过监管,从而导致了美国 2008 年的金融危机,暴露出综合性金融业务的监管不足。同时,货币市场基金方面,雷曼兄弟的倒闭引发货币市场基金大规模赎回,发生投资者挤兑,也推动了货币市场基金制度的改革,机构类货币市场基金改用市值法估值,增加赎回门槛、多元化要求和压力测试等。因此,为了防范初步放开利率管制带来的波动率风险,相应的保障措施也会实施,甚至将提前改变货币市场基金的监管格局。

第四节 金融机构应对:系统性风险防范模式

一、防范投资组合风险

由于流动性风险往往源自投资组合风险,因此防范流动性风险首先要对货币市场基金的投资行为进行约束。具体来说,货币市场基金的投资组合应具备高评级、强分散、短久期、低杠杆的特征。

（一）信用评级

信用评级是基金资产质量的直接体现。通常来说，高评级债券比低评级债券具有更低的违约风险，同时出现估值风险的概率也较小。

中美两国监管机构均禁止货币市场基金投资低评级债券。美国对货币市场基金投资对象的评级要求是最高的两个评级，即不低于A2/P2/F2。中国证监会2015年颁布的《货币市场基金监督管理办法》则将货币市场基金投资对象评级限定在AA+及以上。当然，减少对外部评级的依赖是抵制道德风险的重要举措。高外部评级并不能确保低风险，雷曼兄弟破产前拥有高评级，这使得外部评级机构的公信力受到质疑。仅以信用评级来界定投资范围，也可能会导致投资经理的道德风险。SEC在2015年要求不再简单地以外部评级来划定货币市场基金可投资范围，而是由SEC设置统一的评估标准和程序，最终由货币市场基金自行评估其投资组合是否具有"最小信用风险"。[①]尽管各机构的评估结果有差异，但如果严格执行标准的评估程序，实际上很少会把高风险资产纳入投资组合。

（二）集中度

对投资比例的限制意在降低单一发行人违约对整个投资组合造成的冲击。通常货币市场基金在负偏离度达到0.5%时，须根据影子价格下调单位净值，这可能导致货币市场基金跌破面值。

---

① 参见 *Removal of Certain References to Credit Ratings and Amendment to the Issuer Diversification Requirement in the Money Market Fund Rule*, Release No. IC-31828. 该法案要求货币市场基金在信用风险评估时必须遵循统一的客观标准，例如须全面考虑相关影响因素（法案提供了列表）、有条件的含权债需要同时评估短期和长期信用风险、及时跟踪监测等。

雷曼兄弟破产时 Reserve Primary Fund 持有其 7.85 亿美元的商业票据，占组合总资产的 1.26%，债券面值减至 0 使负偏离度很快超过 0.5%。尽管 Reserve Primary Fund 较低的持仓未能避免在极端情况下"跌破面值"，但其最终能以 97 美分兑付也足以证明低集中度有助于减少损失。

在 2010 年改革中，SEC 将货币市场基金投资组合的集中度进一步降低。评级为 P2/A2/F2 的债券总持有比例上限由 5% 降至 3%，其中单一发行人占比不得超过 0.5%（原为 1% 和 100 万美元中的较高者），很明显是为了避免再次出现单个发行人破产导致"跌破面值"的极端情形。而对于最高评级的债券（P1/A1/F1），单一发行人的集中度则不得超过 5%。

中国货币市场基金的组合集中度限制较美国更为宽松，但也呈现出进一步收紧的趋势。2004 年《货币市场基金管理暂行规定》将货币市场基金单一发行人集中度限制在 10% 以内。流动性管理新规进一步增强了对货币市场基金投资低评级债券的比例限制，货币市场基金投资主体评级低于 AAA 的机构发行的金融工具占基金净值的比例合计不得超过 10%，其中单一机构比例不得超过 2%。

（三）组合期限

长久期的投资组合，在利率风险面前往往会面临更大的资产价格波动。将货币市场基金的组合期限限制在较低水平，既可以降低组合整体风险，也是提高流动性的必要条件。

美国对货币市场基金的组合期限限制非常严格。2010 年以前，美国货币市场基金的加权平均剩余期限（WAM）上限为 90 天，在

2010年改革中被缩短为60天，同时引入新监管指标加权平均剩余存续期（WAL），上限为120天。

中国的货币市场基金在组合期限方面的约束相对较小。《货币市场基金管理暂行规定》要求货币市场基金投资组合的WAM不得高于180天，2015年出台的《货币市场基金监督管理办法》进一步将WAM限制到120天以内，同时借鉴美国两轮改革的经验引入WAL，上限为240天，见表5-1。

表5-1 中美货币市场基金期限指标

具体内容	美国货币基金2014年改革	货币市场基金监督管理	流动性新规
WAM	60天	120天	120天
WAL	120天	240天	240天

资料来源：SEC，中国证监会，天风证券研究所。

（四）基金杠杆与债券回购

高杠杆会放大收益和波动，因此货币市场基金对杠杆的使用往往受到严格限制。美国货币市场基金不能使用杠杆，中国货币市场基金的杠杆率上限最初参照公募基金为140%，在2005年下调为120%。

在货币市场上，货币市场基金通常充当资金融出方，交易对手风险近年来逐渐引起监管机构的关注。防范交易对手风险，一方面，需要交易对手本身具有较强的履约能力和意愿；另一方面也要求质押券具有较高的资质。

美国货币市场基金2010年改革对交易对手风险的防范措施进行了强化。质押物范围限定为现金类资产和政府类债券，同时要求基金董事会对交易对手的资质进行审查。中国监管机构对货币市场基金交易对手风险的重视始于2015年的《货币市场基金监督管理办法》，在

2017年的流动性新规中得到了全面体现。流动性新规要求交易对手方为私募类资管产品时，同时质押品应在货币市场基金投资范围内。这一点避免了由于逆回购的交易对手方强行违约而质押品资质又明显不符合货币市场基金投资范围，导致基金可能受损的情况。2017年也发生过货币市场基金与专户通道的质押式回购违约事件。

二、防范流动性风险

流动性风险的实质是赎回请求超过资产变现能力，因此防范流动性风险主要从提高资产变现能力和限制赎回请求两方面入手，同时，在极端情况下，政策也允许货币市场基金寻求外部支持。

（一）提高资产变现能力

为应对投资者的大额赎回请求，管理人需要确保基金资产能够以合理价格及时变现。货币市场基金投资组合变现能力的监管指标主要有日流动性资产比例、周流动资产比例、流动性受限资产比例。

美国货币市场基金在2010年改革以前仅对日流动资产进行监控，日流动资产被限定在基金资产净值的10%以上。2010年改革对周流动资产和流动性受限资产的比例进行限制，以增强投资组合的流动性。保持充足的周流动资产以及有限的流动性受限资产可以使投资组合的流动性分布更加均匀，避免出现日流动性资产耗尽之后仅剩长期资产而导致流动性完全枯竭的极端情形。

中国货币市场基金在2015年以前流动性监管指标相对较少，2015年《货币市场基金监督管理办法》同时引入了针对日流动资产、周流动资产以及流动性受限资产的监管指标。《公开募集开放式证券投资基金流动性风险管理规定》(以下简称"流动性管理新规")进一步将非流动资产比例降至10%,见表5-2。

表5-2 中美货币市场基金流动性监管指标

具体内容	美国货币基金2014年改革	《货币市场基金监督管理办法》	流动性管理新规
非流动性资产	5%	30%	10%
日流动性资产	10%	5%	5%
周流动性资产	30%	10%	10%

资料来源:SEC,中国证监会。

(二)限制赎回

货币市场基金采用摊余成本法计价,在市场下跌时基金份额面值大于基金资产净值,先赎回的投资者可以按面值赎回(刚兑特性),后赎回者承担全部损失。赎回的先发优势激发了投资者的赎回冲动并形成恶性循环(踩踏)。

鉴于摊余成本法计价的缺陷,货币市场基金开始走向市值化。美国在2014年改革中,SEC要求机构类优先型货币市场基金使用净值法计价,只有零售类和政府类的货币市场基金可以继续使用摊余成本法。中国的货币市场基金也出现了市值化计价的趋势。流动性管理新规开始尝试打破定制类货币市场基金的刚兑特性,如果需要采用摊余成本法,基金资产必须保持更高的流动性。在市值法下,基金净值等于基金资产的真实价值,不存在摊余成本法下的"套利空间",从而降低了传统货币市场基金下的"先行者优势"。同时,由于不用保持1元面值,基金净值的正常波动不会像货币市场基金"跌破面值"那样引发恐慌。

　　流动性管理工具意在提高管理人应对大额赎回的能力，主要包括赎回限制和赎回费用。美国2014年改革赋予基金董事会两项权力：赎回费用和赎回限制。具体来说，当周流动资产低于30%时，货币市场基金管理人可以选择征收2%的赎回费用，或直接暂停赎回10个工作日（每90天之内）；当周流动资产低于10%时，货币市场基金应当对所有的赎回征收1%的费用。赎回费用和赎回限制适用于所有优先型MMF（包括免税MMF），政府MMF也可以参照上述要求实施（见表5-3）。一方面，赎回费用将赎回带来的损失（比如抛售债券的损失）在投资者之间进行更加公平的分配，另一方面，赎回成本的增加也有助于降低赎回量。暂停赎回有助于避免投资者在避险情绪下盲目赎回，削弱危机中的传染效应，降低突发事件对货币市场基金的冲击。

表5-3　美国货币市场基金2014年改革中的限制赎回措施

基金类型	NAV	赎回费用	赎回限制
机构优先型MMF	浮动	周流动资产低于30%，可选择征收不高于2%的赎回费；周流动资产低于10%，对每笔赎回须征收1%的赎回费	周流动资产低于30%，货币市场基金可暂停赎回10个工作日（90天内）；周流动资产低于10%，货币市场基金若决定清盘，可选择永久停止赎回
零售优先型MMF	固定		
机构免税MMF	浮动		
零售免税MMF	固定		
政府MMF	固定	无	无

资料来源：SEC Release No. IC-31166。

（三）外部支持

　　如果货币市场基金因集中赎回出现了全市场流动性紧张的局面，就需要引入外部支持以渡过流动性危机。全市场流动性紧张的局面在2008年的美国以及2016年底的中国均对货币市场基金造成了较大的流动性压力。在这种情况下，一方面，投资人回收流动性导致货币市场基金被赎回；另一方面，二级市场在流动性短缺的情况下很难进行资产的变现。即使是运转正常的货币市场基金，也会由于投资者的集中赎回而出现流动性危机。因此，极端情形下外部流动性支持就显得尤为重要。

外部支持的目的是防止出现流动性危机，并不意味着无条件刚兑。由于货币市场基金对于货币市场整体流动性至关重要，因此中美两国的监管机构允许货币市场基金在一定条件下寻求外部流动性支持。流动性支持可能意味着刚性兑付，与投资者自负盈亏、风险自担的理念相悖，因此仅适用于可能导致流动性危机的极端情形，同时要做好信息披露。《货币市场基金监督管理办法》仅允许在以下三种情形下管理人或股东可按不低于面值的对价从货币市场基金购买相关金融工具：（1）货币市场基金持有的金融工具出现兑付风险；（2）货币市场基金发生巨额赎回，且持有资产的流动性难以满足赎回要求；（3）货币市场基金负偏离度绝对值超过0.25%时，需要从货币市场基金购买风险资产。同时，发生上述事项后，需要在两个交易日内向证监会报告，并履行信息披露义务。

（四）信息披露

及时、准确的信息不仅能减少投资者与管理人之间的信息不对称，避免投资者的恐慌性集中赎回行为，还可以对管理人形成较强的约束，防止管理人的不当行为。美国货币市场基金需要在每月的第五个工作日之前在网站上发布上个月的持仓信息，公示期至少半年。同时，货币市场基金还需要每月向 SEC 报备每个基金的资产市值以及单位基金份额的影子价格。中国货币市场基金的信息披露制度也已相当完备，具体如表 5-4 所示。

表 5-4　中国货币市场基金信息披露相关规定

披露事项	披露方式
基金投资组合的平均剩余期限	定期报告
对于偏离度的绝对值达到或超过 0.5% 的情形	临时公告
每万份基金净收益和 7 日年化收益率	全国性报刊和管理人网站
资产支持证券明细	定期报告
单一投资者持有基金份额达到或超过基金总份额 20% 的情形	定期报告
涉及申购、赎回事项调整或潜在影响投资赎回的重大事项	临时公告
基金组合资产情况及流动性风险分析	年报、半年报
基金申购、赎回安排；拟投资市场、行业及资产的流动性风险评估；巨额赎回情形下的流动性风险管理措施；实施备用的流动性风险管理工具的情形、程序及对投资者的潜在影响等	募集说明书
前 10 名份额持有人类别、持有份额及占总份额比例	年度、半年报

资料来源：证监会、天风证券研究所。

三、货币市场基金规模约束与风险防范

（一）货币市场基金规模限制

《公开募集开放式证券投资基金流动性风险管理规定》要求"基金管理人应当对所管理的采用摊余成本法进行核算的货币市场基金实施规模控制，同一基金管理人所管理采用摊余成本法进行核算的货币市场基金的月末资产净值合计建议不超过该基金管理人风险准备金月末余额的 200 倍"。同时，对被认定为具有系统重要性的货币市场基

金，由中国证监会与中国人民银行另行制定专门的监管规则。

摊余成本法货币基金规模过大容易引发流动性风险。摊余成本法的"先发优势"以及机构资金的大进大出，特别是在风险事件发生时，将对货币市场甚至金融体系构成较大的扰动。实践中，基金公司出于规模考虑往往存在做大摊余成本法货币市场基金的倾向，这就需要基金管理人具有相匹配的流动性管理和风险应对能力。因而，当前条件下对货币市场基金规模进行限制有一定的必要性。

对货币市场基金规模限制的初衷是防范流动性风险，但从长远来看还是需要进一步提升货币市场基金本身的抗风险能力，而且从欧美监管实践来看，也没有限制货币市场基金规模的规定。

（二）摊余成本法的适用范围

摊余成本法本身的特点决定了货币市场基金具有刚兑属性。当基金资产公允价值低于账面价值时，只要不超出偏离度约束的范围，投资者仍然可以按账面价值赎回基金份额，而不需要承担相应的亏损。

刚兑属性会导致逆向选择和道德风险：投资者可能选择收益更高（而不是流动性管理能力更强）的产品，管理人倾向于在监管范围内挑选同等级债券中收益率更高（通常风险也更高）的投资品种。

摊余成本法应仅适用于低风险甚至无风险资产。即使是高等级信用债仍可能发生信用风险，例如雷曼兄弟破产前穆迪给出的信用评级是 AA，即仅次于最优的第二档评级。因此，从审慎角度出发，摊余成本法应当仅适用于国债、政策性金融债、政府支持机构债、货币市场工具。部分金融债和信用债也可以考虑纳入，但应当制定专门的标准，而不是仅依靠外部评级进行界定。目前欧美货币市场基金也呈这一趋势，欧洲货币市场基金只有政府固定资产净值基金可以使用摊余成本法，投资范围仅限于国债、存款、逆回购等。美国则是政府类货币市场基金和个人类货币市场基金可以使用摊余成本法。因此，既然摊余成本法不可避免地会导致逆向选择和道德风险，将投资范围加以更严格的限定从而在源头上防控风险，可能是更为现实的选择。

（三）风险准备金与规模约束

《公开募集开放式证券投资基金流动性风险管理规定》要求将货币市场基金规模与风险准备金挂钩。此处风险准备金的定位并不明确。《证券投资基金法》《公开募集证券投资基金风险准备金监督管理暂行办法》规定，风险准备金主要用于基金管理人因违法违规、违反基金合同等原因给基金财产或者基金份额持有人合法权益造成的损失。风险准备金属特定用途资金，基金管理人与托管人不得以任何形式擅自占用、挪用或借用。因此，如果以风险准备金约束货币市场基金规模是为了保证管理人的流动性支持能力，那么我们建议直接对基金公司的自有资金、资本实力进行约束。

第五节 监管部门应对：货币市场基金监管体系

一、2020年流动性危机开启海外货币市场基金监管新阶段

2020年3月，随着人们对疫情冲击的经济影响担忧加剧，美国

商业票据和存单市场已经出现压力迹象,避险情绪叠加机构投资者对现金需求的增加,优先型和免税型货币市场基金从3月第二周开始遭遇大规模赎回。其中,遭遇赎回最多的恰是机构优先型货币市场基金,这些基金早在2016年10月就采用了浮动资产净值。从3月9日起的两周内,960亿美元(约占资产管理规模的30%)资金从机构优先型货币市场基金撤出,挤兑的深度和速度已经达到2008年金融危机的水平。可以看出,虽然浮动资产净值的确为投资者提供了更高的定价透明度,但其本身并不能阻止挤兑的发生。

2020年12月,美国总统金融市场工作小组发布了《货币市场基金的近期事件和潜在改革方案概述》的报告,提出十项修改措施,并征求社会各界的意见。2021年6月,金融稳定委员会(FSB)也发布了《提高货币市场基金韧性的政策建议》的意见征求报告。目前,监管部门仍处在设计和意见征求阶段。

新阶段的监管改革大致包括:一是监管部门有意将每周最低流动性要求与有关设置赎回费用和门槛的决定脱钩。二是脱钩后需要增加流动性缓冲的灵活性,建议引入逆周期每周流动资产(WAL),即在正常时期,监管可能要求货币市场基金囤积更多的流动性,甚至超过30%,以备不时之需。而当危机发生时,每周流动资产最低要求可能会在某些情况下自动下降。三是提议施加资本缓冲要求,强调了从事"银行业务"的货币市场基金必须也要建立充足的资本金,增加事前损失吸收能力,减轻基金份额持有者的损失风险,以及他们在压力事件中赎回的动机。四是划定每个货币市场基金份额持有者最近余额的一部分,并规定只有在一段时间延迟后才能赎回,以确保赎回的投资者在一段时间内仍部分投资于基金。

二、货币市场基金监管体系

风险和收益是考量金融的两个重要尺度。金融企业的业务实质是风险的经营与管理，并在其中追求风险与收益的平衡。因此，金融的风险性是监管不可避免的重要因素。金融的监管继而成为一个国家或地区的金融监管当局对于金融市场和金融机构进行经常性的、全面性的检查、督促、稽核、处罚、协调的过程，以促进金融机构稳健经营和健康发展，维护金融系统稳定。一般而言，狭义的金融监管，是指中央银行或者金融监管部门根据法律赋予的权利，依法对整个金融业（包括金融机构以及其在市场上所有的业务活动）实施的监督管理。广义的金融监管是除上述监管之外，还包括金融机构的内部控制与审核、同业自律性组织的监管、社会中介组织的监管等。[①]

（一）宏观审慎监管

宏观审慎监管概念的提出，源于各国金融监管部门对 2008 年金融危机的总结和反思。全球金融危机后，各国意识到仅靠传统货币政策和监管框架，很难有效维护宏观经济和金融市场的稳定。2008 年以前，货币政策目标主要以通货膨胀和失业率等少数宏观经济变量为主，对资产价格是否纳入货币政策框架存在争议。当时以美联储主席格林斯潘为代表的主流观点认为：资产价格受到非理性因素的扰动，若使用货币政策直接调控会带来经济波动。在金融监管方面，主要聚焦于微观主体的指标是否满足监管要求，缺乏对金融体系的统一监

---

① 文婕. 金融风险与金融监管研究［M］. 长春：吉林人民出版社，2016：109.

管。监管部门对市场调节给予充分的信任，支持并鼓励金融创新。

金融危机爆发后，传统货币政策和监管缺位的弊端暴露无遗。由于"大稳健"期间长期的低通胀，使得货币政策在资产价格上行时没有及时调控，促使泡沫膨胀。刺破泡沫后又不得不大幅度宽松弥补经济损失，这一方面显著加剧了投资者的道德风险，另一方面也容易积累新一轮的泡沫。此外，对市场调节的过度迷信，导致金融监管缺位，鼓励了不适当的金融创新，造成高风险金融衍生品充斥市场。并且，仅约束单个金融机构的微观审慎措施，并不能带来宏观金融体系的稳健。金融体系具有极高的传染性，容易牵一发而动全身，过去的微观审慎监管框架，面对系统性金融风险无能为力。基于金融危机的教训，宏观审慎监管的概念被提出并付诸实践。

2008年以后，世界主要经济体开始建立宏观审慎框架。由于央行在监测金融体系运行上有天然的信息优势，各国不约而同地将宏观审慎监管的职能赋予央行，并强化央行在监管层面的职能和作用。国际货币基金组织（IMF）和金融稳定委员会（FSB）明确提出宏观审慎是央行的职责。

英国在2012年出台《2012年金融服务法》，设立审慎监管局和金融行为监管局。同时，英国央行还设立内部金融政策委员会负责存款机构、保险机构和大型投资机构的微观审慎监管。2016年英国央行将审慎监管委员会，货币政策委员和金融政策委员会作为央行核心架构，强化了宏观审慎监管的地位。在宏观审慎监管工具上，英国宏观审慎监管工具主要从调节资产负债表、交易条件以及市场结构三大领域进行设置。

美国于2010年出台《多德-弗兰克法案》，提高宏观审慎监管标准。通过设立金融稳定监督委员会、金融研究办公室、信用评级办公室等机构，强化美联储监管范围。在宏观审慎框架上，美国主要进行了四个方面的建设：一是颁布"沃尔克规则"，主要是对金融机构自营交易设定基本原则，以及限制商业银行投资经营，规定商业银行投资对冲基金和私募基金规模上限为一级资本的3%。"沃尔克规则"也设置了宽松的过渡期并给予监管部门较大的自由裁量权。二是建立监管协调机制，设定由美联储、证监会、财政部等重要金融部门最高领导组成的金融稳定委员会。委员会被赋予多项权利，包括指定和应用监管标准等。三是加强金融衍生品交易的监管，制定包括交易行为到清算过程在内的全面的监管机制。四是加强对投资者的保护力度，消费者金融保护局负责监管提供消费者金融服务的银行和非银机构。

（二）微观审慎监管

2008年金融危机以前，建立宏观审慎监管框架的国家不多。各国金融监管，以针对每一项业务的功能性监管较为普遍。这种监管模式，主要对微观金融主体的每一项业务设置风险指标和调节途径，只要能符合相关的风险指标要求，金融机构之间的业务就能正常运行，监管部门一般不对金融业务的系统性影响进行评估。

美国资本市场细分程度高，分为证券交易所市场、场外交易市场和私募股权市场三个层次。不同层次的资本市场不仅有明确的定位，而且市场之间的联通比较有效。美国金融监管则是采用分级分层的监管模式，监管主体各司其职。政府层面，美国证监会是最高的监管机构。行业层面，行业自律组织发挥重要作用。交易所层面的自律监管一般通过外包形式由外部公司承担。美国对于场内交易的监管是最为严格的，从交易市场规则、信息披露、证券经纪代理商行为等多方面进行严格监管。场外交易主要依靠行业自律组织，政府监管机构参与力度不大。

英国资本市场包括场内交易市场（伦敦证券交易所）和场外交易市场。在1997年的金融监管改革中，英国建立了金融服务管理局作为统一的监管机构，监管范围包含银行、证券和保险在内的金融部门。金融服务管理局具有较高的监管权限，英国议会赋予其调查权、执法权和起诉权。除此之外，还有其他监管部门，如财务报告委员会负责信息披露。相比于美国，英国的金融监管较为统一。

关于微观审慎监管与宏观审慎监管的比较见表5-5。

表5-5 微观审慎监管与宏观审慎监管的比较

项目	微观审慎监管	宏观审慎监管
监管理念	防范单一金融机构风险	防范金融系统风险
监管主体	各专业监管机构	中央银行或专设的金融监管协调机构
监管方式	静态监管、事后控制	动态监管、全程控制
功能作用	在金融体系内易产生负外部性	可将负外部性内部化
风险模式	认为风险是外生的	认为风险是内生的
机构间风险关联性	不相关	密切相关
监管范围	每家监管机构关注自身职责范围内的风险	游离于金融监管体系之外的风险，如金融衍生品和影子银行
审慎控制衡量标准	以单个金融机构为单位实行自下而上的衡量方法	以整个系统范围为单位实行自上而下的衡量方法

（三）审慎监管与行为监管

行为监管的核心是监管机构通过制定公平交易、反欺诈、个人隐私保护、充分信息披露、消费争端解决、反不正当竞争、弱势群体保护、广告行为、合同规范、债务催收等规定，保护消费者的安全权、知悉权、选择权、公平交易权、索赔权、受教育权等各项合法权益的监管机制安排。同时，行为监管包括对各市场参与机构的市场交易行为的监管，从这一点上可以看出，行为监管与金融消费者保护有一定区别。[①]

2008 年金融危机爆发前，全球各主要国家普遍奉行"风险为本"的微观审慎监管理念。以银行监管为例，资本充足率（Capital Adequacy）、资产质量（Asset Quality）、管理能力（Management Ability）、盈利水平（Earnings Performance）、流动性（Liquidity）和市场风险敏感度（Sensitivity of market risk）等六个方面，简称"骆驼"（CAMELS）的监管评价体系是为国际普遍公认的，能够有效判断银行机构是否健康、能否可持续发展的基础分析模型。然而，金融危机的爆发暴露出诸多重大问题，其中之一就是仅仅采用微观审慎监管不足以对金融机构的行为起到有效的约束。不当的经营行为使得投资者的权益受到了侵害，加剧了金融市场的不稳定性。国际社会普遍认为，实现"双峰"监管，即建立并强化功能监管是对审慎监管在微观层面的有效补充，是危机后国际监管的改革趋势。

"双峰"监管由英国经济学家迈克尔·泰勒（Michael Taylor）于 1995 年率先提出。他认为，监管应着重于两大目标：一个是维护金融系统的稳定，一个是消费者保护，即"审慎监管 + 行为监管"的"双峰"模式（见表 5-6）。"双峰"监管的优势在于监管机构的权责可以得到明确的划分，既避免功能重复，又消除监管漏洞，可在很大

[①] 王庆华. 论行为监管与审慎监管的关系 [J]. 中国银行业，2014（5）.

程度上减少监管机构间的摩擦，提高金融监管效率。

表 5-6 行为监管与微观审慎监管的比较

项目	行为监管	审慎监管（微观）
监管目的	保护投资者合法权益	维护金融机构稳健运营
监管对象	金融机构经营行为	金融机构风险指标
监管出发点	降低信息不对称	静态监管、事后控制
监管重点	金融市场需求方	金融市场供给方

（四）机构监管与功能监管

根据监管职能进行划分，金融监管可分为机构监管和功能监管两种模式。监管职能的划分与金融经营体制有一定的关联性，机构监管对应分业经营模式，是以金融机构法律地位来区分监管对象，并在金融机构所属的业务领域设置独立的监管机构，专门负责本领域的监管。其优势在于监管分工明确，专业性强，能够较为精准地防控单一金融领域的风险。但是由于各类机构监管标准不统一，无疑会造成监管差异，甚至诱发监管套利，不利于不同类型金融机构间的公平竞争。同时，由于缺少必要的监管协调机制，各监管机构间缺少有效信息共享，没有一个监管部门可以实现对系统性风险的监控与防范。

功能监管不以企业的法律地位区分监管对象，而是以企业的商业行为来判断监管边界，并以金融产品的性质及金融体系的基本功能来进行划分，不论这种功能由何种性质的机构行使。功能监管是一种对金融产品以及服务进行全链条穿透式的监管模式，不仅能够有效避免"监管真空""监管重叠"以及"监管套利"等机构监管所造成的缺陷，而且，由于采用统一的监管标准，能有效提高金融监管的公平性。但是，随着金融创新日趋活跃，金融产品的边界越来越难以区分，所以，能够界定区分产品边界成为有效功能监管的前提。随着混业经营的发展，为加强功能监管提供了合理逻辑，但机构监管仍有存在的必要（见表 5-7）。

表 5-7 机构监管与功能监管的比较

项目	机构监管	功能监管
监管对象	金融机构	金融产品
监管方式	对金融机构"纵向"监管	对金融产品全链条穿透式"横向"监管
监管标准	标准不统一，易出现"监管套利"	标准统一，提高金融业公平竞争
监管成本	低	高
监管效果	难以对跨市场金融创新产品实施监管	很大程度上解决混业经营下的监管权责归属问题

三、中国货币市场基金监管体系及改革趋势

我国金融监管体制改革曾经历了四个阶段。1978 年前，我国不存在除中国人民银行外的其他金融机构，主要由央行负责金融业务的管理与经营，即"大一统"金融体系。1978—1982 年间，我国相继建立或恢复了四大国有商业银行、中国人民保险公司、中国国际信托投资公司等金融机构，彼时监管更多地采取行政监管，专业性的监管手段相对较弱。1982—1992 年，中国人民银行作为中央银行的监管职能分离，金融监管职责开始专门化，标志着中国中央银行金融监管模式的确立。但随着市场经济体制改革稳步推进，我国专业性金融监管机构相对缺失的问题逐渐凸显出来。1993 年之后，"一行三会"即中国人民银行、原中国银行业监督管理委员会、中国证券监督管理委员会和

原中国保险监督管理委员会构成了中国金融业分业监管的格局。①

为进一步深化金融监管体制改革，解决监管体制中存在的职责不清晰、交叉监管和监管空白等问题，2018年"两会"通过了国务院机构改革方案，将原银监会和原保监会进行职责整合，组建中国银行保险监督管理委员会，作为国务院直属事业单位。同时，将原银监会和原保监会拟定银行业、保险业重要法律法规草案和审慎监管基本制度的职责划入中国人民银行。②这项改革方案宣告宏观审慎政策权限已基本划入央行，标志着以央行担当宏观审慎监管职能、银保监会专职微观监管的"双支柱"体系基本建立。而宏观与微观之间，以及"一行两会"与其他有关部门间的协调则由国务院金融稳定发展委员会负责，共同构成"一委一行两会"的金融监管体系。

此次机构改革后，央行负责宏观审慎监管，银保监会负责微观监管、功能监管、行为监管、机构监管，国务院金融稳定发展委员会则强化了宏观审慎监管和系统性风险防范职责，这是我国金融改革的大势所趋，中国式"双峰"监管模式雏形初现。此次机构改革是深化金融监管体制改革的重要一步，意在强化综合监管，优化监管资源配置，更好地统筹系统重要性金融机构监管，逐步建立宏观微观相结合、符合现代金融特点、有力有效的现代金融监管框架。

从当前趋势来看，改革一方面更加强调跨部门协调及信息共享，无论是从建立"一委一行两会"的监管架构，还是从协同规范机构行

---

① 王志成，徐权，赵文发. 对中国金融监管体制改革的几点思考 [J]. 国际金融研究，2016（07）：33-40。
② 中国共产党第十九届中央委员会第三次全体会议通过的《深化党和国家机构改革方案》。

为的要求来看，都强调了协调和统筹的监管主线，另一方面，从业务资产端、资金端和业务模式层面穿透市场行为，从业务源头化解高风险。

（一）中国货币市场基金监管体系

近年来，我国货币市场基金规模迅速扩张，其潜在风险不容忽视。在当前规范金融市场机构行为、推进金融市场平稳健康运行的大背景下，我国金融监管部门制定了一系列针对货币市场基金发展的监管性文件，通过宏观审慎与微观审慎相结合的方式，贯彻机构监管与功能监管的理念，引导并规范市场行为，防范货币市场基金产生系统性金融风险。

1. 宏观审慎监管

我国对于货币市场基金的监管，过去主要是由证监会采用微观审慎监管的模式，将货币市场基金作为一种理财产品进行监管。

2016 年以来我国货币市场基金规模迅速扩张，2018 年 9 月末货币市场基金净值达到了最高峰 8.26 万亿元，2019 年货币市场基金规模有所下降，但 2019 年末货币市场基金净值仍然达到了 7.12 万亿元。其中，天弘基金余额宝 2019 年末规模达到 1.09 万亿元，是全球最大的货币市场基金。

从市场供求角度看，货币市场基金的爆发式增长有其合理性，但潜在的风险也不容忽视。如果不将货币市场基金纳入宏观审慎管理的框架，可能形成新的监管套利空间，不仅会削弱监管政策的有效性，也会加剧市场的扭曲。因此，从宏观审慎、防范系统性风险的角度对货币市场基金进行监管显得尤为重要。

2018年1月,中国人民银行完善了货币供应量中货币市场基金部分的统计方法,调整了广义货币供应量(M2)的统计口径,用非存款机构部门持有的货币市场基金取代货币市场基金存款(含存单)。此次口径调整扣减货币市场基金存款(含存单)后,并非加入全部货币市场基金规模,而是加入非存款类部门持有的货币市场基金规模。这种方法有效避免了重复计算问题。也就是说,存款类金融机构持有货币市场基金,资金主要来自居民、企业或者非银行存款,已经在既有M2的统计口径范围内。

央行对M2的统计主要基于社会现实和潜在的购买力。货币市场基金存取灵活,有的基金甚至具有部分支付结算功能,部分货币市场基金高度货币化。随着市场的发展,银行的资金端结构变得愈加复杂,部分活期存款从银行体系流失,转而购买收益率更高的货币市场基金,再通过协议存款或同业存单等渠道回流银行体系,拉长了负债链条,造成负债成本升高。将企业和个人持有的货币市场基金直接纳入M2的统计口径中,有利于加强金融监管,防范系统性风险的发生。

此次M2统计口径调整顺应了市场发展需要,也有助于完善货币供应统计,使得M2这一统计指标更加准确地反映社会的现实以及潜在购买力。此次M2口径调整中首次纳入了除银行存款以外的项目,体现了监管层面对表外信用派生机制的重视,同时也标志着以央行为核心的宏观审慎监管框架的进一步完善。

2. 微观审慎监管

伴随着规模的快速扩张,我国货币市场基金业务风险点逐步呈现,例如盲目扩张规模、为追求收益率忽视交易对手资质、年底货币市场基金冲量以提高规模排名等行为都为市场带来了潜在的风险。这些潜在的风险因素，叠加利率风险，导致2016年底出现较大规模货币市场基金流动性风险，也让监管机构和整个行业进一步反思货币市场基金作为流动性管理工具的基本属性，以及如何建立基于防范流动性风险为出发点的货币市场基金内控体系。因而，进一步规范货币市场基金的流动性管理，防范规模波动引发的系统性风险成为监管机构和行业的共识。

针对货币市场基金在微观层面可能存在的风险，监管当局推出了一系列监管文件。2016年证监会和中国人民银行联合出台了我国货币市场基金框架性监管文件《货币市场基金监督管理办法》（以下简称《办法》）。《办法》对货币市场基金的投资范围、投资比例、组合久期、发起方的资本金以及流动性资产的比例均做出了要求。在此基础上，2017年10月中国证监会宣布实施《公开募集开放式证券投资基金流动性风险管理规定》（以下简称《规定》）。《规定》对单一或前十大投资者比例超过50%的货币市场基金在投资比例、组合久期、风险准备金、申购赎回限制等方面提出了更高要求。2018年4月，中国人民银行、银保监会、证监会、外汇局联合印发了资管新规。资管新规目的在于统一同类资产管理产品监管标准，解决资管行业存在的多层嵌套、杠杆不清、监管套利、刚性兑付等问题。2018年6月，央行与证监会共同出台了《关于进一步规范货币市场基金互联网销售、赎回相关服务的指导意见》（以下简称《意见》)，通过对货币市场基金互联网T+0赎回设限加强了消费者权益保护。2018年7月，央行发布了《关于进一步明确规范金融机构资产管理业务指导意见有关事项的通知》（以下简称《通知》)，对资管新规执行细节进行了进一步的说明和规定。以上文件均为货币市场基金的功能性监管文件。作为我国货币市场基金的直接监管机构，证监会对其在微观层面上具有审慎监管职能。

（1）《货币市场基金监督管理办法》构建了货币市场基金监管框架。2015年底，在互联网平台推动货币市场基金规模快速增长的背景下，央行与证监会共同推出的《办法》目的在于更加有效地处理好货币市场基金创新发展与风险防范的关系。《办法》是在2004年施行的《货币市场基金管理暂行规定》（以下简称《暂行规定》）基础上修订完成的，它进一步完善了货币市场基金的投资范围、期限和比例设定，强化了货币市场基金对组合的风控，对货币市场基金流动性管理做出了制度性安排，对摊余成本法下的货币市场基金影子定价、偏离度等进行了设置。这是货币市场基金微观审慎监管的基础性文件，也是对基金公司管理货币市场基金运营进行行为监管的框架性文件。

《办法》从以下四个方面对货币市场基金提出了监管要求：

一是高度重视信用风险，重新梳理了货币市场基金允许投资的范围。货币市场基金可以投资于已进入最后一个利率周期的浮息债、信用等级在AA+以上的债券与非金融企业债务融资工具。这项规定统一了债券等金融工具的信用评级标准，相比之前的规范性文件，债项评级要求略有放宽。规定从体制机制和管理手段上对信用风险进行了控制，体现了监管机构对潜在信用风险的审慎管理及对不发生系统性风险的底线要求。

二是更加重视流动性，增加了"货币市场基金应当保持足够比例的流动性资产以应对潜在的赎回要求"。提高流动性资产的占比主要是为了提高货币市场基金应对赎回压力的能力。《办法》中规定，现金、国债、中央银行票据、政策性金融债券以及五个交易日内到期的其他金融工具占基金净值的比例合计不得低于10%。此外，通过借鉴美国经验，建立了"强制大额赎回费用"机制。《办法》规定，在组合估值的偏离度为负的情况下，当货币市场基金流动性资产低于法定比例时，基金管理人应当对当日单个基金份额持有人申请赎回基金份额超过基金总份额1%以上的赎回申请征收1%的强制赎回费用，并将上述赎回费用全额计入基金财产。以上监管措施加强了货币市场基金的流动性风险管理，从源头上降低了货币市场基金的赎回压力。

三是从严控制久期与偏离度，增加了货币市场基金投资组合平均剩余期限不得超过120天、平均剩余存续期不得超过240天的规定。为了保护货币市场基金投资者和避免极端情况对货币市场基金管理的冲击，《办法》中对影子定价确定的基金资产净值与摊余成本法计算的基金资产净值偏离度进行了更加明确的规定。《办法》提出，当影子定价确定的基金资产净值与摊余成本法计算的基金资产净值的负偏离度绝对值达到0.25%时，基金管理人应当在5个交易日内将负偏离度绝对值调整到0.25%以内；当正偏离度绝对值达到0.5%时，基金管理人应当暂停接受申购并在5个交易日内将正偏离度绝对值调整到0.5%以内。同时，《办法》用严控久期与偏离度的方式对货币市场基金的风险进行了约束，若债市表现不佳，市场价格持续大幅度下跌，带来明显的负偏离时，基金公司需要自行垫付这种潜在的损失。在这样的规定下，货币市场基金将没有动力持有风险较大或者估值风险较高的资产。

四是明确了货币市场基金极端风险的处理预案。《办法》规定，遇到下列情形之一的，基金管理人及其股东在履行内部程序后，可以使用固有资金从货币市场基金购买金融工具：1）货币市场基金持有的金融工具出现兑付风险；2）货币市场基金发生巨额赎回，且持有资产的流动性难以满足赎回要求；3）货币市场基金负偏离度绝对值超过0.25%时，需要从货币市场基金购买风险资产。并且，基金管理人及其股东购买相关金融工具的价格不得低于该金融工具的账面价值。

总体来看，《办法》对货币市场基金从投资范围与投资限制、基金份额净值计价与申购赎回、宣传推介与信息披露、风险控制与法律责任等方面进行了规范，涵盖了货币市场基金监管的各个层面。此外，针对近年来迅猛发展的货币市场基金快速赎回业务，《办法》提出须处理好货币市场基金创新发展与风险防范之间的关系，这是证监会在微观审慎层面控制金融风险，协助完善宏观审慎监管框架的又一重要举措。

（2）《流动性风险管理规定》严控货币市场基金流动性风险。2015年以来，公募基金保持了持续快速的发展势头，在满足各类投资者资产配置需求的同时，为公募基金管理人在投资、交易、市场、运营、风控等方面带来了较大的压力。2017年出台的《规定》主要内容涵盖基金管理人内部控制制度等业务环节的规范，并针对货币市场基金的流动性风险监控做出专门规定，对基金管理人做好流动性风险管控工作提出了底线要求。这是继《办法》之后，证监会在货币市场基金微观审慎监管层面出台的又一重要文件，是对现有监管规则进行的全面查漏补缺，是监管当局严控金融机构市场行为的重要举措，有利于完善流动性风险管控机制。

《规定》的要点基本针对美国货币市场基金在金融危机中暴露出来的潜在风险：通过提高投资组合的安全性和流动性避免基金自身问

题导致的流动性风险；通过给予基金管理人延期或暂停赎回的权限避免投资者赎回风险；通过提高对管理人及其股东风险准备金的要求以防出现问题后股东丧失救助能力。

具体来看，《规定》主要在以下几个方面，对货币市场基金的投资运作、风险管理等进行进一步规范：

一是严格控制定制型货币市场基金的规模。首先，对于定制型的货币市场基金，流动性新规第二十八条规定："基金管理人新设货币市场基金，拟允许单一投资者持有基金份额比例超过基金总份额50%情形的，除应符合本规定第十四条要求外，还应当至少符合以下情形之一：（一）采用公允价值估值方法对基金组合资产进行核算估值，不得采用摊余成本法进行会计核算；（二）80%以上的基金资产需投资于现金、国债、中央银行票据、政策性金融债券以及5个交易日内到期的其他金融工具。"该条规定主要是为了防范货币市场基金在大额赎回中的流动性风险可能带来的潜在损失，但这同时大大降低了定制型货币市场基金的吸引力：如果产品采取公允价值估值，则货币市场基金短期可能会在净值上产生损失，不符合机构对货币市场基金的定位，可能无法通过机构的合规要求；而如果货币市场基金投资集中于第（二）条列示的工具，则产品收益率会明显降低。

此外，对于集中度较高的货币市场基金，流动性新规第三十条规定："当货币市场基金前10名份额持有人持有的份额合计超过基金总份额的50%时，货币市场基金投资组合的平均剩余期限不得超过60天，平均剩余存续期不得超过120天；投资组合中现金、国债、中央银行票据、政策性金融债券以及5个交易日内到期的其他金融工具占基金资产净值的比例合计不得低于30%。当货币市场基金前10名份额持有人的持有份额合计超过基金总份额的20%时,货币市场基金投资组合的平均剩余期限不得超过90天,平均剩余存续期不得超过180天;投资组合中现金、国债、中央银行票据、政策性金融债券以及5个交易日内到期的其他金融工具占基金资产净值的比例合计不得低于20%。"该条规定针对的是以机构投资者为主的货币市场基金,对于投资的限制也会对收益率造成一定影响。

二是控制单一公司管理货币市场基金的总规模。在货币市场基金规模方面,流动性新规第二十九条和第四十一条分别规定:"同一基金管理人所管理采用摊余成本法进行核算的货币市场基金的月末资产净值合计不得超过该基金管理人风险准备金月末的200倍""基金管理人风险准备金不符合本规定第二十九条的,不得发起设立新的采用摊余成本法进行核算的货币市场基金与单笔认申购基金份额采用固定期限锁定持有的理财债券基金,并自下个月起将风险准备金的计提比例提高至20%以上。"这对货币市场基金占比较高以及试图通过货币市场基金做大规模的基金公司有较大的影响。

三是控制投资比例,降低货币市场基金潜在风险。流动性新规第三十三、三十四条分别规定"货币市场基金投资于主体信用评级低于AAA的机构发行的金融工具占基金资产净值的比例合计不得超过10%,其中单一机构发行的金融工具占基金资产净值的比例合计不得超过2%。前述金融工具包括债券、非金融企业债务融资工具、银行存款、同业存单、相关机构作为原始权益人的资产支持证券及中国证监会认定的其他品种。货币市场基金拟投资于主体信用评级低于AA+的商业银行的银行存款与同业存单的,应当经基金管理人董事会审议批准,相关交易应当事先征得基金托管人的同意,并作为重大事项履行信息披露程序。""同一基金管理人管理的全部货币市场基金投资同一商业银行的银行存款及其发行的同业存单与债券,不得超过该商业银行最近一个季度末净资产的10%。"上述规定对货币市场基金投资比例做了相应限制,虽然使得货币市场基金整体收益率存在下行的可能性,但从源头上降低了货币市场基金的潜在风险,保护了投资人和基金管理公司。

《规定》作为《基金法》《办法》的配套性规范文件,重点解决两方面问题。一是根据最新市场情况与行业发展现状,对已有的监管规则进行全面的"查漏补缺",以问题为导向,进一步完善开放式基金流动性风险管控指标体系。二是要求基金管理人有针对性地建立完善的流动性风险管控机制,督促基金管理人强化自我风险管控,建立以压力测试为核心的流动性风险检测与预警制度,强化机构主体的风险管控约束机制。

3. 资管新规明确货币市场基金计量估值发展趋势

2018年4月出台的资管新规是规范商业银行资产管理业务的纲领性文件,也是对我国大资管行业进行管理的指导性文件。由于公募基金是资管行业的重要组成部分,资管新规在一定程度上也对未来货币市场投资工具的发展趋势进行了指引,而影响最为重大的是对开放式基金采用净值法计量的规定。

根据此前实施的《办法》,基金净值的计算可采用摊余成本法,即不使用基金投资标的的市场价值,而将投资标的以买入成本列示,按照票面利率考虑其买入时的溢价或折价,在其剩余期限内摊销,每日计提收益。一方面,这一估值方式回避了市场变化对产品净值带来的波动,因此深受投资者青睐;但另一方面,该方法具有隐藏损益的风险，基础资产的风险不能及时反映到产品的价值变化中。所以在不考虑市值偏离程度的前提下全部采用摊余成本法对其持有的固定收益资产进行估值是不够审慎的。

资管新规规定金融机构应当对资管产品进行净值化管理，金融资产应坚持公允价值计量的原则，鼓励使用市值计量。使用公允价值计量原则意在使资产管理产品能够及时反映市场波动对产品净值的影响，及时反映基础资产的收益和风险。一方面，这项规定有利于投资者充分认识货币市场基金可能带来的净值风险并提高风险承受能力；另一方面，也能使基金管理人充分考虑各类风险，防止货币市场基金"破净"，达到打破刚性兑付、防控风险的监管目的。估值计量方法的转变体现了宏观监管与市场微观行为相协调，用宏观政策指引金融机构及投资者微观行为的监管发展思路。随着资管新规细则的落地，我国总规模超过百万亿元的资管行业将步入统一监管时代，这也将推动资管发展重回行业本源，并有望重塑行业格局。

4. 对货币市场基金互联网"T+0赎回"设限，防范系统性风险并加强投资者保护

2018年6月，证监会与中国人民银行发布的《意见》对货币市场基金互联网销售、赎回行为进行了系统性的规范。其中，设置单日"T+0赎回"上限的要求成为市场关注焦点。这是为防范系统性金融风险，加强消费者保护而采取的重要举措，是证监会进行微观审慎监管和行为监管的措施之一。

《意见》主要从以下几个方面对货币市场基金互联网相关业务提出要求：互联网销售中，应落实"三强化、六严禁"的原则要求，强化持牌经营要求、基金销售结算资金闭环运作与同卡进出要求、基金销售活动的公平竞争要求。严禁非持牌机构开展基金销售活动、留存投资者基金销售信息、挪用基金销售结算资金,严禁基金销售结算资金用于"T+0 赎回提现"业务,严禁基金份额违规转让以及对基金实施歧视性、绑定性销售。对"T+0 赎回提现"实施限额管理。规范基金管理人和基金销售机构"T+0 赎回提现"业务的宣传活动。非银机构不得提供以货币市场基金份额直接进行支付的增值服务,不得为"T+0 赎回提现"业务提供垫资等。

穿透来看,所谓的"T+0 赎回"业务的实质是机构垫资。《意见》中明确,基金管理人和支付机构不能参与垫资,只能由符合条件的银行直接对终端客户进行垫资。此项规定更为清晰地界定了银行应当承担的职责,并直接对接资金供给方和需求方,降低了由于基金公司等中介方的参与而产生的信息不对称。对"T+0 赎回"额度设置一万元上限,其目的在于防止系统性风险发生,保护投资者安全,防止出现让广大中小投资者甚至普通消费者暴露于风险之中而不自知的现象。适当的限额管理有利于保护消费者的利益,并且有效控制极端情况下投资者的潜在损失。这是微观审慎监管手段在消费者保护领域采取的重要举措之一。

5.资管新规配套细则落地,资管产品监管标准统一化

2018 年 7 月 20 日,央行发布《关于进一步明确规范金融机构资产管理业务指导意见有关事项的通知》(以下简称《通知》)。同时,银保监会发布《商业银行理财业务监督管理办法(征求意见稿)》(以下简称"理财新规"),对资管新规执行细节进行了进一步的说明和规定。需要特别指出的是,资管新规配套细则对银行公募理财产品的估值方法、申购门槛以及投资范围等进行了补充说明和规定,或对货币

市场基金造成潜在冲击。

估值方法方面,《通知》规定,在过渡期内,银行的现金管理类产品在严格监管的前提下,暂参照货币市场基金的"摊余成本＋影子定价"方法进行估值。这意味着银行现金管理类产品可采用摊余成本法减轻净值波动压力,有助于增强产品的收益稳定性和吸引力,提升投资者的理财接受度,推动产品规模的扩大,也使货币市场基金面临的竞争加剧。

申购门槛方面,中国银保监会有关部门负责人就理财新规答记者问时提到,单只公募理财产品销售起点将由此前的5万元降至1万元。申购门槛的降低,有利于银行理财产品进一步拓展客户群体,或将对货币市场基金产生不小的冲击。

投资范围方面,就银行的现金管理类产品而言,其所受组合久期和投资范围的限制比货币市场基金更为宽松,甚至可以投资一些短期非标资产。这使得银行的现金管理类产品收益率将可能高于货币市场基金,或将进一步分流货币市场基金的需求。

总体来看,资管新规配套细则的落地,促进了资产管理产品监管标准的统一,推动了资产管理产品的公平竞争。在资管新规配套细则的影响下,未来货币市场基金可能会面临银行理财产品这一强大竞争对手的挑战。

四、中国货币市场基金监管体系的不足

当前中国货币市场基金的监管框架与其他国家基本一致,同样规定了可投资范围、投资集中度、流动性、杠杆、久期、风险控制等条

例，但标准设定与其他国家相比稍显宽松。比如在投资组合久期的要求方面，SEC规定美国货币市场基金以美元计算的组合加权平均剩余期限不超过60天，我国则放宽至120天。此外，美国货币市场基金在监管层面，除了规定货币市场基金的可投资范围（eligible security）外，还会同时定义日流动资产（DLA）和周流动资产（WLA），并对二者的持有占比进行明确规定。我国货币市场基金在流动性管理当中有提及现金、国债、央票、政策性金融债占比不得低于5%，现金、国债、央票、政策性金融债及五个交易日内到期的其他金融工具占比不得低于10%，一定程度上其实也与DLA和WLA的划分及比例要求相似。但我国对这类资产占比的规定相对较松，美国货币市场基金中DLA的占比不得低于10%，WLA的占比不得低于30%，要求远比我们严格。

不过监管部门对一些资产占比、久期、杠杆等比例线的约束，最终目的是防止流动性风险的出现和发酵，每个国家可以根据自身需求进行设定，不必完全遵照其他国家的监管设定。相对于这些"标准比例"的框架，我们认为国内货币市场基金在监管方面更应该侧重于监管的细化和明确性。比如我们看到美国SEC对货币市场基金的监管法案中，会对信用评级、各类名词定义等进行非常细化和审慎的阐明表述，以规避监管套利。国内监管法规在细化的处理上尚有不足，尚有一定的"漏洞"，可能导致监管套利的产生。

除了细化和明确性需要加强外，国内货币市场基金也面临海外货币市场基金共有的一个问题，即如何防范危机期间货币市场基金潜在的大幅赎回。参考美国的改革经验，设置赎回门槛、使用浮动资产净值其实并不能从根本上解决这个问题。更有效的方法还是在于正视货币市场基金的"银行本质",以监管银行的思维重新修改规定,比如更为频繁的压力测试、施加资本缓冲要求、设立最低在险余额等。

五、中国货币市场基金监管趋势与方向

近年来,我国资产管理行业规模发生跳跃式增长,包括理财、信托、基金、债券、期货、保险等在内的资产管理业务发展速度极快。未来我国对金融市场的监管需要立足整个资产管理行业,在构建宏观审慎监管框架的同时加强功能监管,按照资产管理产品的类型统一监管标准,实行公平的市场准入和监管原则,最大限度地消除监管套利空间,有效防控系统性金融风险。

微观监管层面,资管新规通过规定资产管理产品使用净值化管理,使得基金管理人充分考虑各类风险,从金融机构行为层面加强了监管,这也成为未来货币市场基金估值计量的重要发展方向。目前,货币市场基金沿用摊余成本法有一定的合理性,这是由于我国货币市场基金投资标的信用资质较高,整体违约率较低,使用摊余成本法的潜在风险有限。但也需要看到,摊余成本法下风险爆发与暴露时间点错位,隐匿了风险,极端情况下若市场大幅变动,先退出的投资者在刚性兑付条件下依照摊余成本法下的产品价格赎回,同时将积累的信用风险和市场风险传递给了尚未赎回资管产品的投资者,存在一定的不公平性和市场风险。因而从微观行为监管的角度来看,由摊余成本法向市值法转变有利于避免流动性风险。在传统摊余成本法货币监管趋严的情况下,浮动净值型/市值型货币市场基金有望成为货币市场基金转型的方向。目前浮动净值型/市值型货币市场基金整体处于

试点阶段。2018年及2019年浮动净值型/市值型货币市场基金的申请数量分别为34只及6只，其中共有6只浮动净值型货币市场基金于2019年第三季度成立。因此，货币市场基金未来有望向浮动净值型/市值型货币市场基金转型。

从宏观层面来看，我国尚未建立起完善的宏观审慎监管框架，各金融监管部门的信息共享及协调机制缺失，对于体量庞大的货币市场基金可能造成跨监管部门、跨市场、跨机构的潜在风险。要加强宏观审慎监管和强化健全金融监管体系，打击金融套利和资金空转的监管目标，这与十九大报告中对当前我国金融工作提出的"健全金融监管体系，守住不发生系统性金融风险的底线"的要求一脉相承。从防范系统性金融风险的角度看，在健全金融监管体系过程中，构建货币政策和宏观审慎政策双支柱调控框架是重中之重，而加强监管统筹与协调是实现宏观审慎管理的有效途径。2019年以来，央行有序引导市场整体利率下行，受无风险利率下降等因素影响，货币市场基金规模占公募基金总规模比例得到控制（2019年末占比48.19%），部分具备系统性影响的货币市场基金规模出现下降。因此，加强宏观审慎监管能够有效防控货币市场基金整体风险。

加强货币市场基金监管需要推进机构监管与功能监管相结合，有效划分金融监管机构的职责范围，调整优化监管资源配置，减少监管真空和监管套利。从国际经验来看，需要在统筹各类金融活动的基础上，强调金融业务的专业化监管，通过区分不同金融业务资金来源的性质划分不同业务领域，确定相应的管理办法和监管标准。货币市场基金经过几十年的发展，其监管落后于市场，监管标准不统一影响了市场的公平竞争。随着我国金融市场化程度的加深，我国货币市场基金需要加快推进监管体系的改革,科学划分监管业务领域,归口实施全业务领域垂直化、一体化、穿透式的专业监管。

此外,还需进一步完善投资者保护的制度安排,将投资者保护工作嵌入货币市场基金改革发展的各个链条和环节;进一步体系化地构建投资者权益损害赔偿体系,丰富投资者的调解及诉讼制度;开展投资者保护状态评价和检查工作,培育理性投资者队伍。监管机构可按照基金类别、投资者类别等进行分类监管,加强信息披露机制设计,做好投资者保护工作,营造良好的市场发展环境。

第六章

推进中国货币市场基金健康发展的政策建议

第一节　将短期理财产品统一纳入监管范畴

2021年6月,《关于规范现金管理类理财产品管理有关事项的通知》(以下简称《通知》)正式落地,现金管理类产品与公募货币市场基金之间的监管差异基本已被消除,按照新规整改的产品不得再投资非标准化债权类资产和低信用等级产品,且期限错配空间被明显抑制,预计过渡期之后的产品收益下行压力较大。

很多银行为了应对监管趋严对于现金管理类理财产品的收益下滑压力,开始在产品设计上往两个方向引导:一是发行7天、14天、30天最短持有期理财产品,做高收益率来引流,底层还是以买入成本法估值的PPN、非公开公司债、银行二级资本债和永续债、优先股为主,净值稳定、收益高;二是发行净值型的"双向T+1"理财产品,不算现金管理类,但是每天开放申购赎回,名义上是净值型,但底层却还是以私募债、银行二级债、永续债、优先股为主,净值增长非常稳定。这两类产品都不算现金管理类理财,不受新规约束,但是本质上和从前的现金管理类差不多。

如果类似上述的产品创新形式得到大力发展，可能使得原本的监管效力大打折扣，未来可能重新累积新一轮的隐性刚兑风险，因此我们建议，应该不拘泥于产品名称的限制，将短期理财产品统一纳入监管范畴，尤其关注估值方式这一关键属性，避免再度出现产品形式与底层风险不相匹配的监管规避式创新。

第二节　持续推进利率市场化改革

一、货币市场基金与利率市场化

近年来货币市场基金规模膨胀，除了同业套利、股债行情低迷等因素外，深层原因还是目前实际存在的利率双轨制：存贷利率的管制定价和货币市场利率的市场化定价。货币市场基金本质上是一种套利工具，而套利源于管制下的歧视。

海外和国内货币市场基金产生的根源均为各国利率市场化过程中产生的利率双轨制。以中国和美国为例，中美两国从利率管制到利率市场化的变革均采用了渐进式的发展路径，在此过程中必然产生某种程度的歧视，这种管制下的利率歧视是货币市场基金产生的土壤。

美国的存款利率市场化遵循"先大额、后小额"的原则。早期美国银行业存款利率执行统一上限标准。根据Q条例的规定，联储成员银行不得对"具有支付功能的存款"（活期账户、支票账户）付息；对"不具有支付功能"的存款（储蓄存款、定期存款）可以在管制利率范围内付息。19世纪60年代后期，美国通胀高企，存款利率上限调整严重滞后，居民储蓄意愿不断下降。尽管1961年花旗银行推出了面向个人的大额可转让存单，储户可获得定期存款收益率的同时不丧失流动性，但票面利率仍受Q条例限制，且面额较大，普通居民无力购买。19世纪70年代初，在存款利率管制的背景下，货币市场基金产品应运而生。这一时期货币市场基金通过吸收小额存款并以机构投资者的身份投资于大额存单，使个人投资者也能享受到市场利率，变相实现了小额存款的利率市场化。

我国货币市场基金产生的主要驱动力是银行间利率与一般存款的利率差异。我国于1996年开启利率市场化进程，逐步放开利率管制，从放开同业拆借及银行间回购利率，到放开贷款利率管制，再到近年来改革完善贷款市场报价利率（LPR）形成机制，加速推进了存款利率市场化。货币市场基金的起步晚于利率市场化进程，第一只货币市场基金"景顺长城货币"成立于2003年10月。2003年中国受到扩张性宏观调控政策影响，经济增速恢复至9.1%。在经济的带动下，通胀水平大幅提升，一跃从负通胀升到3.2%的高点。通胀水平的提高带来了已实现市场化定价的银行间同业拆借、银行间债券回购、政策性金融债和国债等市场利率的同步提高，但个人和企业存款利率还未实现市场化定价，导致其在通胀期间落后于其他市场利率的变动，产生了利差，并带来了对货币市场基金的需求。货币市场基金由于流动性好、收益高于银行存款，逐渐替代银行存款成为投资者的现金管理工具。

从中美两国货币市场基金的发展历程可以看出，货币市场基金产生的根源为利率市场化过程中产生的利率双轨制。因此，我们建议持续推进利率市场化改革，进一步健全市场利率定价自律机制，减小基准利率与市场利率的差异,从而遏制货币市场基金的盲目扩张。

二、推进利率市场化改革意义重大

一是对优化资源配置具有重大意义。在利率市场化条件下,利率的价格杠杆功能将进一步增强,推动金融资源向真正有资金需求和发展前景的行业、企业配置,有利于发挥市场在资源配置中的决定性作用,提高资源配置效率。

二是为推动金融机构转型发展注入了新的动力。随着利率管制的基本放开,金融机构在利率受保护情况下"规模即效益"的传统经营模式将不可持续,有利于推动金融机构树立起"以利润为中心"的经营理念,加快转变经营模式,完善定价机制,提高自主定价能力,实现差异化定价,真正满足日益多样化的金融需求,切实提升金融服务水平,进一步增强可持续发展能力。

三是为货币政策调控框架转型创造了有利条件。近年来金融市场创新发展,作为中介目标的货币总量与经济增长、物价等最终目标之间的相关性有所降低。利率市场化有利于促使利率真正反映市场供求情况,为中央银行利率调控提供重要参考。从国际经验来看,强化价格调控是提高宏观调控效率的必然选择,而放开利率管制,健全市场化利率形成和调控机制是实现货币政策调控框架转型的根本前提。

从目前的情况来看,我国金融机构的利率定价行为总体理性,并呈现出了分层有序、差异化竞争的利率定价格局。同时,市场化利率形成和调控机制的不断健全,也有利于促进降低社会融资成本,为经济健康可持续发展营造适宜的货币金融环境。

三、推进利率市场化改革的政策建议

推进我国利率市场化改革,核心是要发挥好金融机构、自律机制、央行三道"防线"的作用,进一步健全市场化利率形成和调控机制。一方面,要推动金融机构提高自主定价能力,根据市场供求关系决定各自的利率,不断健全市场化的利率形成机制;另一方面,要完善央行利率调控机制,疏通利率传导渠道,提高央行引导和调控市场利率的有效性。同时,针对个别非理性定价行为进行必要的行业自律和监督管理,防患于未然。

(一)督促金融机构进一步提高自主定价能力

存款利率方面,应引导金融机构不断提高研究分析能力,综合考虑宏观经济形势、货币政策调控导向、自身流动性和资产负债管理要求以及客户需求等因素,科学合理定价。贷款利率方面,首先,应进一步深化 LPR 改革,提高 LPR 的市场化程度,发挥好 LPR 对贷款利率的引导作用,促进贷款利率"两轨合一轨",提高利率传导效率。其次,应推动金融机构进一步优化信息系统和定量分析技术,注重积累、挖掘和分析不同区域、行业和客户数据,完善内部信用风险评级模型,提高对贷款违约概率等风险因素的分析研判能力。同时,督促金融机构继续完善内部转移定价机制和定价授权体系,为健全市场供求决定的利率形成机制奠定基础。

(二)完善央行利率调控和传导机制

完善央行利率调控和传导机制,一是应积极构建央行利率政策指导体系。加强运用短期回购利率和常备信贷便利（SLF），逐步培育短期政策利率，引导短期市场利率的形成；阶段性地发挥再贷款、中期信贷便利（MLF）、抵押补充贷款（PSL）等工具的调节作用，引导和稳定中长期市场利率；深化 LPR 改革，疏通市场利率传导机制，提高 LPR 的市场化和灵活性。二是应强化市场基准利率和收益率曲线建设。加快推进金融市场发展，构建涵盖各个市场的基准利率体系。三是应理顺利率传导机制。进一步理顺从央行政策利率到各类市场基准利率，从货币市场到债券市场再到信贷市场，进而向其他市场乃至实体经济的传导机制。

（三）加强对非理性定价行为的监督管理

加强对非理性定价行为的监督管理，一是应进一步完善利率统计监测体系，建立健全系统性风险预警机制，及时发现和识别可能发生的风险。二是应发挥金融机构利率定价行业自律作用，对不正当竞争行为予以自律约束，有效指导金融机构利率定价。三是应加强对市场利率的监督管理，健全金融机构利率定价行为的激励约束机制，把个别非理性定价行为和风险遏制在苗头阶段。

第三节　优化资管产品税收制度

一、货币市场基金与类货币产品的税收制度差异

现行税收制度下，货币市场基金与类货币产品在所得税和增值税

方面存在明显差异。

个人所得税方面，投资货币市场基金与类货币产品均无须缴纳个人所得税。根据财政部、国家税务总局《关于证券投资基金税收问题的通知》（财税字〔1998〕55号），对个人投资者从基金分配中取得的收入，暂不征收个人所得税。而对于各种理财产品，税务总局并没有明确规定是否缴纳个人所得税，按各地目前的执行情况来看基本也暂免征收个人所得税。因此，从个人投资者角度来看，货币市场基金与类货币产品在所得税上并没有显著差别。

企业所得税方面，投资货币市场基金与类货币产品则有所不同。根据财政部、国家税务总局《关于企业所得税若干优惠政策的通知》（财税〔2008〕1号）规定：

（一）对证券投资基金从证券市场中取得的收入，包括买卖股票、债券的差价收入，股权的股息、红利收入，债券的利息收入及其他收入，暂不征收企业所得税。

（二）对投资者从证券投资基金分配中取得的收入，暂不征收企业所得税。

（三）对证券投资基金管理人运用基金买卖股票、债券的差价收入，暂不征收企业所得税。

因此投资者取得的证券投资基金分红收益是免税的，货币市场基金的收益均是通过分红实现的，所以货币市场基金收益也具有免税的特征。但这项优惠政策并未涉及各种类货币产品，尽管目前银行、信托等通常不代扣代缴所得税，但相关收益要并入应纳税所得额并计征25%的企业所得税（见表6-1）。

表6-1 货币市场基金与类货币产品所得税比较

项目	货币市场基金	类货币产品
个人所得税	无	目前各地暂免征收
企业所得税	无	25%，不代扣

增值税方面，财政部、国家税务总局《关于资管产品增值税有关问题的通知》（财税〔2017〕56号）规定，投资保本型资管产品取得的利息收入以及转让价差需按3%的征收率缴纳增值税。由于有46号文、70号文、140号文的补充规定，证券投资基金有特殊的税收优惠，转让差价可以免征增值税，而其他资管产品的转让价差都需要缴纳增值税。在现行税收体系下，货币市场基金具有明显的税收优势。不同类型产品受税收政策影响不一，不同机构间税收政策差异或导致产品套利行为。

因此，从投资同属性和税收公平性考虑，建议对所有符合证券投资基金本质的产品（即公开募集、信托关系、投资者按照份额享受收益和承担风险等），享受与证券投资基金相同的免税政策，从而减少由于税收制度不同导致的监管套利空间，进一步消除资管行业多层嵌套问题，促进税收政策与资管行业发展良性互动。

二、优化资管产品税收制度的政策建议

从进一步改善金融业税制和征管方式、优化税收政策目标、促进税收政策与资管行业发展良性互动、切实推进全社会降本提效的角度，我们提出以下政策建议。

一是保留短期资管产品与货币市场基金的税收政策差异。如果在

税收方面，资管产品统一标准，那么对于原本享受诸多优惠税收政策的货币市场基金而言，就会跟具有天然渠道优势的银行理财回到统一起跑线，货币市场基金将由于渠道优势较弱而受到较大冲击。这种趋势会造成货币市场基金更加头部化，具备渠道优势的互联网货币市场基金会在竞争中扩大市场份额，而依靠免税优势吸引机构客户的货币市场基金将面临较大挑战。这种趋势不利于货币市场基金市场健康发展，反而会带来隐性风险。

二是从业务实质、避免重复征税以及实际征管难度考虑，建议将投资者对资管产品份额的申赎与资管产品对标的资产的买卖区别对待，明确赎回资管产品视为持有至到期处理，不征收增值税。

三是从资管产品运作特点和不同时点的投资人税负公平角度考虑，建议明确金融商品转让销售额在年末出现负差的，可转入下一个会计年度抵扣。

四是从统一执行口径和方便征管工作考虑，对于部分实操难度较大的情形，建议对有关政策予以明确，包括：（1）建议明确资管产品投资债券的到期兑付、提前兑付、提前还本、行使回售权、行使赎回权等行为可视为持有至到期且差价收入不征税。（2）建议明确金融机构开展的交易所逆回购取得的利息收入为同业往来利息收入，免征增值税。

五是考虑到尚有不少未明确的税收政策，为减缓资管业务运营压力，提高实体经济融资效率，切实降低底层融资成本，参考2018年部分行业下调增值税税率的情况，建议针对资管产品目前适用的简易计税政策下调征收率至2%。

三、关于集合投资工具纳税规则的方向性建议

为进一步提升税收对投资活动的调节作用，降低税收征管难度和成本，保护投融资活动效率，化解可能引发的风险，参考增值税基本原理和金融行业国际税收征管经验，建议将集合投资工具视为"投资管道"，实施穿透纳税的机制。

一是明确资管产品投资的相关税收由资管产品持有人承担，资产管理人只是代扣代缴主体，取消集合投资产品层面的增值税，改为在投资者获取回报时征收所得税，并修改投资人所得按个体经营纳税的规定，应按投资所得纳所得税。

二是以资管产品账户管理系统为抓手，推动所有资产管理产品统一信息报备机制，对所有金融投资工具实行汇算清缴，在企业和个人的投资收入项下实现综合纳税、应缴尽缴，为更大范围的综合税制改革奠定基础。

第四节　拓宽货币市场基金投资范围

目前，货币市场基金较多投资于银行存款和存单，存在同业资金空转的风险。2019年末，我国货币市场基金资产端配置品种主要包括存款类资产（41.10%）、债券类资产（39.00%）、买入返售资产（19.21%）、其他资产（0.69%）等。资金主要通过非存单信用债流向实体部门，这部分资产在货币市场基金中占比较小。货币市场基金较

多投资于银行存款和存单,这不仅与我国利率双轨制和税收制度有关,还与目前我国直接融资比例偏低、货币市场发展相对滞后有关。

一、发展直接融资

当前,我国社会融资结构仍以银行信贷为主导,而欧美发达国家的直接融资占比为八九成左右,是市场主导型的金融结构。根据中国人民银行发布的《2019年社会融资规模存量统计数据报告》,2019年末社会融资规模存量为251.31万亿元。其中,对实体经济发放的人民币贷款余额为151.57万亿元;对实体经济发放的外币贷款折合人民币余额为2.11万亿元;委托贷款余额为11.44万亿元;信托贷款余额为7.45万亿元;未贴现的银行承兑汇票余额为3.33万亿元;企业债券余额为23.47万亿元;政府债券余额为37.73万亿元;非金融企业境内股票余额为7.36万亿元。因此,从存量角度看,我国直接融资比例仍有较大的提升空间。

我国直接融资比例较低对货币市场基金的影响具体表现在可供其投资的资产相对匮乏。目前的债券市场短端,可供货币市场基金投资的最大的活跃市场是同业存单市场;短融市场的信用资质参差不齐,货币市场基金可以投资的低风险标的相对较少;期限在1年以内的国债和金融债市场存量也不大;回购市场货币市场基金具有一定的劣势,机构更偏好向银行融资。根据Wind数据,2019年12月31日,主体评级为AAA且剩余期限在1年以内的同业存单、短期融资券、国债和金融债余额合计为11.34万亿元,而同期货币市场基金净值为7.12万亿元。可见,除了同业存单以外,可供货币市场基金投资的市场容量较为有限。

因此，我们必须认识到，目前货币市场基金较多投资于银行存款和存单，这很大程度上是由我国金融市场的发展路径所决定的：一是目前我国直接融资比例仍然较低，货币市场发展相对滞后，债券市场短端可供货币市场基金投资的市场容量较为有限；二是从资产安全性和流动性来看，信用品种相对其他可供货币市场基金投资的资产偏弱；三是出于防范风险的考量，目前货币市场基金的投资范围受到较为严格的限制，主要投资于具有良好流动性的货币市场工具。上述三点原因共同推动了我国货币市场基金较多地投资于银行存款和存单。

因此，为了从根本上解决同业资金空转的问题，我们应该把发展直接融资放在重要位置，致力于形成融资功能完备、基础制度扎实、市场监管有效、投资者合法权益得到有效保护的多层次资本市场体系。

二、细化货币市场基金投资同业存单的监管要求

为防范同业资金空转风险，我们建议进一步细化货币市场基金投资同业存单的监管要求，合理限制货币市场基金配置同业存单的信用等级、投资比例和投资集中度，引导货币市场基金改变以往的单一投资模式，尽可能地分散投资，使货币市场基金回归现金管理工具属性。

目前货币市场基金较多投资于银行存款和存单，若合理限制货币市场基金的投资集中度，货币市场基金将更多投资于短期信用债或者在利率债上进行波段交易来维持一定的收益率水平。从这个角度来看，货币市场基金将出现投资风格上的分化，产品的挑选将注重对管

理人和风格的筛选,有助于打破货币市场基金产品同质化现象。

表 6-2 货币市场基金投资同业存单的监管政策梳理

监管政策	发布时间	同业存单配置要求	同业存单配置集中度
《货币市场基金监督管理办法》	2016年2月1日起施行	可配置期限在1年以内（含1年）的银行存款、同业存单,对等级、比例无具体要求	货币市场基金投资于具有基金托管人资格的同一商业银行的银行存款、同业存单占基金资产净值的比例合计不得超过20%,投资于不具有基金托管人资格的同一商业银行的银行存款、同业存单占基金资产净值的比例合计不得超过5%
《公开募集开放式证券投资基金流动性风险管理规定》	2017年10月1日起施行	货币市场基金投资于主体信用评级低于AAA的机构发行的金融工具占基金资产净值的比例合计不得超过10%,其中单一机构发行的金融工具占基金资产净值的比例合计不得超过2%	同一基金管理人管理的全部货币市场基金投资同一商业银行的银行存款及其发行的同业存单与债券,不得超过该商业银行最近一个季度末净资产的10%

三、拓宽货币市场基金的投资范围

在发展直接融资、细化监管要求的基础上,我们可以尝试拓宽货币市场基金的投资范围。例如,如果未来票据市场向标准化方向发展,那么货币市场基金可以适度介入其中的短期票据投资。

为规范标准化票据融资机制,更好地服务中小企业和供应链融资,中国人民银行制定了《标准化票据管理办法》,自2020年7月28日起实施。

《标准化票据管理办法》明确了标准化票据的定义、参与机构、基础资产、创设、信息披露、投资者保护、监督管理等内容,规范标准化票据业务发展。根据《标准化票据管理办法》，标准化票据是指存托机构归集核心信用要素相似、期限相近的商业汇票组建基础资产池，以基础资产池产生的现金流为偿付支持而创设的等分化受益凭证，属于货币市场工具。标准化票据在银行间债券市场和票据市场交易流通，适用于现券买卖、回购、远期等交易品种。

2020年7月30日，《标准化票据管理办法》正式实施后的首批14单标准化票据创设成功，创设规模为12.13亿元。

目前标准化票据并未被明确为标准化债权类资产。2020年7月3日，中国人民银行会同中国银行保险监督管理委员会、中国证券监督管理委员会、国家外汇管理局发布了《标准化债权类资产认定规则》。标准化票据并未直接被《标准化债权类资产认定规则》明确认定为标准化资产。此外，《标准化债权类资产认定规则》第四条规定了非标资产除外类别："存款（包括大额存单）以及债券逆回购、同业拆借等形成的资产除外"，并不包含标准化票据。

中国人民银行对标准化债权类资产的认定规则包括：（1）等分化、可交易；（2）信息披露充分；（3）集中登记、独立托管；（4）公允定价，流动性机制完善；（5）在银行间市场、证券交易所市场等国务院同意设立的交易市场交易。标准化票据的设计符合标准化债权类资产的认定规则，但这可能需要票交所向中国人民银行提出标准化债权类资产认定申请，目前尚无文件明确标准化票据属于标准化债权类资产。

未来，若标准化票据被明确认定为标准化债权类资产，货币市场基金可以适度介入其中的短期票据投资。

从美国的经验来看，货币市场基金也较大幅度地参与了票据市场。2016年后，较多投资于票据的优先型货币市场基金规模大幅缩水，美国短融市场的利率还出现了一定程度的上升。可见，货币市场基金参与票据市场有利于支持实体经济，降低企业融资成本。

开拓票据市场，有利于分散货币市场基金的投资，在风险较低的情况下，使货币市场基金的投资更多流向支持实体经济的市场。因此，若未来标准化票据被明确认定为标准化债权类资产，建议考虑将标准化票据纳入货币市场基金可投资品种，适当拓宽货币市场基金投资范围，帮助解决同业资金空转问题。

第五节　建立分类监管体系

本节将重点讨论货币市场基金分类监管问题。首先，我们论证对货币市场基金进行分类监管的合理性。然后，我们分析将货币市场基金按照投资者类型和支付功能进行分类监管的可行性。最后，我们提出应坚持将货币市场基金按照客户集中度进行分类监管的建议。

一、中美个人和机构投资者结构与特征

截至2021年6月，中国货币市场基金资产净值达9.6万亿人民币，规模已超过美国同期。其中零售端的互联网产品贡献颇多，使得中国货币市场基金整体的持有人结构较为分散。从货币市场基金中报来看，全市场全部产品的前十大持有人合计持有份额1.8万亿份，仅

占总份额的 19.2%。在这 19.2% 的前十大持有人中，机构占比较高。各类零钱宝和余额宝类产品的持有人非常分散。所以，与美国市场不同，中国的货币市场基金个人投资者占比明显更高。

（一）中美个人投资者的资产配置偏好差异较大，中国居民风险偏好更低

据 FRED（Federal Reserve Economic Data）数据，在直接融资为主的美国，居民金融资产配置占比明显高于中国和日本，2019 年末达 70.2%。在美国居民的资产配置中，401K（企业年金）和政府养老金等年金项目合计占比达 31.8%，公募基金产品占比 11.1%，居民直接持有股票占比高达 23.4%。

（二）中国投资者并未经历过货币市场基金的挤兑和破产清盘风险

因未曾遭遇过美国投资者在 2008 年面对的货币市场基金清盘风险，部分中国投资者轻视货币市场基金的风险等级，并将其视作"保本型"理财产品。这促使了中国货币市场基金对存量银行理财产品的替代。此外，中国互联网金融行业在过去几年的蓬勃发展也带动了国内货币市场基金的繁荣。对于中美两国市场而言，我们认为投资者结构的差异主要体现在规模和管理资产的平均久期方面。首先，中国个人投资者占比较高，使得市场营销费用的投入产出比更高，C 端群体对收益率和资产组合的关注度可能略低于机构投资者。其次，申购和赎回更客观和低频次的机构投资者有利于基金产品资产组合的管理。

二、货币市场基金分类监管问题的提出

由于不同类型货币市场基金的投资风格不同,其所蕴含的风险也有所差异,因此对货币市场基金实行分类监管具备一定的合理性。

一种值得探讨的方案是根据货币市场基金的投资者类型进行分类监管。货币市场基金的投资者类型可分为个人客户和机构客户。从规模上来看,个人客户户均持有规模较小,一般为几百元至几百万元;而机构客户持有规模较大,一般为几千万至几十亿。因此相对于以个人投资者为主的货币市场基金,以机构投资者为主的货币市场基金发生集中赎回时对金融体系造成的冲击更大。而从流动性需求上看,个人客户的赎回需求主要来自自身的现金使用需求,对市场利率的变动相对不敏感,赎回行为的趋同性较弱;而机构客户由于专业性更强,对于市场利率的变动更为敏感,容易形成一致预期,对流动性的需求更为趋同。因此相对于以个人投资者为主的货币市场基金,以机构投资者为主的货币市场基金赎回时点更为集中,更可能产生挤兑风险。所以从防范流动性风险的角度看,根据货币市场基金的投资者类型进行分类监管有其合理之处。

另一种有待讨论的方案是根据货币市场基金是否具有支付功能进行分类监管。近年来,为满足投资者生活、消费、投资各类需求,基金公司针对货币市场基金不断创新,增添了货币市场基金份额用于信用卡还款、生活缴费、消费支付、综合理财(即购买平台理财产品)等支付功能。具有支付功能的货币市场基金在给投资者带来便利的同时,也对基金公司流动性管理能力提出了更高的要求。从宏观意义上来说,具有支付功能的货币市场基金某种程度上具备了货币属性,相

对于不具备支付功能的货币市场基金，可能会引发更多赎回，从而导致更高的流动性风险，因此需要加强监管限制。

从国际经验上看，美国已经对货币市场基金实行了分类监管。美国将货币市场基金按照投资对象分为了征税型和免税型，其中征税型又进一步分为了政府货币市场基金和优先型货币市场基金两种；同时又将货币市场基金按照投资者类型分为了零售货币市场基金和机构货币市场基金两种。在会计核算方面，上述类型中只有政府货币市场基金和零售货币市场基金可以采用固定净值（见表6-3）。美国对货币市场基金采取分类监管并引入不同的会计核算方式，一方面，在防范流动性风险上发挥了积极作用，另一方面，也使得浮动净值型货币市场基金的规模出现了明显回落。

从上述分析我们可以看出，对货币市场基金进行分类监管有助于防范流动性风险，但具体应该采用何种分类标准仍有待进一步讨论。

表6-3 美国货币市场基金分类

分类依据	一级分类	二级分类	特征	会计核算
投资对象	征税MMF	政府MMF	主要投资于短期国债、政府机构债	固定净值
		优先型MMF	对商业票据、大额存单、公司债券投资比重较大	浮动净值
	免税MMF	–	投资于市政债券，利息收入免征联邦税	浮动净值
投资者类型	零售MMF	–	仅面向个人投资者（自然人）	固定净值
	机构MMF	–	零售MMF之外的货币市场基金	浮动净值

三、对货币市场基金可按照投资者类型进行分类监管

虽然我国监管机构未明确提出对货币市场基金按照投资者类型进

行分类监管，但是在实际操作中，基金公司已经对货币市场基金按照其负债结构进行了区分和差异化管理，同时，监管机构也已经根据货币市场基金的客户集中度提出了不同的监管要求，实质上贯彻了以防范风险为基本原则的分类监管的理念。

在实际运作中，基金公司已经对各个货币市场基金产品进行了较为明确的定位和区分，包括零售型产品和机构型产品等。从基金公司的角度来看，由于个人、机构客户的需求存在差异，单一的货币市场基金很难同时满足双方的需求，因此只有差异化运作的产品才能具备市场生命力。目前市场上主要基金管理公司的主流产品，均具备明确的目标客户定位，基金管理人可以通过选择基金销售渠道、控制机构客户申购等手段，主动管理货币市场基金的客户结构。经过多年的市场化运作，基金管理公司从控制风险、满足客户收益率要求的角度已经对各个货币市场基金产品进行了较为明确的定位。这既是市场的选择，也是基金管理公司理性的选择。

不仅基金公司对货币市场基金产品进行了分类运作，监管机构也已将货币市场基金按照客户集中度进行了分类监管。2017年颁布的《公开募集开放式证券投资基金流动性风险管理规定》，从前十大持有占比的角度，根据集中度的高低，对货币市场基金进行了划分，实施不同的监管指标。

"（一）当货币市场基金前10名份额持有人的持有份额合计超过基金总份额的50%时，货币市场基金投资组合的平均剩余期限不得超过60天，平均剩余存续期不得超过120天；投资组合中现金、国债、中央银行票据、政策性金融债券以及5个交易日内到期的其他金融工具占基金资产净值的比例合计不得低于30%。

（二）当货币市场基金前 10 名份额持有人的持有份额合计超过基金总份额的 20% 时，货币市场基金投资组合的平均剩余期限不得超过 90 天，平均剩余存续期不得超过 180 天；投资组合中现金、国债、中央银行票据、政策性金融债券以及 5 个交易日内到期的其他金融工具占基金资产净值的比例合计不得低于 20%。

（三）当货币市场基金前 10 名份额持有人的持有份额合计低于基金总份额的 20% 时，货币市场基金投资组合的平均剩余期限不得超过 120 天，平均剩余存续期不得超过 240 天；投资组合中现金、国债、中央银行票据、政策性金融债券以及 5 个交易日内到期的其他金融工具占基金资产净值的比例合计不得低于 10%。"

从上述条款可以看出，客户集中度高的货币市场基金，监管机构对其平均剩余期限、高流动性资产的比例均有更高的要求。该规定明确提出了从客户集中度出发的监管思路，我们认为实质上是对货币市场基金按照客户结构进行了分类监管，有效降低了货币市场基金的流动性风险。

综上所述，根据目前的市场实际情况，我们认为已经具有较为完备的监管规定，未来应继续坚持按照货币市场基金的客户集中度进行分类监管。

四、是否应该对货币市场基金按照支付功能进行分类监管

从实现手段看，国内货币市场基金支付功能主要有 4 种模式：一是绑定信用卡自动还款模式；二是第三方支付担保交收模式；三是垫资模式；四是份额直接过户模式。由于上述 4 种模式中，份额直接过

户模式已被叫停、垫资模式应用不广泛且目前已根据《关于进一步规范货币市场基金互联网销售、赎回相关服务的指导意见》（以下简称《指导意见》）按"T+0赎回提现业务"纳入监管，故本部分论述主要针对绑定信用卡自动还款模式和第三方支付担保交收模式。而就占主流的这两类模式而言，我们并不建议对货币市场基金按是否具有支付功能进行分类监管，主要理由如下。

（一）合理性有待商榷

国内主流模式下，货币市场基金的支付功能实际上是体外附加的，货币市场基金并不是直接用于支付，而是嫁接在支付体系上实现支付功能，即先正常赎回货币市场基金再用于支付，真正实现支付的还是支付结算机构，如第三方支付机构、银行等，对于货币市场基金本身而言没有造成任何的变动，也不涉及T+0赎回垫资可能引发的相关问题等，并没有带来更高的风险。诚然，监管机构也许会担心支付功能的广泛应用会导致投资者赎回量加大、对投资端造成一定的压力，但事实上，由于货币市场基金现金管理工具的定位，即使不为货币市场基金进行支付赋能，投资者也可自主赎回货币市场基金之后再进行消费、缴费、还款等支付行为，而国内货币市场基金主流支付模式的实际效果与此种情况并无二致，并不会因此就对投资端造成更大的压力。"具有支付功能的货币市场基金会引发更多赎回从而导致更高的流动性风险"这一逻辑传导机制事实上并不像"高机构投资者占比的货币市场基金面临更大的流动性风险"这样明晰，按是否具有支付功能对货币市场基金进行分类监管的合理性有待商榷。

（二）监管方向存在争议性

对于具备支付功能的货币市场基金而言，一方面，因为其具有支付功能，从宏观意义上讲，变相具备了货币属性或者说结算地位，系统重要性提升，对安全性要求更高，理应加强监管限制；但另一方面，货币市场基金相关支付功能多为消费、缴费支付等，具有小额分散等属性，加上消费行为特别是互联网消费本身的可预测性，以及平台通过大数据分析等对相关规律的高把控度等，使得对应货币市场基金的流动性管理反而更加简单、流动性风险相对更加可控，从这个意义上说，似乎更应该放松对此类货币市场基金的监管限制。两相结合，使得按支付功能进行分类监管存在极大的不确定性。

（三）可行性不充分

国内主流模式下，支付并不是货币市场基金自带属性，其实现取决于真正具备支付结算牌照的外部合作方，如第三方支付机构、银行等，一只货币市场基金可能对接多个渠道，而并非每个渠道都提供此项增值服务，故并非全部基金份额都具备支付功能，但投资、估值等事项均只能从产品层面整体监管，这使得以是否具备支付功能为维度对货币市场基金作整体区分和统一监管变得较为困难。而如果按照具备支付功能的份额比重来进行分级监管，又会因为传导机制的不明确、监管方向的争议性等而难以确立具体的监管标准。

综上，我们并不建议对货币市场基金按照支付功能进行分类监管。从美国经验和中国证监会监管实践来看，以客户集中度为维度进行分类监管或许是更合理的做法。当然，对于M2等宏观统计指标，我们则建议按照是否具备T+0或支付功能等进行分类统计，因为这些功能才是使货币市场基金真正具有类货币属性、对现金和活期存款形成较强替代的关键，但在现行统计操作基础上，我们建议对统计口径再进一步细化，比如只有具备 T+0 快速提现或支付功能的货币市场基金份额（分渠道）才纳入统计，而不是将整只基金不做区分整体纳入。

第六节　完善流动性风险管理

流动性风险的实质是赎回请求超过资产变现能力。一方面，我们建议继续完善货币市场基金估值方法、风险准备金、债券逆回购、信息披露等相关规定，防范流动性风险的发生；另一方面，考虑到货币市场基金的系统重要性，我们建议在极端情况下央行对重要货币市场基金进行救助，防止货币市场基金风险演变为系统性金融风险。

一、依投资者类型或负债稳定性，采用差异化的估值方法

货币市场基金估值方式分为两种：摊余成本法和净值法。摊余成本法指将货币市场基金投资标的以买入成本列示，按照票面利率考虑其买入时溢价或折价，在其剩余期间内摊销，每日计提收益的估值方式。货币市场基金采用摊余成本法核算，平滑了持有资产期间的收益，受到了投资者的欢迎，成为货币市场基金规模增长的重要因素之一。但摊余成本法核算也同时存在不能及时反映市场波动对基金净值

影响的弊端。通过分析货币市场基金的产品本质、国内外货币市场基金的历史发展规律、摊余成本法估值的实质风险以及国内较为成熟的监管体系，我们建议我国货币市场基金根据投资者类型采用差异化的估值方法核算，具体而言，以个人投资者为主的货币市场基金应采用摊余成本法核算，以机构投资者为主的货币市场基金应采用净值法核算。从流动性需求上看，个人投资者的赎回需求主要来自自身的现金使用需求，对市场利率的变动相对不敏感，赎回行为的趋同性较弱；而机构投资者由于专业性更强，对于市场利率的变动更为敏感，容易形成一致预期，对流动性的需求更为趋同。因此相对于以个人投资者为主的货币市场基金，以机构投资者为主的货币市场基金赎回时点更为集中，更可能产生挤兑风险。所以从防范流动性风险的角度出发，货币市场基金根据投资者类型采用不同的估值方法有其合理之处。

从产品本质来说，货币市场基金属于现金资产的替代品，其从诞生之日起提供的用户体验就是类似现金资产的安全性和高流动性。货币市场基金一般采用摊余成本法进行核算，其理论基础是货币市场基金配置的资产剩余期限短，流动性高，利率风险低。摊余成本法可以在较好地反映组合收益率的情况下，消除组合净值的波动，用户体验明显优于净值法。因此，从资产和用户体验两个角度来说，摊余成本法天然地适用于以个人投资者为主的货币市场基金。

从历史的角度来看，摊余成本法是货币市场基金的主流估值方法。以美国货币市场基金发展的经验为例，1983年美国证监会修订了2a-7规则，允许货币市场基金使用摊余成本法进行净值计算，将净值维持在"1美元"。这使得货币市场基金的吸引力大大增加，迎来了快速发展。可以说摊余成本法是美国货币市场基金高速发展的基石之一。2016年以来，美国机构优先型货币市场基金应监管要求逐渐转变为浮动净值型货币市场基金，但是该类产品规模出现了明显回落。截至2018年6月，浮动净值型货币市场基金共计123只，总规模约2 031亿美元，占机构货币市场基金（包含机构政府货币市场基金和机构优先型货币市场基金）规模的10.99%，占货币市场基金总规模的7.06%。究其原因，货币市场基金投资者将货币型产品作为现金管理工具，浮动净值型产品浮动计价且能够在特定情况下限制赎回以及增收流动性赎回费的特点，无法满足投资者的现金管理需求。因此，美国机构优先型货币市场基金应监管要求转变为浮动净值型货币市场基金，不但未能成为美国货币市场基金发展的主流趋势，反而基金规模急剧缩减，美国货币市场基金仍以传统的摊余成本法为主流方向。美国的历史经验表明，从用户接受程度和产品应该提供的用户体验角度来看，摊余成本法无疑是非常适合以个人投资者为主的货币市场基金的估值方法，更符合个人投资者现金管理需求。

当然，摊余成本法也并非完美。采用摊余成本法进行核算的货币市场基金，其持仓资产的市值波动将不会体现在每天的收益中。换句话说，货币市场基金的客户将感受不到货币市场基金资产实际市场价值的每日变化。当利率出现大幅上行或者资产发生违约时，货币市场基金的资产市值可能低于估值成本。情况严重时，货币市场基金可能无法维持1元的面值，发生跌破面值的情况，这将给货币市场基金的投资者造成损失，也可能引发整体市场的流动性风险。

目前国内公募货币市场基金并没有严格按照投资者类型来划分，除了余额宝平台下的货币市场基金是严格排他式的渠道限制外，大部分货币市场基金都是个人投资者和机构投资者混合在一起，并且同一组合的机构投资者集中度可能波动较大，这其实不利于投资者在投资前清晰地认知不同货币市场基金的差异。我们建议未来在货币市场基金产品名称上可以更明确地区分投资者类型与资金稳定性，比如零售货币就以零售客户为主，突出个人投资者的稳定属性，机构货币则可以按照不同的集中度作出划分，集中度在20%以内可以定义为低波动机构货币，集中度在20%~50%可以定义为中波动机构货币，集中度50%以上可以定义为高波动货币。原本法规也是对这三种集中度区间设定了不同的剩余期限与流动性资产限制，未来如果从产品名称上直接划分集中度差异，将更有利于投资者了解不同的货币市场基金各自在流动性与收益性方面的平衡侧重。

货币市场基金估值方式分为两种：摊余成本法和净值法。就摊余成本法而言，可以在较好地反映组合收益率的情况下消除组合净值的波动，用户体验明显优于净值法，但采用摊余成本法进行核算的货币市场基金，其持仓资产的市值波动将不会体现在每天的收益中，当资金市场波动较大或信用环境显著恶化时，偏离的风险会快速累积，从而制约组合的资产变现能力，这是出现流动性应对问题的根源；就净值法而言，持仓资产的市值波动体现在每日净值上，收益可回撤，市场发生异动时，资产变现能力相对不受制约，但也由于净值表现没有摊余成本法稳定，用户认可度会相对低一些。

通过分析货币市场基金的产品本质、国内外货币市场基金的历史发展规律、摊余成本法估值的实质风险以及国内较为成熟的监管体系，我们建议我国货币市场基金根据投资者类型采用差异化的估值方法核算。具体而言，以个人投资者为主的货币市场基金或者低波动的机构货币市场基金可以采用摊余成本法核算，中高波动的机构货币市场基金则尝试采用净值法核算。从防范流动性风险的角度出发，货币市场基金根据投资者类型采用不同的估值方法有其合理之处。

二、依照持有人集中度不同，进一步完善差异化投资限制

目前的货币市场基金监管框架下，已经按照不同的持有人集中度，设定了差异化的剩余期限与流动性资产比例限制，但从实操角度来看，还有进一步完善的空间。

对于持有人集中度超过50%的货币市场基金，60天是剩余期限上限，5日内到期和现金类资产比例要求的下限是30%。在实操过程中，如果对接下来的资金市场态度偏谨慎，或者对于接下来的赎回压力较为担忧，就需要滚动更高比例的短期资产。一般短期逆回购是较好的选择，同期限的短券以及短期存款存单通常性价比更低一些。但逆回购有40%的比例限制（中国人民银行302号文），且是按前一日规模来控制比例，这就导致短期滚动操作压力较大。为了平衡组合的流动性与收益性，基金管理人只能被动选择进行一部分的期限错配。

我们建议，一方面，对货币市场基金可投资于逆回购余额的比例适当放宽，仅限制剩余期限在5个交易日以上的未到期回购，5个交易日内到期的逆回购可被视为高流动性资产，其比例不做限制；另一方面，考虑到货币市场基金规模变化迅速的特性，建议对货币基金投资于逆回购余额的比例按照当日基金资产净值来控制。

此外，采用摊余成本法估值的货币市场基金，考虑到偏离度主要是由估值资产波动带来的，可以尝试根据持有人集中度的不同或者规模的大小，对估值类资产在组合中的加权剩余期限做出有区别的限

制，这将有利于降低偏离度的波动。

三、对风险准备金进行差异化管理

2017年8月，中国证券监督管理委员会颁布《公开募集开放式证券投资基金流动性风险管理规定》，要求同一基金管理人所管理采用摊余成本法进行核算的货币市场基金的月末资产净值合计不得超过该基金管理人风险准备金月末余额的200倍。该规定相当于要求货币市场基金提取0.5%的风险准备金，保证货币市场基金有充足的资金应对挤兑。通过将货币市场基金规模与风险准备金挂钩，该规定有效地遏制了货币市场基金的盲目扩张。

但是，上述规定对于所有货币市场基金产品及公司采取了"一刀切"的标准。这对于发展时间较长、风险准备金积累充分的基金公司来说更为有利，而对于发展时间较短、风险准备金积累不足的基金公司来说则相对困难。而且上述规定对于单只存续规模过大的货币市场基金也无额外的要求。在这种情况下，可能导致货币市场基金的集中度上升，存在发生系统性风险的隐患。

因此，建议对货币市场基金的风险准备金进行差异化管理。对于单只规模过大的货币市场基金，可以进一步约束其投资指标，对其实施更为严格的久期和流动性管理。目前市场上的货币市场基金集中度较高，尤其是某互联网货币市场基金单只规模超过1万亿，伴随产品规模过大而来的投资风险、流动性风险将进一步放大。鉴于此，除了现行风险准备金约束以外，还应当限制单只产品的规模，防止因单只产品规模较大造成系统性风险。同时，为了使货币市场基金实现更好的分散化管理,建议适当扶持新基金公司,适度放宽新基金公司货币市场基金发展条件。比如,允许基金公司以资本金补充风险准备金,或者给予基金公司一定的初始额度,以解决新基金公司风险准备金积累少和希望尽快发展货币市场基金之间的矛盾。

四、加强对信息披露的要求

2015年12月,中国证券监督管理委员会和中国人民银行发布《货币市场基金监督管理办法》,规定基金管理人应当严格按照有关基金信息披露法律法规要求履行货币市场基金的信息披露义务,鼓励基金管理人结合自身条件,自愿增加货币市场基金信息披露的频率和内容,提高货币市场基金的透明度。具体操作中,货币市场基金信息披露内容主要包括募集期披露、基金收益公告、定期公告、公开澄清公告等。

在基金收益公告方面,目前国内货币市场基金主要披露每万份基金净收益和最近7日年化收益率,份额净值保持1元不变。这种披露方式容易使部分投资者产生货币市场基金本金不变、只有收益变动的错觉。这也使部分投资者认为货币市场基金保本,而不愿意像投资其他基金一样接受亏损的可能,但使投资者接受亏损是打破刚兑的重要环节。

因此,建议监管增加对货币市场基金在收益公告中披露净值的要求。不论货币市场基金是采用摊余成本法还是浮动净值法计价,实际上都可以像股票基金、债券基金一样直接披露净值。一种可行的办法是要求货币市场基金披露每万份基金净值,该办法在一定程度上能够让投资者不将货币市场基金当作存款对待。除了披露净值以外,建议要求货币市场基金增加信息披露的内容,提高信息披露的频次,特别是对影响净值变化的负面事件及预期影响,要及时予以披露和说明,以避免由于信息不透明所引发的恐慌性赎回,更好地保护投资者的利益。

五、高度关注网络金融条件下相关系统性风险的防范

近年来,由于互联网销售平台的介入与推广,货币市场基金规模快速增长,为投资者特别是中小投资者提供了较好的投资渠道,但同时也存在网络金融条件下系统性风险隐患,其中,货币市场基金快速赎回业务尤其值得关注。

快速赎回业务最早起源于银行理财,货币市场基金于 2012 年开始推出快速赎回业务。由于该业务为投资者提供了"即赎即用"的投资体验,逐渐成为货币市场基金的一项增值服务,在市场上迅速推广,"T+0 赎回提现"是业务模式的代表。

"T+0 赎回提现"非法定义务,是在基金普通赎回业务之外,基金管理人、基金销售机构开展的允许投资者在提交货币市场基金赎回申请当日即可在一定额度内取得赎回款项的增值服务。此前,该业务主要由基金管理人、基金销售机构或支付机构通过自有资金或银行授信资金先行给投资者垫付赎回款,之后再由垫支机构获取赎回款和相关收益。

此前,由于市场机构的无序竞争、误导性宣传等,货币市场基金快速赎回业务背离了"普惠、小额、便民"的初衷。部分基金管理人

和基金销售机构以所谓"实时大额取现"为卖点盲目扩张业务规模,进行夸大性、误导性宣传,信息披露不完整,给投资者带来无限流动性预期,使投资者忽略货币市场基金自身蕴含的投资风险属性,忽视普通赎回安排。同时,垫支机构也面临一定的财务风险。市场极端情形下存在系统性风险隐患,亟须加以规制。

基于对T+0业务风险的考量,2018年5月30日,证监会与中国人民银行联合发布《关于进一步规范货币市场基金互联网销售、赎回相关服务的指导意见》(以下简称《指导意见》),要求对"T+0赎回提现"实施限额管理,对单个投资者持有的单只货币市场基金,设定在单一基金销售机构单日不高于1万元的"T+0赎回提现"额度上限。此外,《指导意见》规范基金管理人和基金销售机构"T+0赎回提现"业务的宣传推介和信息披露活动,加强风险揭示,严禁误导投资者。此项规定大幅减少了快速赎回的交易量,从而也降低了垫支机构的流动性风险和份额被冻结的风险。

同时,《指导意见》明确"除具有基金销售业务资格的商业银行外,基金管理人、非银行基金销售机构等机构及个人不得以自有资金或向银行申请授信等任何方式为货币市场基金'T+0赎回提现业务'提供垫支,任何机构不得使用基金销售结算资金为'T+0赎回提现业务'提供垫支"。

《指导意见》规范了货币市场基金"T+0赎回提现"业务,加强了流动性风险管控,保护了投资者及相关当事人的合法权益。针对货币市场基金与互联网业务融合发展的行业发展业态,监管机构有必要做出针对性规定,进一步防范网络金融条件下相关系统性风险,促进行业规范发展。

六、强化流动性监管

根据货币市场基金现金管理工具的本质属性,在日常监管中应当着重突出货币市场基金的流动性管理。目前监管部门已对货币市场基金的久期管理、大额申购和赎回的流动性管理等各方面做出严格规定。同时,监管部门也在近期文件中新增"货币市场基金应当保持足够比例的流动性资产以应对潜在的赎回要求""强制大额赎回费用"等要求,降低货币市场基金整体流动性风险。上述监管规定的出台对行业的健康稳定发展至关重要。今后在日常的管理过程中应该增加更为频繁、系统化的管理,保证流动性风险能够第一时间得到监控及化解。

另外,货币市场基金因涉及互联网、金融等多个领域,具备技术性、混业性、创新性等特点,需要多个监管部门的协作。因此,应完善协调合作机制,加强信息数据共享。中国人民银行可根据各金融监管部门数据实时监测货币市场基金市场流动性水平、资金类型、资金发行者和货币市场基金投资者,在防范风险的同时,不断推进货币市场基金监管政策的完善。

第七节 在流动性监管的基础上,适当放开 T+0 赎回额度限制

客观来讲,1万元的额度限制并不能百分百完全限制投资者的赎

回行为。从监管设定 T+0 门槛的初衷来讲，是为了防止基金公司先行垫资带来的潜在风险。T+0 赎回的实现是基金公司在赎回时先行垫付赎回款项，并同时享有快速赎回份额的受益权，待系统处理后基金公司用货币基金赎回款项补偿已垫付资金。当然，基金公司也规定在货币基金发生巨额赎回或万份收益为负值时，可以终止 T+0 赎回。可见，T+0 赎回能够实现的根本在于基金公司垫资，这里面隐含着较大的风险，尤其是规模比较大的货币市场基金，日度垫资规模可能高达百亿级别。但如果只是为了防止机构垫资出现的风险，完全可以通过其他方式进行约束。比如此前《关于进一步规范货币市场基金互联网销售、赎回相关服务的指导意见》中便有规定，除具有基金销售业务资格的商业银行外，基金管理人、非银行基金销售机构等机构及个人不得以自有资金或向银行申请授信等任何方式为货币市场基金"T+0 赎回提现业务"提供垫支，任何机构不得使用基金销售结算资金为"T+0 赎回提现业务"提供垫支。考虑到该条例已经对机构垫资行为做了比较严格的约束，1 万元的限额能起到的作用反而有所弱化，还给投资者带来了诸多不便。

随着居民可支配收入的增长、投资理念的培育、资产配置结构的调整等，1 万元的额度相较于日益增长的资产管理规模而言，已经变得不太充足。近些年，从个人收入角度看，我国居民个人收入有明显增长。2017 年我国城镇就业人员工资总额约 13 万亿元，2019 年增至 15.4 万亿元，增幅为 18.8%；同期，城镇就业人员年平均工资从 7.43 万元增至 9.05 万元，增幅为 21.8%；一线城市最低工资层面，2017 年北京、上海两地的月最低工资分别为 2 000 元和 2 300 元，2021 年已经提升至 2 320 元和 2 590 元，增幅分别为 16% 和 13%。资管类产品的规模层面,根据招商银行私人财富报告披露,截至2020年末,中国个人持有的可投资资产总体规模增至241万亿元,相比2017年的188万亿元增长28%。单就货币市场基金而言,规模发展就十分迅速。截至2017年年底,我国货币市场基金规模在6.7万亿左右,而截至2021年6月,规模已经增至9.6万亿,规模扩张了43%。因此,从居民收入、资产分配等角度看,提高赎回限额很有必要。

从投资者角度讲,想要突破T+0额度限制并不是很难。"T+0赎回提现"限额管理,是指对单个投资者持有的单只货币市场基金,设定在单一基金销售机构单日不高于1万元的"T+0赎回提现"额度上限。若该投资者可通过多个销售机构(比如通过互联网销售渠道等)进行"T+0赎回提现",理论上可以突破单日1万元的额度上限。除了分散多个销售渠道购买外,还有其他方式可突破这个限制。比如通过家庭成员申购赎回、多个基金公司买入、同一家基金多买几只货币市场基金等,甚至部分银行自身也会有"宝宝类"产品购买渠道,一款宝宝类产品对接多只货币市场基金,以此来突破1万元的限制。

从货币市场基金发行人角度讲,也有应对的备选方案。除了投资者可以"绕道"外,基金公司也在寻求解决方案。比如推出"T+0.5"的赎回机制,即T+0的额度是10 000元,但是可以提高T+1赎回的到账速度,例如在T+1日早上5点之前到账,满足投资者的资金应急需求。再比如,还可以通过将货币市场基金A转化为旗下货币市场基金B、货币市场基金C等,进行快速赎回。

此外,限制货币市场基金的T+0赎回还有一个考虑,即高流动性使得老百姓在心目中将货币市场基金与现金对等起来,使得货币市场基金具备了一定的货币属性。2018年央行在M2统计口径中加入了居民和企业持有的货币市场基金规模,实际上也是受到了这方面的影响。因此,如何在一定程度上削弱货币市场基金的这种"现金"属性,使货币市场基金回归投资产品的本质,也是监管的考虑重点。但同样,指导意见也明确提及:严格规范"T+0赎回提现业务"的宣传推介,强化风险揭示和信息披露义务,严禁误导投资者。一是应以显著方式在该类业务宣传推介材料上增加"该服务非法定义务,提现有条件,依约可暂停",充分提示风险。二是应以显著方式在该类业务宣传推介材料上公开提示投资者有关提现额度限制、服务暂停及终止情形、让渡收益情况、提供垫支方的机构名称等涉及投资者利益的重要条款。三是应在实施暂停或终止提供该类服务、变更额度限制等影响投资者利益的重大事项前,及时履行信息披露义务。相较于施加单日赎回限额来"提醒"投资者货币市场基金并不等同于现金,估值方法的调整(比如采用浮动净值法)、投资者培训等可能会带来更显著的效果。

第八节 极端情况下,央行提供外部流动性支持

从防范行业风险的角度看,货币市场基金行业亟待构筑金融安全网,分别从货币市场基金、基金管理公司、央行三个层面有效化解风险。

首先,货币市场基金定位为高安全性的投资工具,应首先确保投资组合的安全性。目前监管政策已从投资范围、组合期限、投资比例

等方面对货币市场基金投资行为进行规范。货币市场基金应在符合监管政策要求的前提下有序运作。

其次,基金管理公司应从提高资产变现能力和限制赎回请求两方面入手,防范流动性风险。为应对投资者的大额赎回请求,基金管理公司需要确保基金资产能够以合理价格及时变现。一旦发生巨额赎回,基金管理公司可以运用各种流动性风险管理对赎回行为进行限制。当货币市场基金本身流动性不足以应对时,基金管理公司还可以提供资金支持,以避免出现兑付危机。此外,基金管理公司应保持及时、准确的信息披露,从而减少投资者与管理人之间的信息不对称,避免投资者出于恐慌性的集中赎回行为,同时对管理人形成较强的约束,防止管理人的不当行为。

最后,央行是金融安全与稳定的最后贷款人,但需要构建机制来有效处置风险、维护金融稳定、实现监管问责、减少道德风险。在满足一定的定性条件及定量条件的极端情况下,央行可针对出现流动性风险且具有系统性影响的货币市场基金开展救助(央行具体救助条件有待后续进一步研究)。央行在危机救助过程中应高度重视平衡道德风险和市场约束,既要守住风险底线,也要强化市场激励,在金融市场稳定后及时进行政策退出。

一、美欧央行为货币市场基金提供流动性的实践经验

2008年金融危机后,美国货币市场先后经历4次货币市场基金流动性风险事件,其中有2次央行通过货币市场工具对货币市场基金市场进行了流动性注入。综合来看,美联储判断是否需要救市的标准

主要为货币市场基金是否跌破面值,从而引起货币市场基金以外的更广泛的金融体系流动性风险。具体来看,2008年金融危机和2020年3月的新冠肺炎疫情暴发导致的经济冲击均对货币市场基金资产净值产生了威胁并出现跌破1美元的情况,2008年为解决Reserve Primary Funds引发的货币基金赎回潮和系统性流动性危机,美联储先后推出AMLF和货币市场投资者融资便利(Money Market Investor Funding Facility,简称MMIFF)工具专门针对货币市场基金市场进行救市。2020年新冠肺炎疫情暴发引起美国金融市场大幅震荡,金融体系流动性再次出现风险,货币市场基金受到较大影响,美联储直接组合使用危机货币政策工具箱向市场释放了大量流动性,其中包括针对货币市场基金新设立的MMLF。而2011年因为欧债危机引发的赎回潮和2013年财政悬崖带来的流动性压力,货币市场基金资本损失相对较小,基金的影子价格也并未大幅度偏离,美联储虽然也向金融市场注入了大量流动性,但遵循对货币市场基金监管趋严的原则,央行并未针对货币市场基金提供特定流动性工具。

欧洲央行方面对于货币市场基金流动性监管更为严格,且央行行动更为谨慎。2008年金融危机爆发后,欧洲货币市场基金发起人迅速对旗下货币市场基金进行援助,从2007年8月到2009年12月31日,共有26只欧洲基金接受了母公司支持。但随着危机范围的扩大,发起人救助仍无法阻止基金净值下跌与挤兑。欧洲基金与资产管理协会(European Fund and Asset Management Association,简称EFAMA)与欧洲机构货币市场基金协会(Institutional Money Market Funds Association)推动欧洲央行为货币市场基金提供流动性支持,共提出两条建议,一个是在过渡时期购买货币市场基金单位或股份,另一个是欧洲央行将货币市场基金持有的资产仍视为银行机构的合格抵押品。但两条建议均未能在欧洲央行获得通过。最终欧洲央行采取的方式是：通过降低利率和暂时扩大合格抵押品范围向整个市场提供流动性。2013年欧盟委员会针对欧洲货币市场基金进行改革，在分类及资产估值方法、资产组合多样化及流动性要求、信息披露等方面做出了更为严谨细致的要求，旨在确保货币市场基金能够在市场不稳定条件下更好地利用自身及市场力量来应对赎回压力。

二、央行救助系统性重要货币市场基金的必要性

（一）从规模角度来看，货币市场基金具有系统重要性

截至2019年末，货币市场基金净值达到7.12万亿元，占公募基金比例48.19%。出于免税考虑，机构客户持有货币市场基金的规模较大。机构的同向操作（尤其是同时赎回）将对货币市场基金规模波动产生重大影响。

截至2019年末，货币市场基金投资于同业存款、同业存单合计近5万亿。而单一基金管理人的货币市场基金同业资产规模，相当于一家中型银行的同业负债规模。

因此，无论是从货币市场基金行业规模、客户结构（尤其是银行客户的保有量）还是其所保有的同业资产规模来看，货币市场基金行业都是具有系统性金融风险的行业。虽然2017年出台的货币市场基金流动性新规已经大幅降低了货币市场基金行业的流动性风险，但由于行业系统性重要度较高，我们认为央行有必要将其纳入紧急情况下的流动性救助对象。

（二）货币市场基金的风险可能演变为巨大的金融体系风险

货币市场基金行业的规模体量已经相当巨大，一旦其运作出现风险，该风险将从负债、资产两端迅速向整个金融系统蔓延，其引发的骨牌效应可能引发巨大的金融风险。下面将就货币市场基金可能引发市场风险的情况做详细分析。

首先，货币市场基金从诞生以来，产品功能的核心竞争力就是为客户提供低风险的现金管理服务。从资金端分析，货币市场基金的客户分为两类：个人客户（将货币市场基金作为避险投资工具或者闲钱管理）和机构客户（将货币市场基金作为流动性管理工具）。一旦货币市场基金的运作发生风险，从客户体验的角度来说，可能发生两种情况：一、货币市场基金的净值发生亏损；二、货币市场基金无法赎回。对于个人客户来说，购买货币市场基金的动机主要是理财，货币市场基金提供的高于银行活期存款的收益率是个人客户投资货币市场基金的主要原因。当上述两种情况发生时，个人客户也会蒙受损失。但是考虑到个人客户一般持有货币市场基金的户均规模较小，货币市场基金资产的损失幅度较小，流动性丧失的时间也可控，而且即使货币市场基金发生运作风险，个人客户也不易发生集中挤兑的情况。但是当机构客户持有的货币市场基金出现运作风险时，情况将大不相同。

大部分货币市场基金的机构客户是金融机构，其投资货币市场基金除为了获取低风险的投资收益，还有现金管理的目的。也就是说，货币市场基金的安全性和高流动性（随时可赎回）对于机构客户来说是最基本、最重要的两个要求。一旦某只货币市场基金发生运作风险，作为机构客户的唯一选择就是立即赎回。货币市场基金的机构投资者集中度较高，负面信息的迅速传递将诱使全市场的机构客户采用"一刀切"的策略集中赎回全部货币市场基金，让货币市场基金行业在短期面临巨大的赎回压力。如果此时恰逢市场资金紧张，机构客户的货币市场基金资产无法赎回，将必然影响其流动性管理操作。机构客户将持有的其他流动性资产变现，引发全市场的高流动性资产发生挤兑现象，风险或将迅速蔓延。

其次，从货币市场基金的资产端来看，尽管管理流动性是基金管理人最主要的工作，但货币市场基金资产、负债久期是天然不匹配的：理论上其负债的久期是1天（因所有客户都可能同时赎回），而其资产的平均剩余期限是几十天。这是货币市场基金流动性风险的核心原因。一般情况的规模波动（比如30%上下的规模变化），货币市场基金均可以承受。但是一旦发生短期内规模的大幅下行，基金管理人别无选择，只能尽力将资产变现。考虑到目前我国货币市场基金的资产配置结构，其中同业存款和同业存单占比较高，货币市场基金短期大量支取银行存款，将给商业银行带来巨大的流动性冲击；货币市场基金短期卖出大量同业存单，也将使短期收益率水平迅速上行。总而言之，当货币市场基金受到流动性冲击时，该风险将很快传至商业银行和货币市场，导致市场金融机构出现流动性恐慌和无风险利率的大幅上行。机构客户赎回货币市场基金就是整个金融体系恐慌性螺旋降杠杆的过程，和商业银行被客户短期提款挤兑一样，都会使金融资产价格在各类机构的抛售下出现剧烈的波动。更为严重的是，货币市场基金流动性发生危机之时，往往正是市场资金面较为紧张的时刻，上述传导过程将使资金紧张情况在各个金融机构之间迅速蔓延，这种负向反馈将导致货币市场利率螺旋式上升，使得本来较为紧张的市场行情加速转变为金融体系的流动性危机。

所以，综合来看，货币市场基金是整个市场金融工具中最底层最安全的流动性资产管理工具，在流动性风险来临之时又将是风险暴露最迅速的产品。当市场流动性趋于紧张时，货币市场基金一旦发生行业风险，该风险可能成为整个金融系统流动性风险的加速器，迅速将风险扩散至全市场。

三、央行救助系统性货币市场基金的可行性分析

（一）资产负债角度解决货币市场基金风险问题的可行性分析

货币市场基金应对日常的小规模赎回的方法，主要是通过资产自然到期、卖出资产以及正回购融资。正回购融资会增加基金的杠杆，但是在平时资金面宽松、规模小幅波动的情况下，这部分杠杆会随着后续的客户申购或者资产自然到期而抵消。但是，当货币市场基金面临巨额赎回的压力（一般超过30%）时，基金管理人想解决流动性问题就无法依靠卖出资产和正回购融资这些常规方法了。此时，资产流动性大幅下降（造成的市场波动分析见上文），通过回购融资也只能应对已经发生的有限赎回，且能应对的赎回金额有限，一旦后续赎回量继续增加，基金将面临融资困难、杠杆比例超标、质押券不足等情况。因此，当面对巨额赎回的流动性危机时，正回购融资不仅无法解决货币市场基金的流动性风险，反而可能增加基金管理的难度。流动性危机发生时，货币市场基金将需要另外两种非常规方法来应对，这两种方法如果成功，就能较为彻底地解决流动性问题。一是从资产端出发，将货币市场基金资产变现，比如合理市场冲击的情况下变现债

券资产、提前支取存款等；二是从资金端出发，看是否可以找到客户申购货币市场基金，对冲赎回，维持规模的稳定。

1. 参考海外经验，购买货币市场基金资产，解决资产变现问题

流动性冲击伴随着市场债券成交量的萎靡，资产变现极为困难。因为兑付赎回款，货币市场基金往往被迫在市场上不惜代价卖出同业存单、短融和利率债等资产，促使市场利率螺旋式上升，进而影响一级市场的正常融资。即使能够承受亏损，市场的成交量仍然难以满足货币市场基金巨额赎回量的需求。因此，解决资产变现问题，使货币市场基金能够较为正常地应对赎回，也是阻止风险进一步向其他市场和机构蔓延的可行方法。

参考海外的经验，美国在2008年9月19日至2010年2月1日推出了资产支持商业票据货币市场基金流动性工具（AMLF）。美国存款性机构、银行控股公司、银行控股公司的经纪自营商、外国银行的分支机构可获无追索权的抵押贷款，用以购买在赎回压力下货币市场基金急于变卖的合格商业票据支持的资产证券化产品。美联储间接为货币市场基金提供了流动性，避免踩踏带来的短期金融产品价格暴跌和收益率飙升，并在一定程度上提高了货币市场基金的吸引力。

对于我国货币市场基金可能出现的巨大流动性冲击，我们建议央行也采用类似的手段来维持市场的稳定性。央行可以通过定向提供资金，委托商业银行以合理的市场价格大量购买货币市场基金持有的同业存单、短融和利率债等高流动性资产，解决货币市场基金资产变现的问题，同时避免利率非理性飙升对市场带来的冲击。合理的市场价格不是账面成本，而是一个较为市场化的利率，解决的是散量成交和

利率螺旋上升的风险传导过程。而作为相应的惩罚机制，基金公司需要为市场化资产变现过程中带来的亏损负责，从而督促基金公司以更高的标准来管理货币市场基金，追求合理的管理规模。

可以列入商业银行购买列表里的资产类型，是值得进一步探讨和商榷的问题。目前货币市场基金的资产较为优质，还未出现有毒资产[①]的情况，但若出现了基金公司无法处理的有毒资产，是否将其列入救助范围仍有待商榷。此外，对于各家货币市场基金管理人签订的有条件支取存款、以短滚长存款等则不应列入救助范围，应由基金公司自行承担流动性风险和支取损失，从而防范道德风险。

2. 申购货币市场基金，解决负债稳定问题

以2016年底的流动性冲击为例，货币市场基金面临了巨大的赎回压力，个别负面传闻增加了银行对于非银行机构的不信任，"一刀切"式地赎回货币市场基金加剧了行业的风险。负债规模的一致性下降导致资产抛售，存款变现，风险蔓延。而如果负债规模能够得到稳定，那么风险将不再扩散。稳定负债规模，最为直接的手段，就是央行提供专项资金，委托一级交易商或者中国证券金融股份有限公司（以下简称"证金公司"）购买货币市场基金份额。截至2019年末，货币市场基金70%以上投向了银行存款和存单，近20%投向了中短期回购市场，整体来看，货币市场基金资产的风险较低，一级交易商或者证金公司买入货币市场基金的持有风险也较低。一旦市场流动性冲击过去，随着资产的到期或者变卖等，一级交易商或者证金公司也

---

① 有毒资产指在市场情况良好的时候，资产面临的多方面的不良影响都被暂时掩盖，而当危机降临的时候，潜在的所有因素就会积聚在一起爆发出来。这样的暂时稳定资产就叫作"有毒资产"。

能顺利退出。

与货币市场基金几万亿的机构投资相比较,央行能够提供的资金也是有限的,无限提供资金也会带来较大的道德风险。所以,选择对系统性有重要影响的货币市场基金进行救助,或者选择日常风险控制执行标准高的货币市场基金进行救助,才有利于稳定整个行业的情况,并且起到正向激励的作用。

(二)触发极端情况的条件和阈值

2008年金融危机后,美国货币市场先后经历了4次货币市场基金流动性风险事件,其中有2次是央行通过货币市场工具对货币市场基金市场进行了流动性注入。综合来看,美联储判断是否需要救市的标准主要为货币市场基金的影子价格是否出现大幅度偏离,导致货币市场基金跌破净值,从而引起货币市场基金以外的更广泛的金融体系出现流动性风险。

2008年金融危机和2020年3月的新冠肺炎疫情暴发导致的经济冲击均对货币市场基金资产净值产生了威胁并出现跌破1美元的情况。2008年美联储先后推出AMLF和MMIFF工具专门针对货币市场基金市场进行救市,2020年美联储直接组合使用危机货币政策工具箱向市场释放了大量流动性。

对于中国单个货币市场基金的负偏离而言,政策层面已经给出了较为清晰的政策指导:当负偏离度绝对值达到0.25%时,基金管理人应当在5个交易日内将负偏离度绝对值调整到0.25%以内;当负偏离度绝对值达到0.5%时,基金管理人应当使用风险准备金或者固有资金弥补潜在资产损失,将负偏离度绝对值控制在0.5%以内;当负偏离度绝对值连续两个交易日超过 0.5% 时，基金管理人应当采用公允价值估值方法对持有投资组合的账面价值进行调整，或者采取暂停接受所有赎回申请并终止基金合同进行财产清算等措施。但当整个货币市场基金市场大面积负偏离度达到 0.25% 的时候，实际上组合变现资产的行动已经对万份收益构成明显的负面影响，结合当期市场环境，短期形势若难以缓解，则可初步判定有潜在的系统性风险发生的可能，所以我们认为这样的时刻是需要监管层高度关注的临界点。央行可以启动紧急救助机制，以便及时给予货币市场基金一定的流动性支持。

（三）纳入央行提供流动性的范围和现有流动性工具的可行性分析

央行基于保持银行体系流动性合理稳定的目的，给存款类机构提供了多种货币市场操作工具，如公开市场操作（以下简称 OMO）、短期流动性调节工具（以下简称 SLO）、常备借贷便利（以下简称 SLF）、中期借贷便利（以下简称 MLF）、抵押补充贷款（以下简称 PSL）、临时借贷便利（以下简称 TLF）、临时动用准备金安排（以下简称 CRA）等工具，操作对象从一级交易商到各类存款性金融机构均有涉及（见表 6-4）。

其中，OMO 主要向一级交易商提供，OMO 为最常规的货币政策工具，已经形成每日操作的常态化机制。SLO 的操作对象为一级交易商中具有系统重要性、资产状况良好、政策传导能力强的部分金融机构，是公开市场常规操作的必要补充。但在央行 2004 年发布的《关于 2004 年新增公开市场业务一级交易商及建立一级交易商考评调整机制的通知》中，并未将基金公司或其产品纳入一级交易商的机构范围。而且一级市场交易商有考核机制，其评审指标体系主要包括公开市场业务情况、债券一级市场承销情况、二级市场交易情况及执行和传导货币政策情况等方面。所以 OMO 和 SLO 的模式适用于基金公司及其产品的可能性较低，并且货币市场基金的日常管理风险较低，参与日常的 OMO 等工具的必要性也不高。

目前比较符合的工具是 SLF，它的特点是：（1）由金融机构主动发起，金融机构可根据自身流动性需求申请；（2）是中央银行与金融机构"一对一"交易，针对性强；（3）交易对手覆盖面广，通常覆盖存款金融机构；（4）抵押券范围广，可用高信用评价的债券类资产、优质信贷资产进行抵押。

基于前面我们论证的必要性，我们建议给货币市场基金提供类似 SLF 的操作，允许货币市场基金在遭遇重大流动性风险，例如遇到巨额赎回或其他紧急情况下，根据流动性需求向央行申请借贷便利，防范系统性金融风险。

1. 在质押券方面，建议抵押物为国债、央票、政策性金融债、同业存单、高等级信用债等优质债券，且设置合理的折扣率。特别是同业存单，作为货币市场基金持有的主要估值可流通资产，列入抵押物范围才能使该工具对货币市场基金具有实质性意义。此外，在市场出现流动性紧张时，货币市场基金往往会变现高流动性资产，折扣率过高会导致大部分债券处于质押状态，不利于所持债券的变现。目前，在 MLF 与 SLF 操作中，央行对于质押地方债和利率债打折较为严厉，例如，融入 1 亿元资金，质押地方债需要 1.15 亿元，质押利率债需要 1.05 亿元。建议针对基金公司开展的借贷便利，设置合理的折扣率。

2. 在期限方面，建议以 7 天—1 个月等偏长期限的资金为主，以稳定整体市场的流动性预期，给货币市场基金提供资产变现时间，缓解对整个债券市场的冲击。

3. 在杠杆率计算方面，建议与央行的借贷便利交易不计入杠杆率（货币市场基金杠杆上限为 120%，公募基金杠杆上限为 140%）。

银保监会最新出台的 302 号文中，对于商业银行与央行的公开市场操作部分不计入正逆回购余额的考核。建议货币市场基金的借贷便利参考此政策进行豁免。

综合上述分析，随着货币市场基金的系统重要性逐渐凸显，极端情况下央行对其进行救助是非常有必要的，符合防范系统性金融风险的整体思想。央行的救助实现手段也可以多样化，短期回购流动性支持可以延缓风险，稳定负债规模或者委托购买资产则能根本消除风险的蔓延。

表 6-4 中国人民银行货币市场工具

项目	工具	期限	操作方式	质押	对象	功能	特点/备注
正/逆回购	OMO	7、14、28、91天	以利率招标开展，以质押方式发放（一般质押券没有折扣或折扣较低）	国债、央票、政策性金融债以及央行指定的其他债券	一级交易商	吞吐基础货币，调节市场流动性的主要货币政策工具，正回购收回流动性，逆回购投放流动性	目前主要面向一级交易商中的银行类机构，非银行尚未加入
短期流动性调节工具	SLO	1—7天	利率招标，质押	从2016年1月29日起，将政府支持机构债券和商业银行债券纳入公开市场操作和SLO质押品范围	一级交易商中具有系统重要性、资产状况良好、政策传导能力强的部分金融机构	公开市场常规操作的必要补充，以7天期内短期回购为主	—
常备借贷便利	SLF	1—3个月	抵押	高信用评价的债券类资产、优质信贷资产等	交易对手覆盖面广，通常覆盖存款金融机构	金融机构可根据自身流动性需求申请，满足金融机构期限较长的大额流动性需求，是中央银行与金融机构"一对一"交易，针对性强	①由金融机构主动发起，金融机构可根据自身流动性需求申请；②是中央银行与金融机构"一对一"交易，针对性强；③交易对手覆盖面广，通常覆盖存款金融机构
中期借贷便利	MLF	3个月、6个月、9个月、1年等	利率招标，质押	国债、央票、政策性金融债、高等级信用债等优质债券，后加入同业存单	符合宏观审慎管理的商业银行、政策性银行（目前面向17—22家银行）	发挥中期政策利率作用，通过调节向金融机构中期融资的成本对金融机构资产负债表和市场预期产生影响，促进社会融资成本的降低	—

280

第六章 推进中国货币市场基金健康发展的政策建议

续表

项目	工具	期限	操作方式	质押	对象	功能	特点/备注
抵押补充贷款	PSL	期限较长，一般≥1年	质押	高信用评级的债券类资产及优质抵押资产等	主要政策性银行	支持国民经济重点领域、薄弱环节和社会事业发展而对金融机构提供的期限较长的大额融资	期限最长，只通过政策性银行发放，且资金流向为政策性产品
临时借贷便利	TLF	28天	定向开展，利率与28天逆回购相同	无须抵押品	大型商业银行	对冲春节流动性扰动，解决无抵押券的尴尬局面	2016年春节，为熨平春节大量取现等流动性扰动，央行曾面向大行开展28天左右的TLF，规模在6000亿左右，无须抵押品，资金成本与28天逆回购相同
临时准备金动用安排	CRA	1个月	范围内银行申报，最高是两个百分点的法定存款准备金，可分多次但单次不低于0.5%	无须质押物，准备金的支取，机会成本在于没有利息	全国性商业银行	可临时使用不超过两个百分点的法定存款准备金，使用期限为30天，对冲春节流动性扰动	2017年12月29日公告：①范围扩大至全国性银行；②不需要抵押和LCR等指标考核压力；③动用银行处自身存在央行的准备金，应付成本为央行额外的资金成本（即成本为0），只是这部分准备金取用时支付后，无法享受1.62%的法定准备金利率（机会成本概念）。

数据来源：易方达基金、中金公司。

附 录

附录一　货币市场基金监督管理办法

第一章　总则

第一条　为了促进公开募集证券投资基金（以下简称基金）的发展，规范货币市场基金的募集、运作及相关活动，保护投资人及相关当事人的合法权益，根据《证券投资基金法》及其他有关法律、行政法规，制定本办法。

第二条　本办法所称货币市场基金是指仅投资于货币市场工具，每个交易日可办理基金份额申购、赎回的基金。

在基金名称中使用"货币""现金""流动"等类似字样的基金视为货币市场基金，适用本办法。

基金管理人可以按照本办法的规定，根据市场与投资者需求，开发设计不同风险收益特征的货币市场基金产品，拓展货币市场基金作为现金管理工具的各项基础功能。

第三条　中国证监会、中国人民银行依照法律、行政法规、本办法的规定和审慎监管原则，对货币市场基金运作活动实施监督管理。

第二章　投资范围与投资限制

第四条　货币市场基金应当投资于以下金融工具：

（一）现金；

（二）期限在 1 年以内（含 1 年）的银行存款、债券回购、中央银行票据、同业存单；

（三）剩余期限在 397 天以内（含 397 天）的债券、非金融企业债务融资工具、资产支持证券；

（四）中国证监会、中国人民银行认可的其他具有良好流动性的货币市场工具。

第五条　货币市场基金不得投资于以下金融工具：

（一）股票；

（二）可转换债券、可交换债券；

（三）以定期存款利率为基准利率的浮动利率债券，已进入最后一个利率调整期的除外；

（四）信用等级在 AA+ 以下的债券与非金融企业债务融资工具；

（五）中国证监会、中国人民银行禁止投资的其他金融工具。

第六条　货币市场基金投资于相关金融工具的比例应当符合下列规定：

（一）同一机构发行的债券、非金融企业债务融资工具及其作为原始权益人的资产支持证券占基金资产净值的比例合计不得超过 10%，国债、中央银行票据、政策性金融债券除外；

（二）货币市场基金投资于有固定期限银行存款的比例，不得超过基金资产净值的30%，但投资于有存款期限，根据协议可提前支取的银行存款不受上述比例限制；货币市场基金投资于具有基金托管人资格的同一商业银行的银行存款、同业存单占基金资产净值的比例合计不得超过20%，投资于不具有基金托管人资格的同一商业银行的银行存款、同业存单占基金资产净值的比例合计不得超过5%。

第七条　货币市场基金应当保持足够比例的流动性资产以应对潜在的赎回要求，其投资组合应当符合下列规定：

（一）现金、国债、中央银行票据、政策性金融债券占基金资产净值的比例合计不得低于5%；

（二）现金、国债、中央银行票据、政策性金融债券以及五个交易日内到期的其他金融工具占基金资产净值的比例合计不得低于10%；

（三）到期日在10个交易日以上的逆回购、银行定期存款等流动性受限资产投资占基金资产净值的比例合计不得超过30%；

（四）除发生巨额赎回、连续3个交易日累计赎回20%以上或者连续5个交易日累计赎回30%以上的情形外，债券正回购的资金余额占基金资产净值的比例不得超过20%。

第八条　因市场波动、基金规模变动等基金管理人之外的因素致使货币市场基金投资不符合本办法第六条及第七条第（二）、（三）、（四）项规定的比例或者基金合同约定的投资比例的，基金管理人应当在10个交易日内进行调整，但中国证监会规定的特殊情形除外。

第九条　货币市场基金投资组合的平均剩余期限不得超过120天，平均剩余存续期不得超过240天。

第三章 基金份额净值计价与申购赎回

第十条 对于每日按照面值进行报价的货币市场基金,可以在基金合同中将收益分配的方式约定为红利再投资,并应当每日进行收益分配。

第十一条 货币市场基金应当采取稳健、适当的会计核算和估值方法。在确保基金资产净值能够公允地反映基金投资组合价值的前提下,可采用摊余成本法对持有的投资组合进行会计核算,但应当在基金合同、基金招募说明书中披露该核算方法及其可能对基金净值波动带来的影响。前款规定的基金估值核算方法在特殊情形下不能公允反映基金价值的,货币市场基金可以采用其他估值方法。该特殊情形及该估值方法应当在基金合同中约定。

第十二条 对于采用摊余成本法进行核算的货币市场基金,应当采用影子定价的风险控制手段,对摊余成本法计算的基金资产净值的公允性进行评估。

当影子定价确定的基金资产净值与摊余成本法计算的基金资产净值的负偏离度绝对值达到0.25%时,基金管理人应当在5个交易日内将负偏离度绝对值调整到0.25%以内。当正偏离度绝对值达到0.5%时,基金管理人应当暂停接受申购并在5个交易日内将正偏离度绝对值调整到0.5%以内。当负偏离度绝对值达到0.5%时,基金管理人应当使用风险准备金或者固有资金弥补潜在资产损失,将负偏离度绝对值控制在0.5%以内。当负偏离度绝对值连续两个交易日超过0.5%时,基金管理人应当采用公允价值估值方法对持有投资组合的账面价值进行调整，或者采取暂停接受所有赎回申请并终止基金合同进行财产清算等措施。

前述情形及处理方法应当事先在基金合同中约定并履行信息披露义务。

第十三条　对于不收取申购、赎回费的货币市场基金，可以按照不高于0.25%的比例从基金资产计提一定的费用，专门用于本基金的销售与基金持有人服务。基金年度报告应当对该项费用的列支情况作专项说明。

第十四条　为了保护基金份额持有人的合法权益，基金管理人可以依照相关法律法规以及基金合同的约定，在特定市场条件下暂停或者拒绝接受一定金额以上的资金申购。

第十五条　当日申购的基金份额应当自下一个交易日起享有基金的分配权益；当日赎回的基金份额自下一个交易日起不享有基金的分配权益，但中国证监会认定的特殊货币市场基金品种除外。

第十六条　货币市场基金的基金份额可以在依法设立的交易场所进行交易，或者按照法律法规和合同约定进行协议转让。

第十七条　基金管理人应当建立健全内部流动性风险控制制度，细化流动性风险管理措施。在满足相关流动性风险管理要求的前提下，当货币市场基金持有的现金、国债、中央银行票据、政策性金融债券以及5个交易日内到期的其他金融工具占基金资产净值的比例合计低于5%且偏离度为负时，为确保基金平稳运作，避免诱发系统性风险，基金管理人应当对当日单个基金份额持有人申请赎回基金份额超过基金总份额1%以上的赎回申请征收1%的强制赎回费用，并将上述赎回费用全额计入基金财产。基金管理人与基金托管人协商确认上述做法无益于基金利益最大化的情形除外。前述情形及处理方法应当事先在基金合同中约定。

为公平对待不同类别基金份额持有人的合法权益,货币市场基金应当在基金合同中约定,单个基金份额持有人在单个开放日申请赎回基金份额超过基金总份额10%的,基金管理人可以采取延期办理部分赎回申请或者延缓支付赎回款项的措施。

第四章 宣传推介与信息披露

第十八条 基金管理人应当在货币市场基金的招募说明书及宣传推介材料的显著位置列明,投资者购买货币市场基金并不等于将资金作为存款存放在银行或者存款类金融机构,基金管理人不保证基金一定盈利,也不保证最低收益。

第十九条 基金管理人、基金销售机构在从事货币市场基金销售活动过程中,应当按照有关法律法规规定制作宣传推介材料,严格规范宣传推介行为,充分揭示投资风险,不得承诺收益,不得使用与货币市场基金风险收益特征不相匹配的表述,不得夸大或者片面宣传货币市场基金的投资收益或者过往业绩。除基金管理人、基金销售机构外,其他机构或者个人不得擅自制作或者发放与货币市场基金相关的宣传推介材料;登载货币市场基金宣传推介材料的,不得片面引用或者修改其内容。

第二十条 基金销售支付结算机构等相关机构开展与货币市场基金相关的业务推广活动,应当事先征得合作基金管理人或者基金销售机构的同意,严格遵守相关法律法规的规定,不得混同、比较货币市场基金与银行存款及其他产品的投资收益，不得以宣传理财账户或者服务平台等名义变相从事货币市场基金的宣传推介活动。

第二十一条 基金管理人、基金销售机构独立或者与互联网机构等其他机构合作开展货币市场基金互联网销售业务时，应当采取显著方式向投资人揭示提供基金销售服务的主体、投资风险以及销售的货币市场基金名称，不得以理财账户或者服务平台的名义代替基金名称，并对合作业务范围、法律关系界定、信息安全保障、客户信息保密、合规经营义务、应急处置机制、防范非法证券活动、合作终止时的业务处理方案、违约责任承担和投资人权益保护等进行明确约定。

第二十二条 基金管理人、基金销售机构与互联网机构等其他机构合作开展货币市场基金销售业务，不得有以下情形：

（一）未经中国证监会注册取得基金销售业务资格，擅自从事基金宣传推介、份额发售与申购赎回等相关业务；

（二）侵占或者挪用基金销售结算资金；

（三）欺诈误导投资人；

（四）未向投资人充分揭示投资风险；

（五）泄露投资人客户资料、交易信息等非公开信息；

（六）从事违法违规经营活动；

（七）法律法规及中国证监会规定的其他情形。

第二十三条 基金管理人、基金销售机构、基金销售支付结算机构以及互联网机构在从事或者参与货币市场基金销售过程中，向投资人提供快速赎回等增值服务的，应当充分揭示增值服务的业务规则，并采取有效方式披露增值服务的内容、范围、权利义务、费用及限制条件等信息，不得片面强调增值服务便利性，不得使用夸大或者虚假用语宣传增值服务。

从事基金销售支付结算业务的非银行支付机构应当严格按照《支付机构客户备付金存管办法》有关要求存放、使用、划转客户备付金，不得将客户备付金用于基金赎回垫资。

第二十四条　基金管理人应当严格按照有关基金信息披露法律法规要求履行货币市场基金的信息披露义务，鼓励基金管理人结合自身条件，自愿增加货币市场基金信息披露的频率和内容，提高货币市场基金的透明度。

第五章　风险控制

第二十五条　基金管理人从事货币市场基金投资管理活动，应当坚持组合管理、分散投资的基本原则，严格按照本办法规定和基金合同约定的投资范围与比例限制进行资产配置，构建与货币市场基金风险收益特征相匹配的投资组合。

第二十六条　基金管理人应当建立健全货币市场基金相关投资管理制度、风险控制系统与信息技术系统，加强对流动性风险、利率风险、信用风险、交易对手风险、道德风险等各类风险的管理与控制。

第二十七条　基金管理人应当注重货币市场基金操作风险的防控，针对货币市场基金申购赎回、交易清算、估值核算、信息披露等环节制定相关业务操作指引并建立风险识别与管理制度，提高从业人员的风险防范意识与业务操作能力。

第二十八条　基金管理人应当加强货币市场基金从事逆回购交易的流动性风险和交易对手风险的管理，合理分散逆回购交易到期日和交易对手的集中度，加强逆回购交易质押品资质和质押品期限的控制，质押品按公允价值计算应当足额。

第二十九条　基金管理人应当加强对货币市场基金投资银行存款风险的评估与研究，严格测算与控制投资银行存款的风险敞口，针对不同类型存款银行建立相关投资限制制度，投资各类银行存款所形成的潜在利息损失应当与基金管理人的风险准备金规模相匹配。如果出现因提前支取而导致利息损失的情形，基金管理人应当使用风险准备金予以弥补，风险准备金不足的，应当使用固有资金予以弥补。

第三十条　基金管理人应当建立和完善货币市场基金债券投资的内部信用评级制度，综合运用外部信用评级与内部信用评级结果，按照审慎原则具体限定不同信用等级金融工具的投资限制。基金管理人应当对货币市场基金已投资的信用类金融工具建立内部评级跟踪制度与估值风险防范机制，并保留相关资料备查。

第三十一条　基金管理人应当将压力测试作为货币市场基金风险管理的重要手段，建立科学审慎、全面有效的压力测试制度，结合自身风险管理水平与市场情况定期或者不定期开展压力测试，并针对压力测试结果及时采取防范措施，同时将最近一个年度的压力测试工作底稿留存备查。

第三十二条　货币市场基金遇到下列极端风险情形之一的，基金管理人及其股东在履行内部程序后，可以使用固有资金从货币市场基金购买金融工具：

（一）货币市场基金持有的金融工具出现兑付风险；

（二）货币市场基金发生巨额赎回，且持有资产的流动性难以满足赎回要求；

（三）货币市场基金负偏离度绝对值超过 0.25% 时，需要从货币市场基金购买风险资产。

基金管理人及其股东购买相关金融工具的价格不得低于该金融工具的账面价值。

前述事项发生后，基金管理人应当在两个交易日内向中国证监会报告，并依法履行信息披露义务，其中涉及银行间市场的，应当遵守中国人民银行有关规定，向相关部门备案。

第三十三条　基金管理人应当坚持稳健经营理念，其货币市场基金管理规模应当与自身的人员储备、投研和客服能力、风险管理和内部控制水平相匹配，杜绝片面追求收益率和基金规模，不得以收益率作为基金经理考核评价的唯一标准，不得通过交易上的安排规避本办法对投资范围、投资比例、平均剩余期限及存续期的相关规定，不得违规从事或者参与债券代持交易。

第三十四条　基金托管人应当切实履行共同受托职责，严格按照本办法规定对所托管的货币市场基金的日常投资运作活动实施监督，与基金管理人共同做好货币市场基金的风险管理工作，可以根据市场情况及业务发展的需要，对货币市场基金提供流动性支持服务。

第六章　监督管理与法律责任

第三十五条　货币市场基金的份额净值计价、募集、申购、赎回、投资、信息披露、宣传推介等活动，应当遵守有关法律法规和本办法的规定。

第三十六条 货币市场基金在全国银行间市场的交易、结算等市场行为,应当遵守中国人民银行关于全国银行间市场的管理规定,并接受中国人民银行的监管和动态检查。

第三十七条 基金管理人、基金托管人在管理与托管货币市场基金过程中,因违反法律法规或者基金合同约定导致基金财产或者基金份额持有人损失的,应当分别对各自的行为依法承担赔偿责任;因共同行为导致基金财产或者基金份额持有人损失的,应当承担连带赔偿责任。

第三十八条 基金管理人违反本办法规定的,中国证监会可以采取责令改正、监管谈话、出具警示函,整改期间暂停受理及审查基金产品募集申请或者其他业务申请等行政监管措施,记入诚信档案;对直接负责的主管人员和其他直接责任人员,可以依法采取监管谈话、出具警示函、认定为不适当人选等行政监管措施,记入诚信档案;情节严重的,可以对基金管理人及其直接负责的主管人员和其他直接责任人员单处或者并处警告、3万元以下罚款;涉嫌犯罪的,依法移送司法机关,追究刑事责任。

第三十九条 基金管理人在管理货币市场基金过程中,由于风险管理不善而发生重大风险事件或者存在重大违法违规行为的,中国证监会可以责令基金管理人提高风险准备金的计提比例或者一次性补足一定金额的风险准备金;情节严重的,可以根据《证券投资基金法》有关规定,对基金管理人采取责令停业整顿、指定其他机构托管、接管、取消基金管理资格或者撤销等监管措施。

第四十条 基金托管人未按照本办法规定履行货币市场基金托管职责的,中国证监会可以依据《证券投资基金托管业务管理办法》有关规定采取行政监管措施。

第四十一条 基金销售机构、基金销售支付机构及互联网机构等相关机构或者个人在从事或者参与货币市场基金的销售、宣传推介等活动过程中，违反本办法规定的，中国证监会可以依据《证券投资基金销售管理办法》等有关规定采取行政监管措施。

第七章 附则

第四十二条 本办法由中国证监会、中国人民银行负责解释。

第四十三条 本办法自 2016 年 2 月 1 日起施行。《货币市场基金管理暂行规定》（证监发〔2004〕78 号）、《关于货币市场基金投资等相关问题的通知》（证监基金字〔2005〕41 号）、《关于货币市场基金投资短期融资券有关问题的通知》（证监基金字〔2005〕163 号）、《关于货币市场基金投资银行存款有关问题的通知》（证监发〔2005〕190 号）、《关于加强货币市场基金风险控制有关问题的通知》（基金部通知〔2011〕41 号）等文件同时废止。

附录二 公开募集开放式证券投资基金流动性风险管理规定

第一章 总则

第一条 为加强对公开募集开放式证券投资基金(以下简称开放式基金)流动性风险的管控,进一步规范开放式基金的投资运作活动,完善基金管理人的内部控制,保护投资者的合法权益,根据《证券投资基金法》《公开募集证券投资基金运作管理办法》《货币市场基金监督管理办法》及其他有关法律法规,制定本规定。

第二条 本规定所称开放式基金是指基金份额总额在基金合同期限内不固定,基金份额可以在基金合同约定的时间和场所进行申购或者赎回的基金。采取定期开放方式运作的基金在开放期内适用本规定。

第三条 本规定所称流动性风险是指基金管理人未能以合理价格及时变现基金资产以支付投资者赎回款项的风险,风险管理的目标是确保基金组合资产的变现能力与投资者赎回需求的匹配与平衡。

第四条 基金管理人应当专业审慎、勤勉尽责地管控基金的流动性风险，促使基金稳健投资运作以及基金净值公允计价，确保投资者的合法权益不受损害并得到公平对待。

第二章 管理人内部控制

第五条 基金管理人应当建立健全开放式基金流动性风险管理的内部控制体系，包括但不限于：严密完备的管理制度、科学规范的业务控制流程、清晰明确的组织架构与职责分工、独立严格的监督制衡与评估机制、灵活有效的应急处置计划等。

第六条 基金管理人在实施开放式基金的流动性风险管理时，应当详细分析基金的投资策略、估值方法、历史申购与赎回数据、销售渠道、投资者类型、投资者结构、投资者风险偏好与潜在的流动性要求、基础市场环境等多种因素，按照变现能力对基金所持有的组合资产进行适当分类，审慎评估各类资产的流动性，针对性制定流动性风险管理措施。

第七条 基金管理人应当全覆盖、多维度建立以压力测试为核心的开放式基金流动性风险监测与预警制度，区分不同类型开放式基金制定健全有效的流动性风险指标预警监测体系，结合自身风险管理水平与市场情况建立常态化的压力测试工作机制。压力测试应当符合以下要求：

（一）基于个体基金层面，设置不同的压力测试情景及相关模型，充分考虑基金规模、投资策略、投资标的、投资者类型以及市场风险等因素，压力测试的数据基础应当可靠且及时更新；

（二）建立压力测试结果的报告反馈机制，测试结果应当运用到基金的具体投资运作及流动性风险管理等环节；

（三）针对压力测试识别出的流动性风险，制定具体可行的应对预案，预案包括但不限于：预案触发情景、应急程序与措施、应急资金来源、公司董事会、管理层及各部门的职责与权限等；

（四）由专门部门负责压力测试的实施与评估，该部门应当独立于投资管理部门；

（五）压力测试工作底稿与风险应对预案应当留存备查。

第八条　开放式基金流动性风险管理的组织架构体系应当健全有效、权责分明、协调制衡。基金管理人董事会对建立开放式基金流动性风险管理内部控制系统和维持其有效性承担最终责任，基金管理人管理层对其有效执行承担主要责任，基金管理人的合规负责人应当监督检查开放式基金流动性风险管理的合法合规情况及公司内部控制情况。

第九条　基金管理人应当设立专门的岗位并配备足够的人员负责基金的流动性风险评估与监测，监督流动性风险管理制度的执行情况；相关岗位与人员应当独立于投资管理部门，并具有明确且独立的报告路径。

第十条　基金经理应当对所管理基金的流动性风险承担直接责任。基金经理从事开放式基金投资管理活动，应当坚持组合管理、分散投资的基本原则，严格按照法律法规的有关规定和基金合同约定的投资范围与比例限制实施投资管理。

第十一条　基金管理人应当针对流动性风险管理建立严格的考核问责机制，将流动性风险管理状况纳入基金经理的年度考核评价标准，并与其薪酬奖励挂钩。

第三章 产品设计

第十二条 基金管理人应当在基金产品的初始设计阶段,综合评估分析投资标的流动性、投资策略、投资限制、销售渠道、潜在投资者类型与风险偏好、投资者结构等因素,审慎决定是否采取开放式运作。

拟实施开放式运作的,组合资产的流动性应当与基金合同约定的申购赎回安排相匹配,投资策略应当能够支持不同市场情形下投资者的赎回要求,基金投资者结构、基金估值计价等方面安排能够使投资者得到公平对待。

基金管理人应当针对前述要求形成基金流动性风险评估报告,至少经分管高级管理人员及基金经理评估签字后,在基金注册申请时予以提交。

第十三条 对主要投资于非上市交易的股票、债券及不存在活跃市场需要采用估值技术确定公允价值的投资品种的基金,应当采用封闭或定期开放运作方式。

第十四条 基金管理人新设基金,拟允许单一投资者持有基金份额超过基金总份额50%的,应当采用封闭或定期开放运作方式且定期开放周期不得低于3个月(货币市场基金除外),并采用发起式基金形式,在基金合同、招募说明书等文件中进行充分披露及标识,且不得向个人投资者公开发售。

交易型开放式指数基金及其联接基金可不受前款规定的限制。

第四章　投资交易限制

第十五条　同一基金管理人管理的全部开放式基金持有一家上市公司发行的可流通股票，不得超过该上市公司可流通股票的15%；同一基金管理人管理的全部投资组合持有一家上市公司发行的可流通股票，不得超过该上市公司可流通股票的30%。

完全按照有关指数的构成比例进行证券投资的开放式基金以及中国证监会认定的特殊投资组合可不受前述比例限制。

第十六条　单只开放式基金主动投资于流动性受限资产的市值合计不得超过该基金资产净值的15%。

因证券市场波动、上市公司股票停牌、基金规模变动等基金管理人之外的因素致使基金不符合前款所规定比例限制的，基金管理人不得主动新增流动性受限资产的投资。

第十七条　基金管理人应当加强开放式基金从事逆回购交易的流动性风险和交易对手风险的管理，合理分散逆回购交易的到期日与交易对手的集中度，按照穿透原则对交易对手的财务状况、偿付能力及杠杆水平等进行必要的尽职调查与严格的准入管理，对不同的交易对手实施交易额度管理并进行动态调整。

基金管理人应当建立健全逆回购交易质押品管理制度，根据质押品资质审慎确定质押率水平，持续监测质押品的风险状况与价值变动，质押品按公允价值计算应当足额。基金与私募类证券资管产品及中国证监会认定的其他主体为交易对手开展逆回购交易的，可接受质押品的资质要求应当与基金合同约定的投资范围保持一致。

第十八条　基金管理人应当严格执行有关开放式基金资金头寸管理的相关规定，不得将结算备付金、存出保证金、应收申购款等计入《公开募集证券投资基金运作管理办法》第二十八条所规定的现金类资产范围。

第五章　申购与赎回管理

第十九条　基金管理人应当加强对开放式基金申购环节的管理，合理控制基金份额持有人集中度，审慎确认大额申购申请，在基金合同、招募说明书中应当对拒绝或暂停接受投资者申购申请的情形进行约定；除本规定第十四条、第二十八条约定的基金品种及中国证监会认定的特殊情形外，不得出现接受某一投资者申购申请后导致其份额超过基金总份额 50% 以上的情形。

当接受申购申请对存量基金份额持有人利益构成潜在重大不利影响时，基金管理人应当采取设定单一投资者申购金额上限或基金单日净申购比例上限、拒绝大额申购、暂停基金申购等措施，切实保护存量基金份额持有人的合法权益。基金管理人基于投资运作与风险控制的需要，可采取上述措施对基金规模予以控制。

第二十条　基金管理人应当对基金组合资产中 7 个工作日可变现资产的可变现价值进行审慎评估与测算，确保每日确认的净赎回申请不得超过 7 个工作日可变现资产的可变现价值，但中国证监会规定的特殊基金品种除外。

第二十一条　基金管理人应当强化对开放式基金巨额赎回的事前监测、事中管控与事后评估，并遵守以下要求：

（一）当开放式基金发生巨额赎回且现金类资产不足以支付赎回款项时，应当在充分评估基金组合资产变现能力、投资比例变动与基金单位份额净值波动的基础上，审慎接受、确认赎回申请，切实保护存量基金份额持有人的合法权益；

（二）开放式基金发生巨额赎回的，除依据《公开募集证券投资基金运作管理办法》第二十三条的规定办理赎回申请外，还应当在基金合同中约定，在单个基金份额持有人超过基金总份额一定比例以上的赎回申请等情形下，实施延期办理赎回申请的具体措施。

第六章 流动性风险管理工具

第二十二条 基金管理人经与基金托管人协商，在确保投资者得到公平对待的前提下，可依照法律法规及基金合同的约定，综合运用各类流动性风险管理工具，对赎回申请等进行适度调整，作为特定情形下基金管理人流动性风险管理的辅助措施，包括但不限于：

（一）延期办理巨额赎回申请；

（二）暂停接受赎回申请；

（三）延缓支付赎回款项；

（四）收取短期赎回费；

（五）暂停基金估值；

（六）摆动定价；

（七）中国证监会认定的其他措施。

基金管理人应当围绕前述工具的实施条件、发起部门、决策程序、业务流程等事项，制定清晰的内部制度并定期更新，确保相关工具实施的及时、有序、透明及公平。

前述第（一）、（二）、（三）项措施，应当符合《公开募集证券投资基金运作管理办法》第二十三条至第二十七条等规定。

第二十三条　基金管理人应当强化对投资者短期投资行为的管理，对除货币市场基金与交易型开放式指数基金以外的开放式基金，对持续持有期少于 7 日的投资者收取不低于 1.5% 的赎回费，并将上述赎回费全额计入基金财产。前述情形及处理方法应当在基金合同、招募说明书中事先约定。

第二十四条　基金管理人应当按照最大限度保护基金份额持有人利益的原则处理基金估值业务，加强极端市场条件下的估值业务管理。

当前一估值日基金资产净值 50% 以上的资产出现无可参考的活跃市场价格且采用估值技术仍导致公允价值存在重大不确定性时，经与基金托管人协商确认后，基金管理人应当暂停基金估值，并采取延缓支付赎回款项或暂停接受基金申购赎回申请的措施。前述情形及处理方法应当在基金合同中事先约定。

第二十五条　当开放式基金发生大额申购或赎回情形时，基金管理人可以对除货币市场基金与交易型开放式指数基金以外的开放式基金采用摆动定价机制，以确保基金估值的公平性，摆动定价机制的相关原理与操作方法应在基金合同中事先约定，并需履行相关信息披露义务。摆动定价机制的处理原则与操作规范由中国证券投资基金业协会另行制定。

第七章 信息披露

第二十六条 基金管理人应当依照基金信息披露相关规定,向投资者披露基金产品主要的流动性风险及其管理方法,以便投资者了解其自身的流动性偏好与基金流动性风险的匹配情况。

(一)基金发售过程中,应当在基金招募说明书等发售文件中披露以下信息:基金申购、赎回安排;拟投资市场、行业及资产的流动性风险评估;巨额赎回情形下的流动性风险管理措施;实施备用的流动性风险管理工具的情形、程序及对投资者的潜在影响等;

(二)基金持续运作过程中,应当在基金年度报告和半年度报告中披露基金组合资产情况及其流动性风险分析等;在发生涉及基金申购、赎回事项调整或潜在影响投资者赎回等重大事项时,及时发布临时公告。

第二十七条 基金运作期间,如报告期内出现单一投资者持有基金份额达到或超过基金总份额20%的情形,为保障其他投资者的权益,基金管理人至少应当在基金定期报告"影响投资者决策的其他重要信息"项下披露该投资者的类别、报告期末持有份额及占比、报告期内持有份额变化情况及产品的特有风险,中国证监会认定的特殊情形除外。

第八章 货币市场基金特别规定

第二十八条 基金管理人新设货币市场基金,拟允许单一投资者持有基金份额比例超过基金总份额50%情形的,除应当符合本规定

第十四条要求外，还应当至少符合以下情形之一：

（一）不得采用摊余成本法对基金持有的组合资产进行会计核算；

（二）80%以上的基金资产需投资于现金、国债、中央银行票据、政策性金融债券以及 5 个交易日内到期的其他金融工具。

第二十九条　基金管理人应当对所管理的采用摊余成本法进行核算的货币市场基金实施规模控制。同一基金管理人所管理采用摊余成本法进行核算的货币市场基金的月末资产净值合计不得超过该基金管理人风险准备金月末余额的 200 倍。

中国证监会可结合基金管理人对货币市场基金的合规运作情况、风险管理水平与申购赎回机制安排等，适时调整前述倍数，实施差别化监管措施。

第三十条　基金管理人应当对所管理的货币市场基金的份额持有人集中度实施严格的监控与管理，根据份额持有人集中度情况对货币市场基金的投资组合实施调整，并遵守以下要求：

（一）当货币市场基金前 10 名份额持有人的持有份额合计超过基金总份额的 50% 时，货币市场基金投资组合的平均剩余期限不得超过 60 天，平均剩余存续期不得超过 120 天；投资组合中现金、国债、中央银行票据、政策性金融债券以及 5 个交易日内到期的其他金融工具占基金资产净值的比例合计不得低于 30%。

（二）当货币市场基金前 10 名份额持有人的持有份额合计超过基金总份额的 20% 时，货币市场基金投资组合的平均剩余期限不得超过 90 天，平均剩余存续期不得超过 180 天；投资组合中现金、国债、中央银行票据、政策性金融债券以及 5 个交易日内到期的其他金融工具占基金资产净值的比例合计不得低于 20%。

基金管理人应当在每个交易日 10：00 前将货币市场基金前一交易日前 10 名基金份额持有人合计持有比例等信息报送基金托管人，基金托管人依法履行投资监督职责。

第三十一条　对前 10 名份额持有人的持有份额合计超过基金总份额 50% 的货币市场基金，当投资组合中现金、国债、中央银行票据、政策性金融债券以及 5 个交易日内到期的其他金融工具占基金资产净值的比例合计低于 10% 且偏离度为负时，应当参照《货币市场基金监督管理办法》第十七条的要求，对当日单个基金份额持有人超过基金总份额 1% 以上的赎回申请征收 1% 的强制赎回费用。

第三十二条　单只货币市场基金主动投资于流动性受限资产的市值合计不得超过该基金资产净值的 10%。被动超过比例限制的，比照本规定第十六条第二款执行。

第三十三条　货币市场基金投资于主体信用评级低于 AAA 的机构发行的金融工具占基金资产净值的比例合计不得超过 10%，其中单一机构发行的金融工具占基金资产净值的比例合计不得超过 2%。

前述金融工具包括债券、非金融企业债务融资工具、银行存款、同业存单、相关机构作为原始权益人的资产支持证券及中国证监会认定的其他品种。

货币市场基金拟投资于主体信用评级低于 AA+ 的商业银行的银行存款与同业存单的，应当经基金管理人董事会审议批准，相关交易应当事先征得基金托管人的同意，并作为重大事项履行信息披露程序。

第三十四条　同一基金管理人管理的全部货币市场基金投资同一商业银行的银行存款及其发行的同业存单与债券，不得超过该商业银行最近一个季度末净资产的 10%。

第三十五条　因基金份额持有人赎回等基金管理人之外的因素导致货币市场基金投资不符合本规定第三十条、第三十三条及第三十四条要求的，基金管理人应当在10个交易日内进行调整，但中国证监会规定的特殊情形除外。

第三十六条　货币市场基金应当在年度报告、半年度报告中，至少披露报告期末基金前10名份额持有人的类别、持有份额及占总份额的比例等信息。

第三十七条　对于被认定为具有系统重要性的货币市场基金，由中国证监会会同中国人民银行另行制定专门的监管规则。

第九章　监督管理

第三十八条　基金管理人违反本规定的，中国证监会可根据《公开募集证券投资基金运作管理办法》《货币市场基金监督管理办法》等规定，采取责令改正、监管谈话、出具警示函，整改期间暂停受理及审查基金产品募集申请或者其他业务申请等行政监管措施，计入诚信档案；对直接负责的主管人员和其他直接责任人员，可以采取监管谈话、出具警示函、认定为不适当人选等行政监管措施，计入诚信档案。依法应予行政处罚的，依照有关规定进行行政处罚；涉嫌犯罪的，依法移送司法机关，追究刑事责任。

第三十九条　基金管理人在管理开放式基金过程中，由于流动性风险管理不善而发生重大风险事件或者存在重大违法违规行为的，中国证监会可以责令基金管理人提高风险准备金的计提比例或者一次性补足一定金额的风险准备金；情节严重的，可以根据《证券投资基金法》有关规定，对基金管理人采取责令停业整顿、指定其他机构托管、接管、取消基金管理资格或者撤销等监管措施。

第十章　附则

第四十条　本规定相关释义如下：

（一）第十六条所述流动性受限资产，是指由于法律法规、监管、合同或操作障碍等原因无法以合理价格予以变现的资产，包括但不限于到期日在10个交易日以上的逆回购与银行定期存款（含协议约定有条件提前支取的银行存款）、停牌股票、流通受限的新股及非公开发行股票、资产支持证券、因发行人债务违约无法进行转让或交易的债券等；第三十二条所述流动性受限资产，是指货币市场基金依法可投资的符合前述条件的资产，但中国证监会认可的特殊情形除外。

（二）第二十条所述7个工作日可变现资产，具体包括可在交易所、银行间市场正常交易的股票、债券、非金融企业债务融资工具及同业存单，7个工作日内到期或可支取的逆回购、银行存款，7个工作日内能够确认收到的各类应收款项等。

（三）第二十五条所述摆动定价机制，是指当开放式基金遭遇大额申购赎回时，通过调整基金份额净值的方式，将基金调整投资组合的市场冲击成本分配给实际申购、赎回的投资者，从而减少对存量基金份额持有人利益的不利影响，确保投资者的合法权益不受损害并得到公平对待。

（四）基金管理人使用固有资金、公司高级管理人员及基金经理等人员出资认购的基金份额超过基金总份额50%的，不受本规定第十四条、第十九条的限制。

（五）采用摊余成本法进行会计核算的单笔认申购基金份额采用固定期限锁定持有的理财债券基金，适用本规定第二十九条的要求。

（六）基金管理人依据本规定第三十条对所管理的货币市场基金前 10 名份额持有人的持有份额占比进行测算时，可不将其固有资金投资的基金份额纳入测算范围。

第四十一条　本规定自 2017 年 10 月 1 日起施行。

基金管理人新发起设立的开放式基金应当符合本规定的要求。本规定施行前存续的开放式基金，按以下要求执行：

（一）不符合本规定第十五条、第三十条、第三十三条和第三十四条的，基金管理人应当自本规定施行之日起 6 个月内予以调整。

对于被认定为具有系统重要性的货币市场基金的投资调整期限，由中国证监会另行设定。

（二）自本规定施行之日起，基金管理人的风险准备金不符合本规定第二十九条的，不得发起设立新的采用摊余成本法进行核算的货币市场基金与单笔认申购基金份额采用固定期限锁定持有的理财债券基金，并自下个月起将风险准备金的计提比例提高至 20%以上。

（三）存续基金拟变更为本规定第十四条或第二十八条约定基金品种的，应当依法履行更新注册等程序。

本规定施行前，单一投资者持有开放式基金份额已达到或超过基金总份额 50% 的，基金管理人后续不得再接受该单一投资者的申购申请，中国证监会认定的特殊情形除外。

（四）对已经成立或已获核准但尚未完成募集的开放式基金，原基金合同内容不符合本规定的,应当在本规定施行之日起 6 个月内,修改基金合同并公告。因上述原因导致募集期间的基金合同发生变更的,已经缴纳认购款的投资者可以依法申请退回。

附录三 关于规范金融机构资产管理业务的指导意见

近年来,我国资产管理业务快速发展,在满足居民和企业投融资需求、改善社会融资结构等方面发挥了积极作用,但也存在部分业务发展不规范、多层嵌套、刚性兑付、规避金融监管和宏观调控等问题。按照党中央、国务院决策部署,为规范金融机构资产管理业务,统一同类资产管理产品监管标准,有效防控金融风险,引导社会资金流向实体经济,更好地支持经济结构调整和转型升级,经国务院同意,现提出以下意见:

一、规范金融机构资产管理业务主要遵循以下原则:

(一)坚持严控风险的底线思维。把防范和化解资产管理业务风险放到更加重要的位置,减少存量风险,严防增量风险。

(二)坚持服务实体经济的根本目标。既充分发挥资产管理业务功能,切实服务实体经济投融资需求,又严格规范引导,避免资金脱实向虚在金融体系内部自我循环,防止产品过于复杂,加剧风险跨行业、跨市场、跨区域传递。

(三)坚持宏观审慎管理与微观审慎监管相结合、机构监管与功能监管相结合的监管理念。实现对各类机构开展资产管理业务的全面、统一覆盖，采取有效监管措施，加强金融消费者权益保护。

（四）坚持有的放矢的问题导向。重点针对资产管理业务的多层嵌套、杠杆不清、套利严重、投机频繁等问题，设定统一的标准规制，同时对金融创新坚持趋利避害、一分为二，留出发展空间。

（五）坚持积极稳妥审慎推进。正确处理改革、发展、稳定关系，坚持防范风险与有序规范相结合，在下决心处置风险的同时，充分考虑市场承受能力，合理设置过渡期，把握好工作的次序、节奏、力度，加强市场沟通，有效引导市场预期。

二、资产管理业务是指银行、信托、证券、基金、期货、保险资产管理机构、金融资产投资公司等金融机构接受投资者委托，对受托的投资者财产进行投资和管理的金融服务。金融机构为委托人利益履行诚实信用、勤勉尽责义务并收取相应的管理费用，委托人自担投资风险并获得收益。金融机构可以与委托人在合同中事先约定收取合理的业绩报酬，业绩报酬计入管理费，须与产品一一对应并逐个结算，不同产品之间不得相互串用。

资产管理业务是金融机构的表外业务，金融机构开展资产管理业务时不得承诺保本保收益。出现兑付困难时，金融机构不得以任何形式垫资兑付。金融机构不得在表内开展资产管理业务。

私募投资基金适用私募投资基金专门法律、行政法规，私募投资基金专门法律、行政法规中没有明确规定的适用本意见，创业投资基金、政府出资产业投资基金的相关规定另行制定。

三、资产管理产品包括但不限于人民币或外币形式的银行非保本理财产品，资金信托，证券公司、证券公司子公司、基金管理公司、基金管理子公司、期货公司、期货公司子公司、保险资产管理机构、金融资产投资公司发行的资产管理产品等。依据金融管理部门颁布规则开展的资产证券化业务，依据人力资源社会保障部门颁布规则发行的养老金产品，不适用本意见。

四、资产管理产品按照募集方式的不同，分为公募产品和私募产品。公募产品面向不特定社会公众公开发行。公开发行的认定标准依照《中华人民共和国证券法》执行。私募产品面向合格投资者通过非公开方式发行。

资产管理产品按照投资性质的不同，分为固定收益类产品、权益类产品、商品及金融衍生品类产品和混合类产品。固定收益类产品投资于存款、债券等债权类资产的比例不低于80%，权益类产品投资于股票、未上市企业股权等权益类资产的比例不低于80%，商品及金融衍生品类产品投资于商品及金融衍生品的比例不低于80%，混合类产品投资于债权类资产、权益类资产、商品及金融衍生品类资产且任一资产的投资比例未达到前三类产品标准。非因金融机构主观因素导致突破前述比例限制的，金融机构应当在流动性受限资产可出售、可转让或者恢复交易的15个交易日内调整至符合要求。

金融机构在发行资产管理产品时，应当按照上述分类标准向投资者明示资产管理产品的类型，并按照确定的产品性质进行投资。在产品成立后至到期日前，不得擅自改变产品类型。混合类产品投资债权类资产、权益类资产和商品及金融衍生品类资产的比例范围应当在发行产品时予以确定并向投资者明示，在产品成立后至到期日前不得擅自改变。产品的实际投向不得违反合同约定，如有改变，除高风险类型的产品超出比例范围投资较低风险资产外，应当先行取得投资者书面同意，并履行登记备案等法律法规以及金融监督管理部门规定的程序。

五、资产管理产品的投资者分为不特定社会公众和合格投资者两大类。合格投资者是指具备相应风险识别能力和风险承担能力，投资于单只资产管理产品不低于一定金额且符合下列条件的自然人和法人或者其他组织。

（一）具有 2 年以上投资经历，且满足以下条件之一：家庭金融净资产不低于 300 万元，家庭金融资产不低于 500 万元，或者近 3 年本人年均收入不低于 40 万元。

（二）最近 1 年末净资产不低于 1 000 万元的法人单位。

（三）金融管理部门视为合格投资者的其他情形。

合格投资者投资于单只固定收益类产品的金额不低于 30 万元，投资于单只混合类产品的金额不低于 40 万元，投资于单只权益类产品、单只商品及金融衍生品类产品的金额不低于 100 万元。

投资者不得使用贷款、发行债券等筹集的非自有资金投资资产管理产品。

六、金融机构发行和销售资产管理产品，应当坚持"了解产品"和"了解客户"的经营理念，加强投资者适当性管理，向投资者销售与其风险识别能力和风险承担能力相适应的资产管理产品。禁止欺诈或者误导投资者购买与其风险承担能力不匹配的资产管理产品。金融机构不得通过拆分资产管理产品的方式，向风险识别能力和风险承担能力低于产品风险等级的投资者销售资产管理产品。

金融机构应当加强投资者教育，不断提高投资者的金融知识水平和风险意识，向投资者传递"卖者尽责、买者自负"的理念，打破刚性兑付。

七、金融机构开展资产管理业务，应当具备与资产管理业务发展相适应的管理体系和管理制度，公司治理良好，风险管理、内部控制和问责机制健全。

金融机构应当建立健全资产管理业务人员的资格认定、培训、考核评价和问责制度，确保从事资产管理业务的人员具备必要的专业知识、行业经验和管理能力，充分了解相关法律法规、监管规定以及资产管理产品的法律关系、交易结构、主要风险和风险管控方式，遵守行为准则和职业道德标准。

对于违反相关法律法规以及本意见规定的金融机构资产管理业务从业人员，依法采取处罚措施直至取消从业资格，禁止其在其他类型金融机构从事资产管理业务。

八、金融机构运用受托资金进行投资，应当遵守审慎经营规则，制定科学合理的投资策略和风险管理制度，有效防范和控制风险。

金融机构应当履行以下管理人职责：

（一）依法募集资金，办理产品份额的发售和登记事宜。

（二）办理产品登记备案或者注册手续。

（三）对所管理的不同产品受托财产分别管理、分别记账，进行投资。

（四）按照产品合同的约定确定收益分配方案，及时向投资者分配收益。

（五）进行产品会计核算并编制产品财务会计报告。

（六）依法计算并披露产品净值或者投资收益情况，确定申购、赎回价格。

（七）办理与受托财产管理业务活动有关的信息披露事项。

（八）保存受托财产管理业务活动的记录、账册、报表和其他相关资料。

（九）以管理人名义，代表投资者利益行使诉讼权利或者实施其他法律行为。

（十）在兑付受托资金及收益时，金融机构应当保证受托资金及收益返回委托人的原账户、同名账户或者合同约定的受益人账户。

（十一）金融监督管理部门规定的其他职责。

金融机构未按照诚实信用、勤勉尽责原则切实履行受托管理职责，造成投资者损失的，应当依法向投资者承担赔偿责任。

九、金融机构代理销售其他金融机构发行的资产管理产品，应当符合金融监督管理部门规定的资质条件。未经金融监督管理部门许可，任何非金融机构和个人不得代理销售资产管理产品。

金融机构应当建立资产管理产品的销售授权管理体系，明确代理销售机构的准入标准和程序，明确界定双方的权利与义务，明确相关风险的承担责任和转移方式。

金融机构代理销售资产管理产品，应当建立相应的内部审批和风险控制程序，对发行或者管理机构的信用状况、经营管理能力、市场投资能力、风险处置能力等开展尽职调查，要求发行或者管理机构提供详细的产品介绍、相关市场分析和风险收益测算报告，进行充分的信息验证和风险审查，确保代理销售的产品符合本意见规定并承担相应责任。

十、公募产品主要投资标准化债权类资产以及上市交易的股票，除法律法规和金融管理部门另有规定外，不得投资未上市企业股权。

公募产品可以投资商品及金融衍生品，但应当符合法律法规以及金融管理部门的相关规定。

私募产品的投资范围由合同约定，可以投资债权类资产、上市或挂牌交易的股票、未上市企业股权（含债转股）和受（收）益权以及符合法律法规规定的其他资产，并严格遵守投资者适当性管理要求。鼓励充分运用私募产品支持市场化、法治化债转股。

十一、资产管理产品进行投资应当符合以下规定：

（一）标准化债权类资产应当同时符合以下条件：

1. 等分化，可交易。

2. 信息披露充分。

3. 集中登记，独立托管。

4. 公允定价，流动性机制完善。

5. 在银行间市场、证券交易所市场等经国务院同意设立的交易市场交易。

标准化债权类资产的具体认定规则由中国人民银行会同金融监督管理部门另行制定。

标准化债权类资产之外的债权类资产均为非标准化债权类资产。金融机构发行资产管理产品投资于非标准化债权类资产的，应当遵守金融监督管理部门制定的有关限额管理、流动性管理等监管标准。金融监督管理部门未制定相关监管标准的，由中国人民银行督促根据本意见要求制定监管标准并予以执行。

金融机构不得将资产管理产品资金直接投资于商业银行信贷资产。商业银行信贷资产受（收）益权的投资限制由金融管理部门另行制定。

（二）资产管理产品不得直接或者间接投资法律法规和国家政策禁止进行债权或股权投资的行业和领域。

（三）鼓励金融机构在依法合规、商业可持续的前提下，通过发行资产管理产品募集资金投向符合国家战略和产业政策要求、符合国家供给侧结构性改革政策要求的领域。鼓励金融机构通过发行资产管理产品募集资金支持经济结构转型，支持市场化、法治化债转股，降低企业杠杆率。

（四）跨境资产管理产品及业务参照本意见执行，并应当符合跨境人民币和外汇管理有关规定。

十二、金融机构应当向投资者主动、真实、准确、完整、及时披露资产管理产品募集信息、资金投向、杠杆水平、收益分配、托管安排、投资账户信息和主要投资风险等内容。国家法律法规另有规定的，从其规定。

对于公募产品，金融机构应当建立严格的信息披露管理制度，明确定期报告、临时报告、重大事项公告、投资风险披露要求以及具体内容、格式。在本机构官方网站或者通过投资者便于获取的方式披露产品净值或者投资收益情况，并定期披露其他重要信息：开放式产品按照开放频率披露，封闭式产品至少每周披露一次。

对于私募产品，其信息披露方式、内容、频率由产品合同约定，但金融机构应当至少每季度向投资者披露产品净值和其他重要信息。

对于固定收益类产品，金融机构应当通过醒目方式向投资者充分披露和提示产品的投资风险，包括但不限于产品投资债券面临的利率、汇率变化等市场风险以及债券价格波动情况，产品投资每笔非标准化债权类资产的融资客户、项目名称、剩余融资期限、到期收益分配、交易结构、风险状况等。

对于权益类产品，金融机构应当通过醒目方式向投资者充分披露和提示产品的投资风险，包括产品投资股票面临的风险以及股票价格波动情况等。

对于商品及金融衍生品类产品，金融机构应当通过醒目方式向投资者充分披露产品的挂钩资产、持仓风险、控制措施以及衍生品公允价值变化等。

对于混合类产品，金融机构应当通过醒目方式向投资者清晰披露产品的投资资产组合情况，并根据固定收益类、权益类、商品及金融衍生品类资产投资比例充分披露和提示相应的投资风险。

十三、主营业务不包括资产管理业务的金融机构应当设立具有独立法人地位的资产管理子公司开展资产管理业务，强化法人风险隔离，暂不具备条件的可以设立专门的资产管理业务经营部门开展业务。

金融机构不得为资产管理产品投资的非标准化债权类资产或者股权类资产提供任何直接或间接、显性或隐性的担保、回购等代为承担风险的承诺。

金融机构开展资产管理业务，应当确保资产管理业务与其他业务相分离，资产管理产品与其代销的金融产品相分离，资产管理产品之间相分离，资产管理业务操作与其他业务操作相分离。

十四、本意见发布后，金融机构发行的资产管理产品资产应当由具有托管资质的第三方机构独立托管，法律、行政法规另有规定的除外。

过渡期内，具有证券投资基金托管业务资质的商业银行可以托管本行理财产品，但应当为每只产品单独开立托管账户，确保资产隔离。过渡期后，具有证券投资基金托管业务资质的商业银行应当设立具有独立法人地位的子公司开展资产管理业务，该商业银行可以托管子公司发行的资产管理产品，但应当实现实质性的独立托管。独立托管有名无实的，由金融监督管理部门进行纠正和处罚。

十五、金融机构应当做到每只资产管理产品的资金单独管理、单独建账、单独核算，不得开展或者参与具有滚动发行、集合运作、分离定价特征的资金池业务。

金融机构应当合理确定资产管理产品所投资资产的期限，加强对期限错配的流动性风险管理，金融监督管理部门应当制定流动性风险管理规定。

为降低期限错配风险，金融机构应当强化资产管理产品久期管理，封闭式资产管理产品期限不得低于90天。资产管理产品直接或者间接投资于非标准化债权类资产的，非标准化债权类资产的终止日不得晚于封闭式资产管理产品的到期日或者开放式资产管理产品的最近一次开放日。

资产管理产品直接或者间接投资于未上市企业股权及其受（收）益权的，应当为封闭式资产管理产品，并明确股权及其受（收）益权的退出安排。未上市企业股权及其受（收）益权的退出日不得晚于封闭式资产管理产品的到期日。

金融机构不得违反金融监督管理部门的规定，通过为单一融资项目设立多只资产管理产品的方式，变相突破投资人数限制或者其他监管要求。同一金融机构发行多只资产管理产品投资同一资产的，为防止同一资产发生风险波及多只资产管理产品，多只资产管理产品投资该资产的资金总规模合计不得超过 300 亿元。如果超出该限额，需经相关金融监督管理部门批准。

十六、金融机构应当做到每只资产管理产品所投资资产的风险等级与投资者的风险承担能力相匹配，做到每只产品所投资资产构成清晰，风险可识别。

金融机构应当控制资产管理产品所投资资产的集中度：

（一）单只公募资产管理产品投资单只证券或者单只证券投资基金的市值不得超过该资产管理产品净资产的 10%。

（二）同一金融机构发行的全部公募资产管理产品投资单只证券或者单只证券投资基金的市值不得超过该证券市值或者证券投资基金市值的 30%。其中，同一金融机构全部开放式公募资产管理产品投资单一上市公司发行的股票不得超过该上市公司可流通股票的 15%。

（三）同一金融机构全部资产管理产品投资单一上市公司发行的股票不得超过该上市公司可流通股票的 30%。

金融监督管理部门另有规定的除外。

非因金融机构主观因素导致突破前述比例限制的，金融机构应当在流动性受限资产可出售、可转让或者恢复交易的 10 个交易日内调整至符合相关要求。

十七、金融机构应当按照资产管理产品管理费收入的 10% 计提风险准备金，或者按照规定计量操作风险资本或相应风险资本准备。风险准备金余额达到产品余额的 1% 时可以不再提取。风险准备金主要用于弥补因金融机构违法违规、违反资产管理产品协议、操作错误或者技术故障等给资产管理产品财产或者投资者造成的损失。金融机构应当定期将风险准备金的使用情况报告金融管理部门。

十八、金融机构对资产管理产品应当实行净值化管理，净值生成应当符合企业会计准则规定，及时反映基础金融资产的收益和风险，由托管机构进行核算并定期提供报告，由外部审计机构进行审计确认，被审计金融机构应当披露审计结果并同时报送金融管理部门。

金融资产坚持公允价值计量原则，鼓励使用市值计量。符合以下条件之一的，可按照企业会计准则以摊余成本进行计量：

（一）资产管理产品为封闭式产品，且所投金融资产以收取合同现金流量为目的并持有到期。

（二）资产管理产品为封闭式产品，且所投金融资产暂不具备活跃交易市场，或者在活跃市场中没有报价、也不能采用估值技术可靠计量公允价值。

金融机构以摊余成本计量金融资产净值，应当采用适当的风险控制手段，对金融资产净值的公允性进行评估。当以摊余成本计量已不能真实公允反映金融资产净值时，托管机构应当督促金融机构调整会计核算和估值方法。金融机构前期以摊余成本计量的金融资产的加权平均价格与资产管理产品实际兑付时金融资产的价值的偏离度不得达到5%或以上，如果偏离5%或以上的产品数超过所发行产品总数的5%，金融机构不得再发行以摊余成本计量金融资产的资产管理产品。

十九、经金融管理部门认定，存在以下行为的视为刚性兑付：

（一）资产管理产品的发行人或者管理人违反真实公允确定净值原则，对产品进行保本保收益。

（二）采取滚动发行等方式，使得资产管理产品的本金、收益、风险在不同投资者之间发生转移，实现产品保本保收益。

（三）资产管理产品不能如期兑付或者兑付困难时，发行或者管理该产品的金融机构自行筹集资金偿付或者委托其他机构代为偿付。

（四）金融管理部门认定的其他情形。

经认定存在刚性兑付行为的，区分以下两类机构进行惩处：

（一）存款类金融机构发生刚性兑付的，认定为利用具有存款本质特征的资产管理产品进行监管套利，由国务院银行保险监督管理机构和中国人民银行按照存款业务予以规范，足额补缴存款准备金和存款保险保费，并予以行政处罚。

（二）非存款类持牌金融机构发生刚性兑付的，认定为违规经营，由金融监督管理部门和中国人民银行依法纠正并予以处罚。

任何单位和个人发现金融机构存在刚性兑付行为的，可以向金融管理部门举报，查证属实且举报内容未被相关部门掌握的，给予适当奖励。

外部审计机构在对金融机构进行审计时，如果发现金融机构存在刚性兑付行为的，应当及时报告金融管理部门。外部审计机构在审计过程中未能勤勉尽责，依法追究相应责任或依法依规给予行政处罚，并将相关信息纳入全国信用信息共享平台，建立联合惩戒机制。

二十、资产管理产品应当设定负债比例（总资产/净资产）上限，同类产品适用统一的负债比例上限。每只开放式公募产品的总资产不得超过该产品净资产的140%，每只封闭式公募产品、每只私募产品的总资产不得超过该产品净资产的200%。计算单只产品的总资产时应当按照穿透原则合并计算所投资资产管理产品的总资产。

金融机构不得以受托管理的资产管理产品份额进行质押融资，放大杠杆。

二十一、公募产品和开放式私募产品不得进行份额分级。

分级私募产品的总资产不得超过该产品净资产的140%。分级私募产品应当根据所投资资产的风险程度设定分级比例（优先级份额/劣后级份额，中间级份额计入优先级份额）。固定收益类产品的分级比例不得超过3∶1，权益类产品的分级比例不得超过1∶1，商品及金融衍生品类产品、混合类产品的分级比例不得超过2∶1。发行分级资产管理产品的金融机构应当对该资产管理产品进行自主管理，不得转委托给劣后级投资者。

分级资产管理产品不得直接或者间接对优先级份额认购者提供保本保收益安排。

本条所称分级资产管理产品是指存在一级份额以上的份额为其他级份额提供一定的风险补偿，收益分配不按份额比例计算，由资产管理合同另行约定的产品。

二十二、金融机构不得为其他金融机构的资产管理产品提供规避投资范围、杠杆约束等监管要求的通道服务。

资产管理产品可以再投资一层资产管理产品，但所投资的资产管理产品不得再投资公募证券投资基金以外的资产管理产品。

金融机构将资产管理产品投资于其他机构发行的资产管理产品，从而将本机构的资产管理产品资金委托给其他机构进行投资的，该受托机构应当为具有专业投资能力和资质的受金融监督管理部门监管的机构。公募资产管理产品的受托机构应当为金融机构，私募资产管理产品的受托机构可以为私募基金管理人。受托机构应当切实履行主动管理职责，不得进行转委托，不得再投资公募证券投资基金以外的资产管理产品。委托机构应当对受托机构开展尽职调查，实行名单制管理，明确规定受托机构的准入标准和程序、责任和义务、存续期管理、利益冲突防范机制、信息披露义务以及退出机制。委托机构不得因委托其他机构投资而免除自身应当承担的责任。

金融机构可以聘请具有专业资质的受金融监督管理部门监管的机构作为投资顾问。投资顾问提供投资建议指导委托机构操作。

金融监督管理部门和国家有关部门应当对各类金融机构开展资产管理业务实行平等准入、给予公平待遇。资产管理产品应当在账户开立、产权登记、法律诉讼等方面享有平等的地位。金融监督管理部门基于风险防控考虑，确实需要对其他行业金融机构发行的资产管理产品采取限制措施的，应当充分征求相关部门意见并达成一致。

二十三、运用人工智能技术开展投资顾问业务应当取得投资顾问资质，非金融机构不得借助智能投资顾问超范围经营或者变相开展资产管理业务。

金融机构运用人工智能技术开展资产管理业务应当严格遵守本意见有关投资者适当性、投资范围、信息披露、风险隔离等一般性规定，不得借助人工智能业务夸大宣传资产管理产品或者误导投资者。金融机构应当向金融监督管理部门报备人工智能模型的主要参数以及资产配置的主要逻辑，为投资者单独设立智能管理账户，充分提示人工智能算法的固有缺陷和使用风险，明晰交易流程，强化留痕管理，严格监控智能管理账户的交易头寸、风险限额、交易种类、价格权限等。金融机构因违法违规或者管理不当造成投资者损失的，应当依法承担损害赔偿责任。

金融机构应当根据不同产品投资策略研发对应的人工智能算法或者程序化交易，避免算法同质化加剧投资行为的顺周期性，并针对由此可能引发的市场波动风险制定应对预案。因算法同质化、编程设计错误、对数据利用深度不够等人工智能算法模型缺陷或者系统异常，导致羊群效应、影响金融市场稳定运行的，金融机构应当及时采取人工干预措施，强制调整或者终止人工智能业务。

二十四、金融机构不得以资产管理产品的资金与关联方进行不正当交易、利益输送、内幕交易和操纵市场，包括但不限于投资于关联方虚假项目、与关联方共同收购上市公司、向本机构注资等。

金融机构的资产管理产品投资本机构、托管机构及其控股股东、实际控制人或者与其有其他重大利害关系的公司发行或者承销的证券，或者从事其他重大关联交易的，应当建立健全内部审批机制和评估机制，并向投资者充分披露信息。

二十五、建立资产管理产品统一报告制度。中国人民银行负责统筹资产管理产品的数据编码和综合统计工作，会同金融监督管理部门拟定资产管理产品统计制度，建立资产管理产品信息系统，规范和统一产品标准、信息分类、代码、数据格式，逐只产品统计基本信息、募集信息、资产负债信息和终止信息。中国人民银行和金融监督管理部门加强资产管理产品的统计信息共享。金融机构应当将含债权投资的资产管理产品信息报送至金融信用信息基础数据库。

金融机构于每只资产管理产品成立后5个工作日内，向中国人民银行和金融监督管理部门同时报送产品基本信息和起始募集信息；于每月10日前报送存续期募集信息、资产负债信息，于产品终止后5个工作日内报送终止信息。

中央国债登记结算有限责任公司、中国证券登记结算有限公司、银行间市场清算所股份有限公司、上海票据交易所股份有限公司、上海黄金交易所、上海保险交易所股份有限公司、中保保险资产登记交易系统有限公司于每月 10 日前向中国人民银行和金融监督管理部门同时报送资产管理产品持有其登记托管的金融工具的信息。

在资产管理产品信息系统正式运行前，中国人民银行会同金融监督管理部门依据统计制度拟定统一的过渡期数据报送模板；各金融监督管理部门对本行业金融机构发行的资产管理产品，于每月 10 日前按照数据报送模板向中国人民银行提供数据，及时沟通跨行业、跨市场的重大风险信息和事项。

中国人民银行对金融机构资产管理产品统计工作进行监督检查。资产管理产品统计的具体制度由中国人民银行会同相关部门另行制定。

二十六、中国人民银行负责对资产管理业务实施宏观审慎管理，会同金融监督管理部门制定资产管理业务的标准规制。金融监督管理部门实施资产管理业务的市场准入和日常监管，加强投资者保护，依照本意见会同中国人民银行制定出台各自监管领域的实施细则。

本意见正式实施后，中国人民银行会同金融监督管理部门建立工作机制，持续监测资产管理业务的发展和风险状况，定期评估标准规制的有效性和市场影响，及时修订完善，推动资产管理行业持续健康发展。

二十七、对资产管理业务实施监管遵循以下原则：

（一）机构监管与功能监管相结合，按照产品类型而不是机构类型实施功能监管，同一类型的资产管理产品适用同一监管标准，减少监管真空和套利。

（二）实行穿透式监管，对于多层嵌套资产管理产品，向上识别产品的最终投资者，向下识别产品的底层资产（公募证券投资基金除外）。

（三）强化宏观审慎管理，建立资产管理业务的宏观审慎政策框架，完善政策工具，从宏观、逆周期、跨市场的角度加强监测、评估和调节。

（四）实现实时监管，对资产管理产品的发行销售、投资、兑付等各环节进行全面动态监管，建立综合统计制度。

二十八、金融监督管理部门应当根据本意见规定，对违规行为制定和完善处罚规则，依法实施处罚，并确保处罚标准一致。资产管理业务违反宏观审慎管理要求的，由中国人民银行按照法律法规实施处罚。

二十九、本意见实施后，金融监督管理部门在本意见框架内研究制定配套细则，配套细则之间应当相互衔接，避免产生新的监管套利和不公平竞争。按照"新老划断"原则设置过渡期，确保平稳过渡。过渡期为本意见发布之日起至2020年底，对提前完成整改的机构，给予适当监管激励。过渡期内，金融机构发行新产品应当符合本意见的规定；为接续存量产品所投资的未到期资产，维持必要的流动性和市场稳定，金融机构可以发行老产品对接，但应当严格控制在存量产品整体规模内，并有序压缩递减，防止过渡期结束时出现断崖效应。金融机构应当制定过渡期内的资产管理业务整改计划，明确时间进度安排，并报送相关金融监督管理部门，由其认可并监督实施，同时报备中国人民银行。过渡期结束后，金融机构的资产管理产品按照本意见进行全面规范（因子公司尚未成立而达不到第三方独立托管要求的情形除外），金融机构不得再发行或存续违反本意见规定的资产管理产品。

三十、资产管理业务作为金融业务，属于特许经营行业，必须纳入金融监管。非金融机构不得发行、销售资产管理产品，国家另有规定的除外。

非金融机构违反上述规定，为扩大投资者范围、降低投资门槛，利用互联网平台等公开宣传、分拆销售具有投资门槛的投资标的、过度强调增信措施掩盖产品风险、设立产品二级交易市场等行为，按照国家规定进行规范清理，构成非法集资、非法吸收公众存款、非法发行证券的，依法追究法律责任。非金融机构违法违规开展资产管理业务的，依法予以处罚；同时承诺或进行刚性兑付的，依法从重处罚。

三十一、本意见自发布之日起施行。

本意见所称"金融管理部门"是指中国人民银行、国务院银行保险监督管理机构、国务院证券监督管理机构和国家外汇管理局。"发行"是指通过公开或者非公开方式向资产管理产品的投资者发出认购邀约，进行资金募集的活动。"销售"是指向投资者宣传推介资产管理产品，办理产品申购、赎回的活动。"代理销售"是指接受合作机构的委托，在本机构渠道向投资者宣传推介、销售合作机构依法发行的资产管理产品的活动。

附录四 关于进一步规范货币市场基金互联网销售、赎回相关服务的指导意见

为促进各基金管理人、基金销售机构依法合规开展货币市场基金互联网销售业务,审慎提供赎回相关服务,保护投资者合法权益,根据《证券投资基金法》《货币市场基金监督管理办法》等相关法律法规,现就有关事项规定如下:

一、基金管理人、基金销售机构独立或者与互联网机构等合作开展货币市场基金互联网销售业务时,除遵守《货币市场基金监督管理办法》第二十二条等相关规定外,还应当遵守以下规定:

(一)强化持牌经营理念,严禁非持牌机构开展基金销售活动,严禁非持牌机构留存投资者基金销售信息。

(二)强化基金销售活动的公平竞争要求,严禁实施歧视性、排他性、绑定性销售安排。

(三)强化基金销售结算资金的闭环运作与同卡进出要求,严禁任何机构或个人挪用基金销售结算资金。

(四)严禁基金份额违规转让,严禁用货币市场基金份额直接进行支付。

二、除按照法律法规规定和合同约定办理投资者的基金赎回申请外，为满足投资者小额、便利的取款需要，基金管理人、基金销售机构可以为投资者提供"T+0赎回提现业务"增值服务，即允许投资者在提交货币市场基金赎回申请当日在一定额度内取得赎回款项，但应当遵守以下规定：

（一）对单个投资者在单个销售渠道持有的单只货币市场基金单个自然日的"T+0赎回提现业务"提现金额设定不高于1万元的上限。自本指导意见施行之日起，新开展的"T+0赎回提现业务"应当按照前述要求执行，自2018年7月1日起，对于存量的"T+0赎回提现业务"，相关机构应当按照前述要求完成规范整改。

（二）除具有基金销售业务资格的商业银行外，基金管理人、非银行基金销售机构等机构及个人不得以自有资金或向银行申请授信等任何方式为货币市场基金"T+0赎回提现业务"提供垫资，任何机构不得使用基金销售结算资金为"T+0赎回提现业务"提供垫资。自本指导意见施行之日起，新开展的"T+0赎回提现业务"应当按照前述要求执行，自2018年12月1日起，对于存量的"T+0赎回提现业务"，相关机构应当按照前述要求完成规范整改。

（三）严格规范"T+0赎回提现业务"的宣传推介，强化风险揭示和信息披露义务，严禁误导投资者。一是应以显著方式在该类业务宣传推介材料上增加"该服务非法定义务，提现有条件，依约可暂停"，充分提示风险。二是应以显著方式在该类业务宣传推介材料上公开提示投资者有关提现额度限制、服务暂停及终止情形、让渡收益情况、提供垫资方的机构名称等涉及投资者利益的重要条款。三是应在实施暂停或终止提供该类服务、变更额度限制等影响投资者利益的重大事项前,及时履行信息披露义务。

三、非银行支付机构在为基金管理人、基金销售机构提供基金销售支付结算业务过程中,除应当遵守《货币市场基金监督管理办法》第二十三条等相关规定外,还应当遵守以下规定:

(一)不得向投资者提供以其持有的货币市场基金份额进行消费、转账等业务的增值服务。

(二)不得从事或变相从事货币市场基金宣传推介、份额发售与申购赎回等基金销售业务,不得对货币市场基金收益率进行承诺和宣传,不得留存投资者基金销售业务信息。

(三)不得为货币市场基金提供"T+0赎回提现业务"垫资。

四、本指导意见自2018年6月1日起施行。

附录五　关于进一步明确规范金融机构资产管理业务指导意见有关事项的通知

《关于规范金融机构资产管理业务的指导意见》（银发〔2018〕106号文，以下简称《指导意见》）自2018年4月27日发布实施以来，对于规范资产管理市场秩序、防范金融风险发挥了积极作用。为了指导金融机构更好地贯彻执行《指导意见》，确保规范资产管理业务工作平稳过渡，为实体经济创造良好的货币金融环境，经人民银行、银保监会、证监会共同研究，现将有关事项进一步明确如下：

一、按照《指导意见》第十条的规定，公募资产管理产品除主要投资标准化债权类资产和上市交易的股票，还可以适当投资非标准化债权类资产，但应当符合《指导意见》关于非标准化债权类资产投资的期限匹配、限额管理、信息披露等监管要求。

二、过渡期内，金融机构可以发行老产品投资新资产，优先满足国家重点领域和重大工程建设续建项目以及中小微企业融资需求，但老产品的整体规模应当控制在《指导意见》发布前存量产品的整体规模内，且所投资新资产的到期日不得晚于2020年底。

三、过渡期内，对于封闭期在半年以上的定期开放式资产管理产品，投资以收取合同现金流量为目的并持有到期的债券，可使用摊余成本计量，但定期开放式产品持有资产组合的久期不得长于封闭期的1.5倍；银行的现金管理类产品在严格监管的前提下，暂参照货币市场基金的"摊余成本＋影子定价"方法进行估值。

四、对于通过各种措施确实难以消化、需要回表的存量非标准化债权类资产，在宏观审慎评估（MPA）考核时，合理调整有关参数，发挥其逆周期调节作用，支持符合条件的表外资产回表。

支持有非标准化债权类资产回表需求的银行发行二级资本债补充资本。

五、过渡期结束后，对于由于特殊原因而难以回表的存量非标准化债权类资产，以及未到期的存量股权类资产，经金融监管部门同意，采取适当安排妥善处理。

六、过渡期内，由金融机构按照自主有序方式确定整改计划，经金融监管部门确认后执行。

附录六　课题组名单

		课题负责人	
	纪志宏	中国建设银行副行长 中国财富管理50人论坛（CWM50）学术成员 中国人民银行金融市场司原司长	
		课题编委	
	詹余引	易方达基金管理有限公司董事长、CWM50常务理事	
	张旭阳	光大银行董事会秘书、CWM50理事	
	翟晨曦	天风证券股份有限公司常务副总裁兼新华基金董事长、CWM50常务理事	
	李　勇	中国工商银行资产管理部总经理	
		报告执笔专家	
第一章 第三章	易方达基金管理有限公司	组　长：马　骏 组　员：蔡广彬、刘琬姝、刘朝阳、石大怿、梁　莹、王永铿、樊颖君、杨柳婷	
第二章	中国工商银行	组　长：贾文汇 组　员：邓　磊、白明婷、张颖博、张　倩、王　莹	
第四章	度小满金融	组　长：盛　超 组　员：方　杰	
第五章	天风证券股份有限公司	组　长：曹巍浩 组　员：孙彬彬、陈宝林、吴一纯、田苏怡、赵　喆	
第六章	CWM50特邀研究员	组　长：唐　磊 组　员：袁　泉、冯倩倩	
参与统稿	中国建设银行	乔　梁、谢　林、于倩倩、蒋严泽	
		课题组秘书处	
负责人	刘喜元	CWM50秘书长	
执行负责人	贾　辉	CWM50副秘书长	
学术秘书	单　福	CWM50高级研究总监	
	冯煦明	CWM50青年学术论坛秘书长	